资助单位：教育部人文社会科学重点研究基地重庆工商大学成渝地区双城经济圈建设研究院

成渝地区双城经济圈创新与城市辐射力发展研究

周 兵 冉 冰 著

中国财经出版传媒集团
中国财政经济出版社
·北京·

图书在版编目（CIP）数据

成渝地区双城经济圈创新与城市辐射力发展研究／周兵，冉冰著．-- 北京：中国财政经济出版社，2024.11. --（成渝地区双城经济圈与区域协调发展丛书）.
ISBN 978 -7 -5223 -3550 -6

Ⅰ. F127.711；F127.719

中国国家版本馆 CIP 数据核字第 2024AA5297 号

责任编辑：彭　波　　　　责任校对：张　凡
封面设计：卜建辰　　　　责任印制：史大鹏

成渝地区双城经济圈创新与城市辐射力发展研究
CHENGYU DIQU SHUANGCHENG JINGJIQUAN CHUANGXIN YU
CHENGSHI FUSHELI FAZHAN YANJIU

中国财政经济出版社 出版

URL：http：//www. cfeph. cn
E - mail：cfeph@ cfeph. cn

社址：北京市海淀区阜成路甲 28 号　邮政编码：100142
营销中心电话：010 - 88191522
天猫网店：中国财政经济出版社旗舰店
网址：https：//zgczjjcbs. tmall. com
北京厚诚则铭印刷科技有限公司印刷　各地新华书店经销
成品尺寸：170mm × 240mm　16 开　19 印张　294 000 字
2024 年 11 月第 1 版　2024 年 11 月北京第 1 次印刷
定价：68. 00 元
ISBN 978 - 7 - 5223 - 3550 - 6
（图书出现印装问题，本社负责调换，电话：010 - 88190548）
本社图书质量投诉电话：010 - 88190744
打击盗版举报热线：010 - 88191661　QQ：2242791300

前　言

我国正处于经济转型升级关键阶段，创新驱动被确立为国家发展战略，区域协同创新发展作为推动经济增长方式转型，是实现高质量发展的重要手段。当前，全球正在进行新一轮科技革命，加强对科技创新的部署已是历史发展的大趋势。成渝地区作为中国西南地区的重要经济板块，党中央、国务院已把成渝地区双城经济圈建设提上国家战略高度，这标志着成渝科创走廊建设已然成为成渝地区双城经济圈发展战略中的一个重要战略平台，为西部地区经济高质量发展催生新动能，创造发展新机遇。重庆和成都的国家中心城市核心地位突出，是研究如何发挥中心城市辐射带动作用，引领区域高质量发展的典型地区。

但是，成渝地区双城经济圈在其发展过程中依然存在部分现实问题。第一，综合实力有待提升。第二，各级城市构建不合理。第三，地区行政壁垒并未完全破除，市场分割和地方保护现象仍然存在，区域间要素流动不畅，经济圈一体化发展，成本共担和利益共享机制尚未破题。具体而言，成渝地区双城经济圈的综合实力与竞争力仍与东部发达地区存在较大差距，区域城镇规模结构不尽合理，特别是核心城市综合承载力、城市功能体系、辐射带动功能等亟须提高。成渝地区双城经济圈是发展长江经济带的战略支撑，也是我国西部大开发的重要平台，在全国区域发展中的战略地位不断上升。但目前该区域的综合实力和竞争力仍与东部发达地区存在较大差距，特别是基础设施瓶颈依然明显，城镇规模结构不尽合理，成渝地区协同创新有利于缩小两地间差距，消除行政壁垒、体制障碍，推动跨地区、跨组织的创新联系与合作，符合我国经济高质量发展的客观要求，有利于带动整个西部，进而推动全国的协调发展。

从“成渝经济区”到“成渝城市群”再到“成渝地区双城经济圈”，成渝科创走廊作为连接成都和重庆两大城市的创新发展轴，有助于整合创新资源，提升区域创新能力，促进产业结构升级和经济高质量发展，对于推动成渝地区双城经济圈协同创新发展具有重要意义。此外，还需要通过重庆、成都核心城市的辐射带动作用，形成几个综合实力较强、区位优势明显、辐射带动作用较大的区域性中心城市，形成合理的城市体系和梯队，区域中心城市的支撑作用将继续加强，进一步辐射带动周边城市发展，以更完备的城市功能融入成渝地区双城经济圈建设，使成渝地区双城经济圈建设的辐射效益发挥到最大。在当前国家层面战略和相关政策的背景下，“联动双核，引领双圈”，运用协同创新与科创走廊发展理论、中心城市辐射理论、极化理论等相关研究理论，加强重庆、成都两核心城市以及区域中心城市创新能力和辐射能力的实践研究既有重大必要性，也有现实可行性。

本文首先以成渝科创走廊为研究样本，聚焦成渝科创走廊赋能成渝地区双城经济圈协同发展为核心，梳理其发展现状并利用相关统计数据，通过建构计量模型，探讨影响成渝科创走廊发展的相关因素，剖析出成渝地区双城经济圈作为西部地区的重要经济增长极，区域创新能力虽呈总体上升趋势，但仍存在区域一体化水平不高，双核辐射带动能力欠佳；科创基础薄弱，成果转化偏低；协同创新不足，产业同质严重；开放程度不深，保护主义暗现的主要障碍因素等问题。然后，从经济发展、产业发展、科技创新、改革开放、基础设施、生态宜居共六个方面对成渝地区双城经济圈中心城市辐射能力构建综合评价指标体系，并进一步对成渝地区双城经济圈中心城市辐射力进行测算，表明重庆和成都在全国范围的辐射力水平较高。再次，对成渝地区双城经济圈和我国其他三大经济圈的经济辐射力进行对比分析，构造断裂点理论模型对其的经济辐射效应进行了研究。采用熵值法计算各城市的经济集聚度，结果表明重庆、成都作为中心城市的综合值明显高于周边区域；计算中心城市和周边城市之间的经济联系强度，发现城市间的联系强度与直线距离不是完全正相关；构造断裂点理论和威尔逊模型对两个中心城市的辐射范围进行了对比分析；经过成渝地区双城经济圈与其他三大经济圈的综合对比，从城市的协调发展及降低辐射成本等方面提出促进经济全面发展的建议。最后，对成渝地区中心城市辐射力的影响因素分析得出，影响经济中心的因素包括产业辐射机制、金融辐射机制、交通辐射机制；影响科技创新中心的因素包括总部辐射机制、科技辐射机制；影响改革开放辐射力的因素包括区域协作辐射机制、要素辐射机制；影响高品质生活的因素是生态辐射机制。

针对以上研究，本文根据做强“双核”、联动“双圈”、融入“双循环”的基本思路，对成渝地区双城经济圈的协同创新效益和城市辐射力发展提出了以下建议：提升重庆、成都发展能级和综合竞争力，构建“双核”发展新格局；深入推动产业优化升级，协同建设现代产业体系；加强基础设施网络建设、合力打造一体化综合交通体系；全面推动创新发展，加快打造具有全国影响力的科创中心；健全基本公共服务体系，加强政策协同，提升公共服务水平；推动城乡融合发展，形成区域协调发展新格局；建立规则统一的制度体系，促进成渝地区双城经济圈一体化；推动重庆、成都携手唱好“双城记”，打造内陆改革开放新高地；坚持以人民为中心，建设高质量发展、高品质生活的新范例城市；坚持以人民为中心，坚持生态优先绿色发展，加快建设山青水秀美丽之地。

目 录

第一章 成渝地区双城经济圈和中心城市的发展现状 …… 1

第一节 国内外经济圈的发展概述 …… 1
第二节 成渝地区双城经济圈及中心城市发展的历程与现状 …… 23
第三节 成渝地区双城经济圈发展的特征与问题 …… 40

第二章 科创走廊的发展现状分析 …… 48

第一节 国外科创走廊发展现状分析 …… 49
第二节 国内科创走廊的协同创新发展现状分析 …… 52
第三节 成渝科创走廊的协同创新发展现状 …… 63

第三章 科创走廊的相关因素分析 …… 72

第一节 基础设施建设 …… 72
第二节 政策导向 …… 75
第三节 人才储备 …… 77
第四节 区域协作 …… 79
第五节 科技创新 …… 83

第四章 成渝地区双城经济圈中心城市辐射带动能力评价方法与测算 …… 98

第一节 中心城市辐射带动能力评价方法 …… 98
第二节 中心城市辐射能力综合指标构建 …… 110
第三节 数据来源及处理 …… 118
第四节 中心城市辐射力分析 …… 119

第五章　我国主要经济圈（群）中心城市辐射带动能力比较分析 …… 140

第一节　中心城市规模与层级比较分析 …… 140
第二节　中心城市辐射范围比较分析 …… 156
第三节　中心城市联系便捷度对比分析 …… 173
第四节　提升成渝地区双城经济圈中心城市辐射力面临的挑战 …… 199

第六章　成渝地区双城经济圈中心城市辐射能力影响因素分析 …… 202

第一节　中心城市辐射带动能力及其影响因素相关理论 …… 202
第二节　成渝地区双城经济圈中心城市辐射能力影响因素初步分析 …… 208
第三节　成渝地区双城经济圈中心城市辐射能力影响因素实证分析 …… 216

第七章　提升成渝地区双城经济圈中心城市辐射带动能力重点任务 …… 222

第一节　提升成渝地区双城经济圈中心城市辐射带动能力六大工程 …… 222
第二节　提升成渝地区双城经济圈中心城市辐射带动能力十大计划 …… 227

第八章　提升成渝地区双城经济圈中心城市辐射力和协同创新能力的政策建议 …… 249

第一节　做强“双核”、联动“双圈”、融入“双循环”的基本思路 …… 249
第二节　做强“双核”、联动“双圈”、融入“双循环”的政策建议 …… 252

参考文献 …… 283

第一章　成渝地区双城经济圈和中心城市的发展现状

本章主要是对中心城市辐射带动能力的相关概念和理论进行概述，同时对成渝地区双城经济圈的发展现状进行梳理：首先，基于国内外文献梳理，分析了关于经济圈的概念、相关理论、发展意义、国内外的发展情况；其次，通过四川统计年鉴和重庆统计年鉴 2021 ~2022 年统计数据，分析了成渝地区双城经济圈的发展现状，主要涉及经济发展、产业发展、科技创新、改革开发、基础设施、生态宜居等六方面；最后，对成渝地区的双圈内的都市圈基础和空间格局分布进行简要叙述。通过本章对成渝地区双城经济圈和中心城市的发展现状分析，旨在为下文成渝地区双城经济圈中心城市辐射力指标构建和实证提供理论基础。

第一节　国内外经济圈的发展概述

一、经济圈

（一）经济圈概念

经济圈（又称大城市群、城市群集合、大都市区、大经济区）作为一个地域经济概念，一个国家内部特定高度发达、经济联系紧密的区域，或是跨越国界、由相邻国家间特定区域构成的集合体。它是生产布局的一种特定的区域组合方式，是以特定的辐射带动力强的城市为中心通过多渠道、多形式、多方面地带动相邻地区的发展。经济圈主要是依靠自然资源、经济技术、区位优势、自然禀赋以及政府宏观经济措施，结合区域内各城市优势，组成某种具有内在联系的地区产业配置图，通常经济圈的地区生产总值占国家生产总值比重较大，不仅影响着国内经济和产业的发展，而且对国际经济也具有一定程度的影响力。

结合国际和国内经济圈的发展历程，经济圈往往呈现多维度特点。第一，经济圈规模加速扩大。随着区域合作的不断深入，经济圈规模的扩大成为了不可逆转的趋势。这种扩大不仅是地域范围上的延伸，更是经济合作深度和广度的全面提升。区域经济的繁荣吸引了越来越多的国家和地区积极参与其中，通过签署各种贸易协定、建立自由贸易区等方式，加强了彼此间的经济联系和依存度。区域经济的集团化是经济全球化的必经之路。在全球化的大背景下，各国经济相互依存、相互影响，形成了你中有我、我中有你的紧密关系。而区域经济的集团化正是这种关系的重要体现。通过加强区域内的经济合作与协调，各地区可以共同应对全球经济挑战，提高整体竞争力。在区域经济的集团化过程中，提高各地区的协同能力和降低彼此间的摩擦是核心目标。协同能力的提升意味着各地区在资源共享、产业分工、市场准入等方面能够形成更加紧密的合作关系，从而推动经济圈的共同发展。而降低摩擦则要求各地区在合作过程中减少壁垒和障碍，为商品、资本、技术等要素的自由流动提供便利条件。经济圈规模的扩大往往会经历一个从小到大的过程。在初期阶段，各地区可能只是简单地进行贸易往来或投资合作；但随着时间的推移和合作的深入，各地区会逐渐形成更加紧密的经济联系和依存度，进而形成一个规模庞大、联系紧密的经济圈。这种扩大不仅有助于提升各地区的经济实力和竞争力，还有助于推动全球经济的均衡发展。经济圈规模的扩大旨在开展更深层次和更高维度的合作，促进各地区的经济和贸易合作。这种合作将不仅局限于传统的贸易和投资领域，还将扩展到科技创新、文化交流、环境保护等多个领域。通过全方位的合作与交流，各地区可以共同应对全球挑战，推动全球经济的繁荣与发展。第二，经济圈发展模式加速创新。在全球化和区域合作的大背景下，随着三大经济圈规模的不断扩大，经济圈内各城市的合作模式和机制也呈现出了加速创新的态势。这种创新不仅体现在经济合作的形式和内容上，更在于其背后的理念和战略思维。一是从经济圈的发展模式来看，传统的合作模式正在被新的机制所取代。随着科技的发展和全球化的深入，传统的产业分工和贸易模式已经无法满足现代经济的需求。因此，经济圈内的城市开始探索新的合作方式，如共建产业园区、共同研发新技术、共享资源等，以实现更高层次的互利共赢。二是在运作机制上，经济圈内的城市也进行了大量的创新。为了更加高效地推动经济一体化进程，这些城市建立了更加完善的合作机制，包括定期会晤、信息共享、政策协调等。同时，他们还注重发挥各自的优势，形成互补效应，推动整个经济圈的协同发展。此外，从发展目标来看，经济圈的经济一体化也在不断拓展其合作领域。除了传统的贸易和投资合作外，经济圈内的城市还开始注重在科技创新、环境保护、文化交流等领域进行合作。这种多元化的合作方式不仅有助于推动经济圈的全面发展，还有助于提升整个区域的综合竞争力。值得一提的是，各国和各地区在参与区域经济一体化模式建设的过程中也表现出了高度的积极性。他们纷纷加入各种区域经济合作组织，如不同发展阶段及不同社会经济制度的国家组成的混合型集团的出现，众多大国积极组建和参与区域集团等。这种全球范围内的合作趋势不仅加速了经济圈发展模式的创新步伐，还有助于推动全球经济的共同发展。经济圈发展模式的加速创新是全球化和区域合作背景下的必然结果。这种创新不仅体现在经济合作的形式和内容上，更在于其背后的理念和战略思维。随着全球经济格局的不断变化，经济圈的发展模式还将继续发生深刻的变化和演进。三是经济圈国际格局更加复杂。在全球经济一体化和区域经济合作不断深化的背景下，经济圈所带来的巨大经济效益成为了全球瞩目的焦点。随着这一趋势的不断发展，越来越多的国家和地区开始积极参与到经济圈的建设中来，推动了全球范围内经济圈的涌现和扩张。然而，更多的经济圈逐渐成形，国际格局的复杂性也随之增加。一方面，经济圈的大量涌现使得区域经济合作形式趋于多样化，合作内容趋于丰富化。不同的经济圈可能采用不同的合作机制、战略目标和合作领域，而由于各国和地区在资源、技术、市场等方面存在的差异，经济合作的方式和路径也差别明显。同时，随着全球经济的不断发展，经济圈之间的合作内容已经不再局限于传统的贸易和投资领域，而是扩展到了科技创新、文化交流、环境保护等多个领域。这种合作内容的丰富化使得经济圈之间的联系更加紧密，进一步加剧了国际格局的复杂化。另一方面，各国经济圈之间的重复定位和功能交叉不仅导致在资源和市场上形成竞争和冲突，而且会在一定程度上降低整体经济发展效率，不利于经济圈发挥辐射带动能力。四是经济圈大多分布在广泛的平原地区。在地理与经济的交织中，平原地区展现出其得天独厚的区位优势。由于地势平坦、资源丰富，平原地区自古以来便是人类定居和产业发展的首选之地。其开发历史源远流长，为城市建设和经济繁荣奠定了坚实的基础。同时，相较于其他地形，平原地区在基础设施建设、交通网络构建以及资源调配等方面成本较低，这为其成为经济圈的孕育地和成长摇篮提供了有力的支撑。以国际视角审视，不难发现平原地区与经济圈的紧密联系。例如，伦敦经济圈正是在伦敦平原的滋养下逐渐壮大的，其繁荣景象与这片平原的肥沃土壤和便利的交通条件密不可分。同样，北美五大湖沿岸的平原地区孕育了芝加哥经济圈，而东京湾平原则为东京经济圈的崛起提供了有力的支撑。针对中国而言，三大经济圈——长三角、粤港澳和京津冀，也同样坐落于平原地带。这些地区凭借其优越的地理条件和经济基础，成为推动我国经济发展的重要引擎。通过不断的产业升级和区域合作，这些经济圈正逐渐展现出强大的竞争力和影响力，为我国乃至全球的经济发展贡献着重要力量。五是经济圈大都以国家级大都市作为驱动中心。大都市由于产业体系完善和基础设施健全，可以为经济圈的发展提供源源不断的动力进而驱动整个经济圈的稳定运行。有时，经济圈内存在多个中心城市，它们以联动方式带动经济圈内各个城市的发展，或者以溢出效应辐射带动周边地区经济发展。例如，东京经济圈内东京与横滨的互补性协作，大阪经济圈中大阪与神户的协同联动，粤港澳经济圈内香港与广州的协同共进，以及京津冀经济区内北京与天津的紧密合作。同样，成渝双城经济圈内的重庆与成都也展现了显著的双核驱动效应，发挥了多中心城市联动发展的典范作用。六是经济圈通常具有系统的口岸物流体系。港口作为口岸物流体系的核心，其地位和作用不言而喻。它不仅是经济圈与外部环境进行物质交换的枢纽，更是信息、资金、技术等要素流通的关键节点。一个经济圈的港口规模越大，其对外开放的程度和影响力也往往越大。聚焦于全球知名的经济圈，其都具有规模较大的港口。例如，伦敦经济圈中的伦敦港（坐落于泰晤士河的出海口）是英国乃至欧洲最大的港口之一；巴黎经济圈中的巴黎港（位于塞纳河之上）是法国的重要港口之一；纽约经济圈中的纽约港，不仅连接了北美和欧洲的主要航线，还与世界各地的港口建立了广泛的联系，为纽约经济圈的全球贸易和经济发展提供了重要保障；东京经济圈中的东京港和横滨港，作为日本的重要港口，共同构成对外开放的门户；此外，我国长三角经济圈中的上海港为长三角地区的经济发展提供重要的物流支撑，京津冀经济圈中的天津港也承担着对外贸易和物资流通的重要任务。七是经济圈内部有系统的产业布局和区域协同关系。经济圈的建立是以内部完整的产业体系和分工协作为基础，不同的城市或地区依据自身的资源禀赋、历史传统和发展优势，形成了各具特色的产业集群和产业链。这些产业集群和产业链相互衔接、相互补充，共同构成了经济圈完整的产业体系。同时，经济圈内的城市或地区之间，通过明确的分工协作，实现了资源的优化配置和高效利用，进而构成一个完整的区域合作分工网络。一个成熟的经济圈往往具备完善的城市基础设施以提供坚实的物质基础、便捷的交通联系以完成内部城市及地区的快速高效连接、遍布的专业功能区以形成别具特色的产业集聚区、良好的生态环境以保障可持续发展、有序的分工协作以实现资源的优化配置和高效利用、合理的城市空间规划以及高效的经济运行以确保稳定发展和持续增长。八是经济圈通常会跨越多个行政区。经济圈的这种跨行政区的特性使经济圈在发展过程中需要面对各行政区在协商合作上的挑战。与欧洲、美洲、日本等地区和国家相比，我国的行政区划体制存在明显差异，进而导致同样规模的经济圈内部行政市的数量相对较少，但跨行政区协调的任务却同样繁重。因此，如何有效协调各行政区之间的合作与发展，成为经济圈建设的重要课题。

（二）经济圈理论

一是区位理论。根据区位理论产生与发展的脉络，可以将其大致分为古典区位论、近代区位论与现代区位论。区位理论是研究经济活动在空间上的分布及其优化组合的理论，它关注的是人类活动的空间分布及其相互关系。古典区位理论强调，企业在决定其工业布局和经济活动时，其核心目标是追求生产成本的最小化。这种追求生产成本极小化的目标函数，在古典区位理论中得到了深入的分析和阐述。这一观点建立在经济活动的理性决策基础上，即企业会基于对经济效率的追求，选择最有利于降低生产成本的区位进行布局。具体而言，古典区位理论通过分析各种生产要素的地理分布和运输条件，来评估不同区位对企业生产成本的影响。总而言之，古典区位理论为我们提供了一种理解和分析企业工业布局和经济活动背后逻辑的理论框架。在区位理论的学术脉络中，有一批杰出的学者，他们的思想和贡献为这一领域的发展奠定了坚实的基础。其中，杜能（J. H. von Thunen）、龙哈特（W. Launhaardt）、韦伯（A. Weber）等无疑是该学派的杰出代表。杜能，这位德国经济学家，以其独特的“孤立国”理论在学术界引起了广泛的关注。他明确指出，土地的天然特性并不是决定农业土地利用的类型和农业土地经营的集约化程度的唯一因素。相反，其更多地依赖于当时的经济状况和生产力发展水平。更为关键的是，农业生产用地到农产品消费地的距离在这一过程中起到了至关重要的作用。杜能认为，距离的远近直接影响了农产品的运输成本和市场竞争力，从而间接影响了农业土地利用的决策。杜能的这一理论，为我们理解农业区位选择提供了新的视角。他强调了经济因素在农业土地利用决策中的重要性，尤其是距离和运输成本对农业生产和经营的影响。这一理论不仅在当时引起了广泛的讨论，也对后来的区位理论发展产生了深远的影响。在杜能的理论基础上，龙哈特和韦伯等学者进一步发展和完善了区位理论。龙哈特通过深入研究运输成本对工业区位选择的影响，提出了著名的“区位三角形”理论。这一理论强调了在市场经济中，运输成本、劳动力成本和集聚因素是决定工业空间分布的最重要因素。具体而言，龙哈特认为，企业在选择生产地点时，会充分考虑运输成本的因素。他通过构建区位三角形模型，展示了原材料供应地、生产地和产品销售地之间的空间关系，以及运输成本如何影响这些地点之间的选择。在这个模型中，企业会努力寻找一个能够最小化原材料运输成本、生产过程中的物流成本以及产品到达市场所需运输成本的地点。通过这一理论，龙哈特揭示了运输成本在区位选择中的重要性，并为企业提供了在实际操作中如何降低运输成本、提高经济效益的指导。而韦伯最先完整地提出了工业区位理论，这一理论不仅具有高度的理论深度，而且在实际应用中产生了深远的影响。因此，韦伯被广泛认为是工业区位理论的奠基者。韦伯的研究不仅限于理论的构建，他更是对区位理论的内涵进行了深入的拓展。他提出了区位因子及其体系的概念，这一体系为我们理解区位选择提供了全新的视角。在这个体系中，韦伯明确指出了三大关键因子：运输成本、劳动力成本和聚集因子。韦伯指出，劳动力的数量、质量以及成本都会对企业的生产活动产生影响。首先，企业在选择区位时，必须充分考虑原材料和产品的运输成本。其次，企业会考虑当地劳动力的供应情况、工资水平以及劳动技能等因素。最后，企业会将其他企业及相关产业的聚集情况考虑在内。这是因为聚集可以带来规模经济效应、信息共享和技术创新等优势，从而提高企业的生产效率和竞争力。因此，企业在选择区位时，会倾向于选择那些已经形成了一定产业聚集的地区。古典区位理论研究了一般经济学所忽视的空间问题，古典区位理论是关于市场经济条件下的资源空间配置的研究，揭示了在市场力量作用下资源空间配置的基本规律。但是古典区位理论对区位的分析主要是一种局部的、静态的分析，缺乏全视角的动态分析，忽略了技术进步对费用的影响，该理论多采用完全竞争市场、收益递减、完全理性人等理想假设前提，与现实社会有很大的出入，实际应用性不强。克里斯泰勒在其著名的中心地理论中，从多维度、多职能的视角，对城市与居民点的布局和体系进行了深入剖析。他首先从中心居民点的核心地位出发，详细探讨了这些中心点在城市供应、行政管理以及交通网络中的关键作用。在此基础上，克里斯泰勒进一步论证了城市居民点及其地域体系的形成和发展。他强调，城市居民点的分布并非无序的，而是受到多种因素的共同影响，包括经济、社会、文化和地理等。这些因素共同构成了城市居民点及其地域体系发展的区域基础。尤为重要的是，克里斯泰勒深刻揭示了城市、中心居民点发展的“等级——规模”空间关系。他认为，城市和中心居民点的等级与其规模之间存在着密切的联系，这种联系并非简单的线性关系，而是呈现出一种复杂的网络结构。他进一步将这种网络结构形象地概括为正六边形模型。在这个模型中，不同等级的城市和中心居民点以正六边形的形式分布在地理空间上，形成了层次清晰、结构合理的城市体系。新古典区位理论深入探讨了企业工业布局和经济活动的决定因素。这一理论认为，企业在选择工业布局和制定经济活动策略时，其核心目标是实现一种目标函数的最大化，这种目标函数可以最大化地服务于目标市场。随着社会的不断发展和技术的快速进步，企业在进行区位选择时，所考虑的因素已发生了显著变化。过去，运输成本往往被视为决定企业选址的关键因素。然而，在新古典区位理论的视角下，这一观点已被重新审视。现代社会中，随着交通基础设施的完善和物流体系的成熟，运输成本在企业选址决策中的权重已逐渐降低。相反，产品的销售问题，即如何有效地将产品推向市场并满足消费者的需求，成为了企业思考的中心问题。在新古典区位理论的框架下，一些著名的学者和理论家如克里斯泰勒（中心地理论）和廖什（市场区位论）提出了各自的观点。其中，克里斯泰勒的中心地理论强调了城市体系和中心居民点在区域发展中的核心作用，他认为这些中心点是连接市场和生产的重要节点。而廖什的市场区位论则更加关注企业在市场中的定位和竞争策略，他认为企业应该根据市场需求和竞争态势来选择最佳的区位。值得注意的是，尽管克里斯泰勒和廖什的理论为我们提供了宝贵的洞见，但他们在分析中并未充分考虑技术因素的影响。在现代经济学派中，利润最大化原则无疑被视为产业配置的核心指导原则。然而，这一原则并非单纯的理论抽象，而是需要在复杂多变的经济环境中得以实现。具体来说，利润最大化的实现过程受到多种因素的深刻影响，包括但不限于自然环境、产品成本、区域间投资水平以及价格水平的变化等。其中，地理条件、资源分布以及气候特征等因素都会直接影响产业的选址和运营模式。企业的盈利能力和市场竞争力直接由产品成本的高低决定，而投资水平则是反映了区域的经济发展潜力和市场吸引力，价格水平则反映了市场的供求关系和竞争状况。因此，合理的区位选择和产业配置必然是一个复杂而综合的过程。企业需要在充分考虑多种因素的基础上，进行深入的分析和研究，以实现利润最大化的目标。

二是都市圈理论。都市圈作为现代城市发展的重要模式，其核心在于以具有强大辐射带动能力的大城市为引领，通过与周边地区协同发展，构建一个紧密联系的一体化空间体系。这种一体化空间体系的形成，既促进了区域经济的繁荣，也推动了社会文化的交流融合。为了对城市人口进行科学的统计与管理，美国在 1910 年首次提出了大都市区的概念，并随后修正为标准大都市统计区。这一概念的提出，为都市圈的形成和发展奠定了重要的基础。随后，1957 年，“大城市群”和“大城市连绵带”的概念由法国著名地理学家戈特曼提出。这一创新性的理论不仅丰富了都市圈的内涵，也进一步强调了城市间交通网络体系的重要性。同时，他将中国的长江三角洲定位为世界六大城市带之一。他认为城市间交通网络体系，已超越其物理连接的单一功能，成为推动区域一体化的重要纽带，其将各个城市紧密地联系在一起，形成了一个功能互补、资源共享的整体。在这种社会经济体系中，城市间的交通网络扮演着至关重要的角色。它们不仅是城市间物质和信息流通的通道，更是推动各地区经济体系相互融合、共同发展的纽带。通过各城市之间的交通网络，不同地区的经济体系得以有效连接，形成了一个更大规模、更加复杂、更加高效的经济体系组织。与此同时，20 世纪 50 年代，日本学者木内信藏提出了“城市地域分异三地带”学说。这一学说不仅是对大都市圈空间结构的独到见解，更是对城市地理学理论的重要贡献。木内信藏认为，大都市圈并非单一的空间实体，而是由中心地域、城市周边地域以及城市郊外缘的广阔腹地共同构成的复杂系统。这一思想极大地丰富了“都市圈”的概念，推动了其理论体系的演变和发展。它不仅揭示了都市圈内部各组成部分之间的相互关系，还揭示了其与周边地区的紧密联系和互动机制。在日本，大城市经济圈理论的研究取得了显著的进展和深化。日本学者基于木内信藏的理论，结合本国独特的社会背景、人口变迁和空间结构等特征，深入研究了日本三大都市圈的演进历程。其中，《大都市圈的结构演变》这一学术著作，深入剖析了大都市圈中人口、产业以及资源分布的动态变化。它明确地将都市结构的演变界定为一个渐进的过程，伴随城市化，人口、产业、资源从中心城市向外围大都市圈转移，显著特征为郊外化。城市对周边区域集聚效应增强，中心城市竞争力趋于饱和。当中心城市的资源承载能力和人口容量达到极限时，就会带来一系列的不经济效应，如交通拥堵、环境恶化、房价飙升等。这些不经济效应促使经济活动和人口开始向外围的郊区或卫星城转移，以实现资源的优化配置和人口的合理分布。在这一过程中，核心城市生产性服务职能增强，周边地区承接制造业职能外溢。通过交通廊道连接，进而强化了城市间经济文化联系。此外，公共服务设施的共联共享也进一步促进了核心城市与周边地区的融合与发展。这种融合不仅体现在基础设施的共建共享上，也体现在社会管理和服务等方面的协同合作上。

三是城市群理论。城市群理论极大地拓展了都市经济圈理论的研究范畴。然而，在我国由于区域发展战略的起步相对较晚，这一领域的理论与实践相较于发达国家而言，尚存在诸多待完善之处，整体发展水平相对滞后。为了深化对区域发展战略的理解，基于区位论和空间结构理论，我国学者在《2000年我国工业布局总图的科学基础》中提出了“点轴开发理论”，即“点轴系统理论”。这一理论是对增长极理论的深入拓展，旨在通过加强核心城市之间的相互联系，进一步扩大其经济辐射范围。其中，“点”指的是各级基础设施完善的核心城市，它们作为区域发展的核心驱动力；“轴”则是指连接这些核心城市的线状基础设施，它们构成了城市间经济交流的桥梁。“点轴系统理论”在强调“点”作为增长极的作用的同时，也充分重视了“轴”的联结作用。这里的“轴”不仅是连接核心城市的物理通道，更是经济活动的密集区域，承载着区域间商品、资本、信息和人才的流动。魏后凯（1995）在深入探究区域经济发展规律后，提出了网络开发模式（Network Development Model）。随后，进一步发展成为“点轴系统理论”。他强调，区域经济发展是一个动态演进的过程，经历了从增长极点开发到点轴开发，再到网络开发的阶段。具体而言，随着经济的增长，初始的增长极点会逐渐形成点与点之间的经济互动，这些互动在空间上逐渐凝结成轴线，而轴线的进一步交织则构筑了一个错综复杂、高效运行的经济网络。基于上述理论框架，魏后凯提出了针对不同发展水平地区的差异化发展策略。他建议，对于落后地区，应优先培育并发展增长极点；对于发展中地区，则应注重点轴开发的策略，强化点与轴之间的经济联系；而对于发达地区，则应当积极构建和完善网络开发模式，以最大化经济网络的效益。此外，在网络开发模式的基础上，南京师大课题组（由陆玉麒教授领导）进一步提出了双核结构模式。该模式以区域内的中心城市和港口城市为双核心，旨在构建一种新型的、符合我国沿江、沿边城市地理特点的城市空间结构。此模式不仅继承了“点轴系统理论”的核心要义，而且结合了中国特有的地理国情，为我国城市与区域经济的协调发展提供了有力的理论支撑和实践指导。

四是中心城市辐射理论。现代经济圈理论不仅聚焦于区域内部的经济增长，更着重强调经济圈对周边地区的辐射效应。这种辐射能力具有双向互动的特点，当辐射效率达到一定程度时，它将促使参与双方共同受益，尽管这种受益在程度和速度上可能有所不同。在国际上，关于经济辐射的理论观点丰富多样，包括增长极理论、点轴开发理论、网络开发理论、经济梯度推移理论、循环累积因果论、中心—外围论、倒“U”形经济发展理论以及知识溢出理论等。这些理论从不同的视角和分析框架出发，深入探讨了区域经济发展中的辐射现象。而针对于国内研究，众多学者深入研析国际前沿研究成果，同时紧密结合我国独特的国情和地域特性，创造性地构建了一系列具有鲜明中国特色的经济辐射理论。这些研究成果不仅极大地丰富了经济辐射理论的内涵，更为我们全面、深入地理解区域经济发展的辐射现象提供了全新的理论视角和实证依据。通过综合国内外的研究成果，我们不难发现，无论是国际上的增长极理论、点轴开发理论，还是国内学者结合国情提出的创新理论，其核心理念均聚焦于如何通过优化辐射媒介、引导辐射要素的有序流动，进而提升辐射效率，促进相关区域的协同发展。这一共同的认识不仅为我们制定科学合理的区域经济发展战略提供了坚实的理论基础，也为优化资源配置、推动区域协调发展提供了明确的实践指南。这些理论成果无疑将对未来我国区域经济一体化的进程产生深远影响。

（三）经济圈的建设意义

一是有利于提高国际、区际经济竞争力。在当今经济全球化与城市化迅猛发展的时代背景下，国家与地区间的竞争日趋白热化。为适应这一趋势，国家经济发展亟须深度融入全球价值链，而区域经济发展则依赖于各城市间的紧密合作与分工协作，以构建具备强大竞争力的区域集群。经济圈的区域发展模式普遍采用以超大型核心城市为辐射中心，周边城市作为经济网络的关键节点，实现区域内各城市间功能的协调互补。这种模式下，经济圈通过完善的基础设施和高效的产业体系，有力推动地区经济的蓬勃发展，进而在全球城市竞争中占据有利地位。这一战略不仅有助于提升区域整体竞争力，也为参与全球城市竞争提供了强有力的支撑。二是有利于加速区域经济一体化发展。一方面，都市经济圈通过其独特的区域经济合作模式，有效促进了各城市间生产要素的流动，从而加强了产业的集聚效应。这种集聚不仅有力协调了各城市的发展功能，还进一步强化了城市的个性特色与发展潜力，使得城市的经济实力得到显著提升。这种实力的提升，无疑为加速区域一体化的发展提供了坚实的基础，并带来了更为广泛的辐射影响力。另一方面，都市经济圈内的产业协同与竞争、区域产业链的发展与完善以及区域成熟的网络化发展，共同构成了推动区域经济一体化发展的强大动力。这些动力因素相互交织、相互促进，为区域经济的持续发展注入了源源不断的活力。同时，随着城市网络化的不断深入，大、中、小城市与城镇和农村之间的经济联系也日益紧密。这种紧密的联系使得经济发展的成果能够更快速、更有效地辐射到小城镇和农村地区，从而带动这些地区的经济发展，进一步加速了城乡融合的进程。三是有利于实现区域经济可持续化发展。可持续化发展是当下经济发展的必然趋势和内在要求。在推动区域经济发展的进程中，必须坚决摒弃以牺牲环境为代价的短视行为，绝不能盲目追求速度和规模。相反，我们应当坚定不移地遵循可持续化发展和高质量发展的原则，构建完善的环境保护制度，实现人口、资源、环境的和谐共生，以及社会、经济、生态的均衡发展。具体来说，成熟经济圈凭借其高度的人口和产业集聚，为土地的合理利用提供了有力支撑，有效减少了经济活动对环境造成的负面影响。同时，这种集聚效应也有利于集中资源，加强生态环境建设，实现环境效益的规模化，进一步降低对环境的损害。此外，经济圈内的转移支付机制等制度安排，也促进了环保产业的健康发展，为环境质量的持续改善提供了重要保障。综上所述，在全国范围内建立以国家级中心城市为核心的城市经济圈，对于加强各地区之间的分工协作、发挥比较优势、缩小区域发展差异具有重要意义。特别是对于经济欠发达地区而言，通过建立经济圈，可以有效提升其内生发展动力，实现区域经济的自我发展与持续增长。这种发展模式不仅能够推动当地经济快速崛起，还有助于形成优势互补、合作共赢的区域发展格局，为全国经济的可持续与高质量发展注入强大动力。

（四）世界成熟经济圈发展概况

欧洲，作为拥有悠久世界城市化历史的地区，亦是最早涌现出都市经济圈的地域之一，为城市化与区域经济一体化提供了重要的范例。在历史的洪流中，欧洲不仅孕育了众多闻名遐迩的都市，更在这些都市的周围孕育出了繁荣的都市经济圈。以伦敦为例，19 世纪初便显露出都市经济圈的雏形。截至 1800 年，伦敦都市经济圈初步形成，涵盖中心城市及周边郊区，圈域半径约为 13 公里，覆盖总面积逾 200 平方公里，总人口规模达到 260 万。随着时间的推移，伦敦的都市经济圈不断扩张。截至 1971 年，其空间结构已演化为包含内伦敦、大伦敦、标准大城市劳务区以及伦敦大都市经济圈等多层次复合区域，圈域半径扩展至约 65 公里，覆盖面积增至 1.1 万平方公里，人口规模亦跃升至 1200 余万，无可争议成为英国的经济核心区域。巴黎同样展现出了其都市经济圈显著的发展潜力和深远的影响力。若将巴黎市及其毗邻的七个郊县视为一个统一的地理经济单元，即巴黎大都市经济圈，这一区域虽仅占法国国土面积的 2.18%，但其人口密集度却高达全国总人口的 18.8%。更为引人注目的是，该区域集中了法国国内生产总值的 28%，提供了全国 21.6% 的就业机会，并贡献了 25% 的对外贸易额，充分展现了其在法国乃至欧洲经济中的重要地位。这些都市经济圈的形成与发展，不仅极大地推动了欧洲各国乃至整个欧洲的经济繁荣，也为全球其他地区的城市化进程提供了宝贵的经验和启示。

美国作为继欧洲工业革命之后迅速崭露头角的工业化与城市化强国，其在城市发展格局上所展现的轨迹同样引起了广泛关注。在这一过程中，美国逐渐构建形成三大都市经济圈，分别以纽约、洛杉矶、芝加哥作为代表。这些经济圈不仅在国内具有举足轻重的地位，更在全球范围内展现出了强大的影响力和竞争力。首先，纽约大都市经济圈以其独特的地理位置和强大的经济实力，成为了美国乃至全球的经济中心之一。该经济圈以曼哈顿岛为中心，辐射范围覆盖了超过 1 万平方公里的广阔区域，区域内的人口总数更是达到了 1800 多万。这一庞大的城市群不仅是美国的经济引擎，也是全球金融、贸易和文化交流的重要枢纽。其次，洛杉矶大都市经济圈在美国西部也占据了重要的地位。该经济圈广泛覆盖了众多地区，截至 1990 年，其人口规模已超过 1300 万。洛杉矶，作为该经济圈的核心城市，人口数量高达 310 万，位居全美城市人口排名第二。这座城市不仅在美国国防工业中占据重要地位，同时也是全球闻名的文化和娱乐产业中心。芝加哥，作为美国第三大都市，市区人口约 298 万，而其大都市经济圈的人口总数更是超过了 810 万。该地区是美国内陆金融、贸易、文化及重化工产业的关键枢纽，对美国经济的增长与繁荣作出了显著贡献。

日本在明治维新这一历史性的转折点之后，迅速开启了其工业化和城市化的新篇章，从而形成了独具特色的日本三大都市圈：东京、大阪、名古屋。这些都市圈不仅是日本经济发展的重要引擎，也体现了日本城市规划和发展的独特智慧。东京都市圈，作为日本经济的核心区域，其结构由内而外分为内核区、中层区和外层区，共同构成了一个超过 100 公里半径、覆盖 3.7 万平方公里的广阔城市化地带。数据显示，该地区 2000 年人口总数约为 4130 万，大约占到了日本总人口的 32%，显示出其强大的人口吸引力和经济活力。东京都市圈在日本经济发展中占据核心地位，不仅是金融、贸易和制造业高度集聚的区域，更是国际上备受瞩目的城市集群。大阪大都市经济圈，以其 2.7 万平方公里的圈域面积，占据了日本国土面积的 7.2%，同时，其人口超过 2000 万，占日本总人口的 16.5%，是日本的第二大工业基地，也是西日本经济的心脏地带。名古屋大都市经济圈以名古屋市为发展中心，涵盖了岐阜市、丰田市以及四日市，形成了一个半径介于 50 公里至 70 公里的环状城市网络。这一都市圈以汽车产业等制造业为主导产业，同时也是日本重要的交通枢纽和物流中心。

在全球的经济发展与城市化的宏大背景下，尽管欧洲、美洲、日本等地区和国家因其独特的历史、文化和经济环境而呈现出各不相同的国情，但在这一进程中，它们都共同呈现出了“经济圈”这一显著的空间经济形态。这一现象并非偶然，而是反映了在区域发展过程中，“经济圈”的形成和发展可能是一个普遍的、必然的路径。对欧洲、美洲、日本等地区和国家的都市经济圈进行深入剖析，我们能够发现其发展历程具有显著的阶段性特征。具体而言，发展历程可以系统性地归纳为以下五个标志性阶段：

第一阶段是“加强核心城市实力”阶段。经济圈在这一时期通常会经历核心城市由规模较小向规模较大，由实力较弱向实力较强的转变。随着经济的增长，核心城市往往会因为经济活动的虹吸效应而吸引更多的人口，导致其人口规模持续扩大，进而形成人口聚集和经济活动集中的格局。统计数据显示，多数核心城市的人口规模都集中在五六百万人的量级，为其经济发展提供了坚实的人口基础。经济圈中核心城市规模、经济辐射能力、产业带动能力都密切影响着城市经济圈的战略地位及其在全球经济中的影响力。举例来说，全球闻名的城市如纽约、伦敦、巴黎和东京，正是依赖其雄厚的经济辐射力和综合国力，构建了具有全球性影响力的都市经济圈。在“加强核心城市势力”阶段，工业化和城市化是发展的重中之重。通过工业化推动产业升级和经济结构优化，提高城市的生产效率和经济效益；通过城市化改善居民的生活条件和环境质量，提升城市的吸引力和竞争力。在这一阶段，不同国家的发展历程和时间跨度各不相同。例如，欧洲国家经历了大约 200 年的漫长过程，美国则用了 100 多年的时间，而日本则在短短 80 年内实现了快速的城市化和工业化。

第二阶段，即“外溢”阶段，是经济圈发展过程中的重要转折点。当核心城市的规模达到一定程度后，由于资源、土地和人口等多方面的限制，城市的发展会面临诸多挑战，此时，“外溢”现象便应运而生。“外溢”阶段的主要特征体现在产业结构升级、产业转移以及城市郊区化这三个方面。首先，随着核心城市的经济实力不断增强，其产业结构会逐渐从低端向高端转变，高科技、高附加值产业逐渐成为主导。其次，科技进步在“外溢”阶段起到了关键性的推动作用。此外，政府部门在“外溢”阶段也发挥了重要的规划和引导作用。最后，为了缓解核心城市的压力，优化城市空间布局，政府部门会制定一系列规划政策，如规划建设“绿带”“卫星城”“新城”等。这些政策旨在引导人口、产业等要素向周边地区流动，促进区域经济的协调发展。

第三阶段是“网络化”阶段。此阶段是经济圈发展历程中的关键一环。随着城市功能的“外溢”现象日益显著，产业转移和人口“郊迁”成为常态，城市建设的目标也随之发生根本性的转变。在此阶段，核心城市周边的大都市区不再仅仅是核心城市的附庸，而是开始展现自身在经济圈中的独特价值和功能，逐步实现了从依赖到独立再到互补的发展过程。为了支撑这种转变，构建城郊一体化的基础设施网络成为这一阶段的核心任务。这一网络不仅包括传统的交通设施，如轨道交通、高速公路，还涵盖了现代化的航空枢纽、海港枢纽，以及能源供应、水资源供应、污水处理、垃圾处理等关键性基础设施。这些设施的建设和完善，不仅有助于加强城市间的联系和协作，提高整个经济圈的运行效率。根据国际经验，早在20世纪六七十年代，欧洲、美洲、日本等地区和国家就基本完成了“大城市的网络化”阶段。

第四阶段是“整合”阶段。全球环境保护意识自20世纪七八十年代以来日益增强，可持续发展的理念逐渐成为了各国发展的核心理念和共同追求。对于大都市经济圈而言，如何在实现经济快速发展的同时，保持环境的和谐稳定，并增强其在全球范围内的竞争力，成为了这一阶段的核心议题。为实现这一目标，大都市经济圈的功能整合变得尤为关键。功能整合不仅涵盖了资源整合、产业整合等传统领域，还涉及到了功能定位、管理体制等多方面的内容。通过有效的整合，大都市经济圈可以形成更加合理的资源配置体系，推动产业结构的优化升级，提升区域的整体竞争力和可持续发展能力。在整合的过程中，不同国家和地区采取了不同的策略。欧美国家凭借其完善的市场经济体制和强大的非政府组织力量，更多地依赖于市场机制的调节作用来实现大都市经济圈的功能整合。而日本则更加重视政府在整合过程中的引导和规划作用，以确保整合工作的顺利进行。

第五阶段是“耦合”阶段。它代表着都市经济圈进入了一个更高级、更成熟的阶段。在这一阶段，由于都市经济圈经济的高速增长和规模的持续扩张，多个都市经济圈之间相继出现了相互重叠、渗透、融合的态势，从而催生了规模更为宏大、影响力更加深远的都市经济带。特别是在欧洲，这一现象尤为明显。其中，伦敦—伯明翰—曼彻斯特区域和巴黎—鹿特丹—鲁尔地带形成了两个标志性的都市经济带。在美国，波士顿—纽约都市经济带和芝加哥—底特律都市经济带因其强大的经济活力和区域整合能力而备受关注。同样，在日本，东京—横滨都市经济带和大阪—神户都市经济带则是其都市经济带的典型代表。“耦合”阶段的到来，标志着都市经济圈的发展已经超越了单一城市的范畴，形成了更为广泛、更为紧密的区域合作与发展格局。

我国城市的发展历史源远流长，然而，在改革开放之前，其演进历程主要聚焦于单一城市的“强核”模式，即强化城市内部的经济发展和产业集聚。改革开放政策的深化与市场经济体制的逐步确立，引发了中国城市发展模式的显著转变。自20世纪90年代起，以北京、上海、广州为代表的一批重要城市开始步入“外溢”阶段，标志着都市经济圈初步形态的形成。进入21世纪，特别是粤港澳、长三角、京津冀这三大核心都市经济区域，其发展态势尤为强劲，已逐步迈入“网络化”发展新时期，并正面临着“整合优化”的重要使命。尽管我国都市经济圈在发展历程中取得了一系列显著成就，但整体而言，其发展水平仍处于初步阶段，尚需进一步探索和完善。与欧洲、美洲、日本等地区和国家的成熟都市经济圈相比，我国在产业结构、创新能力、区域协调等方面还存在着较大的差距。

二、我国经济圈的发展

新中国成立之初，我国经济和产业百废待兴，迫切需要正确区域发展策略指导经济发展方向。一方面我国幅员辽阔，地理区域距离的远近直接导致了各地方有着不同的经济水平，区域发展策略很难涵盖所有地域；另一方面我国地区发展极不均衡，沿海地区工业发达、产业体系完善、劳动力资源丰富、交通便利等优势，有着天然的区位优势，而相对落后的西部地区面临发展机会更加稀缺。所以要想实现经济发展，国家必须因地制宜，结合各地的区位优势制定不同的策略。国家结合各城市的经济发展水平和开放程度，城市经济发展逐步由沿海地区向中西部地区延伸，体现了我国经济圈建设的总历程。

（一）经济圈演变

从均衡发展的理想转向非均衡发展的思想，是区域经济发展过程中一个关键且必要的转变。这一转变不仅是对经济发展规律的深刻认识，也是基于我国具体国情和时代背景的必然选择。非均衡发展的理念在区域经济发展的实践中得以充分体现，并贯穿于多个层面和维度。从区域层面看，均衡发展的策略在我国经济特区制度的建立中得到了显著体现。1979年，国家决定在深圳、珠海、汕头、厦门等地设立经济特区，这一举措标志着我国开始尝试通过非均衡的方式推动区域经济的发展。随着非均衡发展战略的深入推进，1984年，我国又进一步开放了14个沿海开放城市和地区。1985年，我国又开辟了珠江三角洲、长江三角洲和闽南三角洲为经济开放区。这一举措进一步明确了沿海和内地“两个大局”的区域格局。从投资层面看，更多的投资资源投向东部地区，东部地区成为了我国率先发展的经济区域。从发展方向来看，以增长极理论为指导理论，大力发展粤港澳大湾区、长三角、粤港澳、中三角和西三角，大增长极的形成是国家战略连续性的重要体现，每一个区域城市三角形都包含着一个金融中心、一个制造业中心、一个研发中心。在全国各地建设增长极极大地促进当地经济的进步并且由于具有外溢效应，增长极附近的地区同样得到了充分的发展，结果是我国综合国力持续上升，经济发展水平不断提高，但区域间的差距却在不断扩大。

自改革开放以来，中国经历了一场深刻的社会经济变革，这场变革催生了一批具有强大辐射和带动能力的增长极。这些增长极在各自区域内通过聚集效应和扩散效应，促使了东部地区的城市群迅速崛起，其中包括粤港澳城市群、长三角城市群等。这些城市群不仅成为区域经济发展的重要引擎，还通过城市间的紧密合作与联系，形成了具有高度一体化特征的经济空间。从时间纬度来看，1980～1999 年可以被视为城市群雏形的发育期。在这一阶段，各大城市群开始逐步形成并展现出强大的发展潜力。进入 21 世纪，城市群的发展进入了一个全新的阶段，其速度和规模均呈现出爆发式增长。2006 年，《国家“十一五”规划纲要》首次明确提出“把城市群作为推进城镇化的主体形态”，城市群发展上升为国家战略。随后，中央及地方政府通过顶层设计，出台了一系列旨在促进城市群良性发展的政策措施，为城市群的发展提供了强大的制度保障，为其提供了广阔的市场空间和发展机遇，旨在引导城市群走向更加健康、有序和协调的发展道路。在政策的有力引导与支持下，我国城市群已逐步步入健康有序的发展轨道，不仅有效推动了地区经济的持续增长，更成为推动国家经济增长的主体力量，对于构建现代化经济体系具有举足轻重的地位。同时，各大城市群的辐射带动能力也在不断增强，对于促进区域协调发展、优化国土空间布局等方面发挥了重要作用。在当前的发展背景下，我国城市群的发展态势呈现出一种由高速扩张向稳定成熟转变的鲜明特征。而那些具有深厚发展基础、优良经济条件和卓越地理位置的城市群，如长三角、粤港澳和京津冀，已经率先步入了趋于成熟的发展阶段。

近年来，我国区域经济在持续发展中展现出了显著的环圈化趋势，这一趋势的形成是伴随着增长极的崛起及其影响力的逐步扩散而逐渐显现的。这种环圈化不仅体现在区域内部的经济结构调整和产业升级上，更在地理空间上形成了若干个相互关联、互为支撑的经济圈。其中，长三角经济圈的发展尤为引人瞩目。凭借其得天独厚的地理位置、丰富的资源和强大的产业基础，长三角经济圈在激烈的区域竞争中脱颖而出，成为我国的第一大经济圈。如今，它正向着成为世界第六大经济圈的目标迈进，不仅在我国经济发展中扮演着举足轻重的角色，更在全球经济格局中占据了一席之地。粤港澳经济圈作为改革开放以来中国经济发展最为迅速的地区之一。它凭借毗邻港澳的地理优势，迅速融入全球经济体系，成为中国经济国际化的重要窗口。如今，粤港澳经济圈正迅速崛起为中国经济外向化程度最高的地区，其对外贸易、投资和技术合作等方面的表现均位居全国前列。环渤海湾经济圈则是中国北方地区的经济高地。作为中国的第三个大规模区域制造中心，它已发展成为中国规模较大、发展较为成熟和现代化的现代物流中心和消费市场区之一。环渤海湾经济圈在推动京津冀协同发展、优化区域产业布局等方面发挥着重要作用。除了上述三个中国最大的经济圈以外，还有多个经济圈正在形成和崛起。例如，东北经济圈、西部经济圈和西南经济圈等，它们各自具有独特的优势和潜力，正逐步成为推动我国经济发展的新引擎。在区域经济学的理论框架中，有一个重要的概念被称为“辐射理论”，它强调了中心地区对周边地带产生的辐射效应。这种效应不仅体现在单一经济圈内部的辐射网络上，当我们将视角扩大到全国乃至更广泛的地理范围时，各个经济圈之间也将构建出一个相互交织、协同发展的有效辐射网络。辐射网络在经济资源流通、人才和劳动力流动及人文环境的传播交流方面都发挥着不可或缺的作用。值得注意的是，这些经济圈带之间并非孤立存在，而是存在着一定程度的叠加。随着经济的不断发展，叠加的范围将逐渐扩大，不同经济圈之间的界限将变得模糊，形成一个更加紧密、更加一体化的经济体系。在未来经济高度发展的背景下，这些经济圈带发展水平的差异将逐渐消失。这是因为随着经济的持续增长和技术的不断进步，各地区之间的经济联系将更加紧密，资源和要素的流动将更加自由，使各地区之间的经济发展水平趋于一致。届时，全国范围内的战略协作将成为可能。

（二）我国四大经济圈竞争力分析

经济圈的发展是国内区域市场一体化的高度凝练成果。京津冀经济圈、长三角经济圈、粤港澳都市经济圈、成渝地区双城经济圈作为我国经济发展的四大增长极，对我国大部分地区形成辐射带动能力，但是由于四大经济圈的成立时间和发展程度不同，四大经济圈的竞争能力存在显著差异。

京津冀经济圈：作为聚集竞争程度最高的经济圈，其形成本质上源于市场化和城市化的深度融合。从发展机制上分析，该经济圈与长三角、粤港澳经济圈在形成路径上呈现出明显的差异。长三角与粤港澳的经济崛起主要归因于工商业的迅猛发展、率先实施的对外开放政策吸引外资的流入，以及自主型城市化模式的推动。而京津冀经济圈的形成与发展，则更多依赖于现行体制下的资源优化配置，特别是全国资源向首都北京的高度集中。中关村科技园区、奥运村等标志性区域的崛起，均体现了首都北京独特的政治文化优势。然而，随着城市化进程的加速，京津冀地区传统的重化矿冶工业与水资源短缺、环境保护之间的矛盾日益凸显。为解决这一问题，南水北调工程的实施为京津冀地区提供了宝贵的水资源支持，同时也为传统工业项目的转型与升级提供了契机。在此基础上，京津冀经济圈加大了对高速公路、城郊铁路和高速铁路等交通基础设施的建设力度，构建了以“京津唐保”为核心的现代化交通网络，为区域经济的协调发展提供了有力支撑。吴良镛教授等学者对京津冀经济圈的战略地位进行了重新评估，提出了具有前瞻性的观点。他们指出，京津冀经济圈应秉持开放包容的发展理念，积极参与全球政治经济格局的重塑、文化交流的深化以及国际交往的拓展。在这一过程中，北京作为首都，将发挥更加重要的洲际政治、文化及国际交往中心的作用，引领京津冀经济圈在全球舞台上实现更高水平的发展。

长三角经济圈：区域发展中区位优势尤为突出的经济区域，其核心聚焦于上海，其整体城市化水平处于国内前列，且拥有完整的城市体系。自改革开放以来，长三角地区的乡镇企业蓬勃兴起，与小城镇建设的快速推进相辅相成，进而促使建制镇和县级市数量显著增加。近年来，长三角地区的发展战略重心逐渐由小城镇向大中城市转移，空间布局趋向更为集约与集中，开发区建设的突出成就显著推动了城市边界的外延扩展。当前，该区域已进入工业化中后期阶段，预示着未来五年内的城市化进程将呈现加速态势。展望未来十年，长三角地区有望进一步巩固其作为区域经济增长极的地位，成为亚太地区的经济高地，并发展成为具有国际竞争力的外向型经济示范区。此外，高新技术对传统产业的改造预计将催生出世界级的新型制造业基地，为该地区的经济转型和升级提供强有力的支撑。然而，长三角经济圈亦面临一系列挑战，其中最为显著的是内部协调发展的缺失。市场分割与地方保护主义严重阻碍了经济资源的顺畅流动，并为跨区域经济合作设置了障碍。同时，鉴于长三角地区由二省一市的15个城市组成，导致其产生了错综复杂的行政隶属关系，增加了区域协调的难度。尽管国家级机构曾努力推动长三角经济区或上海经济区的建立，但这些努力尚未转化为实质性的进展。进一步来说，区域性交通基础设施和环境治理工程也因这种条块分割和恶性竞争而进展缓慢。具体来说，如合肥经济圈内出现的“条条经济”和“块块经济”并存现象，以及南京地区在30公里范围内四家石化企业的重复建设，均凸显了资源分配的低效与浪费。此外，原先分散的乡村工业和小城镇布局也加剧了工业污水和生活污水的排放，水乡地区因此面临的“水质性缺水”问题尤为突出，亟待引起广泛关注与解决。

粤港澳都市经济圈：该都市经济圈凭借其独特的制度竞争力，在中国乃至全球范围内占据了举足轻重的地位。该经济区的形成与发展不仅局限于广东省内的珠江三角洲地区，更是延伸扩展至香港和澳门，共同构筑了中国市场化与国际化程度最为卓越的都市经济圈。该地区城市化进程的快速推进，主要归因于其优越的地理位置，这种紧密的地缘关系促使香港成为该地区的主要投资来源，投资占比高达75%。自党的十一届三中全会以来，以广东省作为改革开放的先行示范区，通过设立特区市、撤县设市等措施，实现了城市的快速发展与崛起，东莞等城市便是这一时期的示范代表。1997年，在香港特别行政区回归后，“一国两制”的制度优势带来了前所未有的发展机遇，进一步推动了粤港澳地区的城市化进程，为区域经济的蓬勃发展注入了新的活力。在全球经济结构大调整和产业大转移的背景下，粤港澳地区凭借其独特的区位优势和产业基础，成功转型为世界 IT 产业的重要生产基地。展望未来，随着“大广州”发展战略的深入推进，该区域将继续向番禺、黄埔等方向扩展，进一步巩固其在全球产业链中的地位。同时，深圳与香港之间的经济一体化也成为粤港澳地区发展的重要方向。为增进港深经济的紧密合作与融合发展，双方应当深入研究并实施“优化一线管理、强化二线监管”的策略，旨在构建中国与东盟之间的“港深自由贸易区”，进而推动区域经济的互利共赢与协同发展。然而，粤港澳都市经济圈在迈向可持续发展的道路上亦须直面一系列挑战。特别是南岭山脉的天然屏障作用，使得该区域的经济腹地相对有限，从而在一定程度上削弱了其对周边地区的辐射影响与带动能力。

成渝地区双城经济圈：在当代中国的经济发展与城镇化战略版图中，成渝地区双城经济圈占据着一个举足轻重的位置。作为“两横三纵”城镇化战略布局中的核心节点，它坐落于长江通道与包昆通道的交会地带，其地理区位优势得天独厚。这一经济圈既承接着东部发展动力，又向西连接欧亚，向南连通出海通道，向北促进与甘肃、陕西的区域协同。该经济圈凭借其四通八达的开放格局，能够高效承接中东部产业转移，吸引大量资本、技术和人才汇聚，利用中欧班列拓展外贸市场，深化与甘肃、陕西的区域合作，并畅通西部出海通道。成渝地区双城经济圈不仅自然资源丰富，还构建了完善的工业产业体系，在“一带一路”倡议的推动下，成渝地区双城经济圈将进一步发挥其在中游产业领域的优势，推动区域经济的持续健康发展。同时，在绿色发展方面，成渝地区双城经济圈也走在了前列。该地区充分利用水能、天然气、页岩气等新能源，推动能源结构的优化和升级。同时，注重生态环境的保护和修复，积极推广绿色生产方式和生活方式，为经济高质量发展提供了坚实的生态支撑。尽管成渝地区双城经济圈的发展起步较晚，但其完备的产业体系和显著的区位优势为该区域提供了巨大的发展潜力和无限的发展机遇。展望未来，随着区域经济一体化的深入推进和全球经济的不断发展变化，成渝地区双城经济圈有望在区域经济一体化进程中发挥更加重要的作用。

第二节 成渝地区双城经济圈及中心城市发展的历程与现状

一、成渝地区双城经济圈的演变

从经济总量上来看，成渝地区对国内经济增长有着卓越的贡献；从国家战略层面上看，成渝地区是支撑西部地区崛起的核心；从发展角度上看，成渝地区自然资源丰富、工业发达、产业体系完备，具有极强的发展前景。为实现建立第四大“增长极”的战略目标，国家多次部署成渝地区的战略规划，大体经历了如下的演变过程。

一是成渝全国统筹城乡综合配套改革试验。2000 年 10 月，为了积极响应并推动西部大开发战略，国务院发布了《关于实施西部大开发若干政策措施的通知》。这一举措标志着国家对西部地区的经济和社会发展给予了高度重视，并期望通过一系列的政策措施来激发西部地区的内在潜力，实现跨越式发展。在此背景下，成都和重庆这两个西部地区的核心城市，因其独特的地理位置和经济基础，被赋予了更广泛、更深层次的交流合作使命。为了进一步深化这两座城市在城乡统筹发展方面的改革试验，国家发展改革委于 2007 年 6 月正式印发了《国家发展改革委关于批准重庆市和成都市设立全国统筹城乡综合配套改革试验区的通知》，这一决定标志着成渝地区正式成为全国统筹城乡综合配套改革试验区的试点区域。设立这一改革试验区的目的明确且多元，旨在通过综合配套改革的方式，促进区域经济社会协调快速发展。具体来说，这一改革试验区期望在培育经济发展动力方面取得显著成效，通过优化产业结构、提升创新能力等方式，为区域经济发展注入新的活力。同时，该试验区还致力于缩小城乡区域发展的差距，通过推动城乡一体化、优化资源配置等方式，实现城乡之间的均衡发展。此外，促进社会公平正义和构建生态文明体系也是改革试验区的重要目标。通过深化社会体制改革、加强生态文明建设等措施，试验区旨在构建一个更加和谐、公正、可持续的社会环境。同时，建设社会主义新农村也是改革试验区的重要任务之

动基础设施互联互通，推进生态共建环境共治，深化对内对外开放合作，以及建立健全城市群协同发展机制等方面。这些规划部署将为成渝城市群的发展提供有力的支撑和保障，推动其在新时代实现更高质量的发展。

四是成渝地区双城经济圈。成渝地区双城经济圈，这一概念在2020年1月中央财经委员会第六次会议上首次被提出，标志着成渝地区迎来了新的历史发展机遇。此次会议将成渝地区的发展目标明确定位为“一极两地两中心”，这一定位不仅赋予了成渝地区更高的期望，也为其发展指明了新的方向，全面开启了成渝地区双城经济圈建设的新篇章。成渝地区，作为我国西部地区的核心地带，显著地集中了人口、资源、资金、产业以及技术等关键生产要素。这一地区的城镇化进程迅猛，不仅体现在城市规模的快速扩张，更在于城市功能的不断完善和人民生活质量的显著提升。同时，成渝地区的城市创新能力亦不容小觑，其在科技研发、创新平台建设以及创新人才培养等方面均展现出强大的实力和潜力。在综合实力方面，成渝地区凭借其独特的地理位置和资源优势，以及强大的产业基础和创新能力，已经成为我国西部地区的重要增长极。这一地区的发展不仅能够有效推动西部地区经济的整体增长，还能够引领和带动周边地区实现协同发展。更值得一提的是，成渝地区在助力西部地区经济迈向高质量发展、建设内陆开放型新高地方面发挥着举足轻重的作用。

从历史演进的视角审视，国家始终对成渝地区双城经济圈寄予厚望，赋予其引领和推动全国高质量发展的关键角色。成渝地区被明确定位为全国经济增长的重要极点与新兴动力源泉，承载着打造全国重要经济中心、科技创新中心、改革开放新高地以及高品质生活宜居地的战略使命。这一战略定位不仅体现了成渝地区在促进全国经济均衡发展、提升科技创新能力、深化改革开放以及优化人居环境方面的独特价值，也预示着其在未来国家发展大局中的核心地位。这就要求成渝地区不仅要在西部地区发挥核心增长极作用、带动西部的高质量发展，而且还要增强创新发展动力，发挥价值创造的作用。同时，成渝地区还需要与长三角、粤港澳大湾区、京津冀等区域加强合作与交流，共同构筑全国高质量发展的“增长极”和动力源泉。跨区域的合作与交流，将有助于实现资源共享、优势互补、互利共赢，推动全国经济实现更高质量、更可持续的发展。这一战略定位与使命，不仅体现了党中央、国务院对成渝地区的殷切期望和高度信任，也凸显了成渝地区在“百年未有之大变局”的时代背景下所肩负的重要历史责任。

二、成渝地区双城经济圈中心城市发展现状

（一）经济发展

成渝地区双城经济圈，这一地理与经济融合发展的典范，坐落于国家“一带一路”倡议与“长江经济带”战略的交汇点上，其范围涵盖了重庆市的27个区（县）以及开州、云阳的部分地区，同时辐射四川省的15个市，总计覆盖面积达到18.5万平方公里。根据第七次全国人口普查常住人口计算的详细数据，我们可以看到成渝地区双城经济圈的人口与经济发展状况。具体而言，截止2022年，成都市的人均GDP占全国比重115.50%，重庆市的人均GDP占全国比重106.72%，两地的GDP总计占全国GDP的122.2%。重庆与同为西部地区的成都市相比，重庆市的人均GDP略低于成都，这表明成渝地区双城之间仍存在一定的经济发展差异。但值得注意的是，重庆市和成都市的人均GDP均已经超过了全国平均水平，这一数据无疑为成渝地区双城经济圈的发展增添了信心。由此可见，成渝地区双城经济圈作为中西部地区经济基础坚实、人口密度集中且发展潜力巨大的区域之一，其在全国经济发展中的重要地位不容忽视。

根据《重庆统计年鉴》与《四川统计年鉴》，我们从中提取了2021年和2022年成渝地区双城经济圈的经济发展指标数据，以此大体反映成渝地区双城经济圈近年的经济发展水平情况，如表1－1、1－2所示。

表1－1　　成渝地区双城经济圈经济发展水平（1）

指标	2021			2022		
	经济总量全国占比	财政收入全国占比	人均GDP与全国人均GDP之比	经济总量全国占比	财政收入全国占比	人均GDP与全国人均GDP之比
重庆	2.43%	1.13%	106.73%	2.30%	1.12%	101.38%
成都	1.73%	0.84%	115.50%	1.65%	0.83%	110.41%

续表

指标	2021			2022		
	经济总量全国占比	财政收入全国占比	人均GDP与全国人均GDP之比	经济总量全国占比	财政收入全国占比	人均GDP与全国人均GDP之比
自贡	0.14%	0.03%	79.76%	0.13%	0.03%	75.38%
泸州	0.21%	0.09%	69.43%	0.20%	0.09%	65.94%
德阳	0.23%	0.07%	94.40%	0.22%	0.07%	89.65%
绵阳	0.29%	0.08%	84.31%	0.28%	0.08%	80.16%
遂宁	0.13%	0.05%	67.15%	0.13%	0.05%	63.36%
内江	0.14%	0.04%	63.59%	0.13%	0.04%	59.95%
乐山	0.19%	0.07%	86.00%	0.18%	0.07%	81.51%
南充	0.23%	0.07%	57.49%	0.22%	0.07%	54.36%
眉山	0.13%	0.07%	64.29%	0.13%	0.07%	61.07%
宜宾	0.27%	0.12%	84.01%	0.26%	0.12%	79.91%
广安	0.12%	0.05%	53.65%	0.12%	0.05%	50.83%
达州	0.20%	0.07%	53.83%	0.19%	0.07%	50.93%
雅安	0.07%	0.03%	72.23%	0.07%	0.03%	68.40%
资阳	0.08%	0.03%	47.94%	0.07%	0.03%	45.18%

表1-2　成渝地区双城经济圈经济发展水平（2）

指标	2021			2022		
	居民人均可支配收入与全国人均之比	第二产业增加值全国占比	社会消费品零售总额全国占比	居民人均可支配收入与全国人均之比	第二产业增加值全国占比	社会消费品零售总额全国占比
重庆	108.70%	2.48%	3.18%	112.56%	2.42%	3.18%
成都	135.10%	1.35%	2.10%	129.73%	1.33%	2.10%
自贡	85.80%	0.14%	0.16%	81.73%	0.13%	0.16%
泸州	88.90%	0.26%	0.27%	87.36%	0.28%	0.27%
德阳	100.60%	0.28%	0.23%	96.22%	0.28%	0.23%
绵阳	103.60%	0.30%	0.38%	97.64%	0.31%	0.38%

续表

指标	2021			2022		
	居民人均可支配收入与全国人均之比	第二产业增加值全国占比	社会消费品零售总额全国占比	居民人均可支配收入与全国人均之比	第二产业增加值全国占比	社会消费品零售总额全国占比
遂宁	83.50%	0.16%	0.12%	80.88%	0.16%	0.12%
内江	81.30%	0.12%	0.15%	79.26%	0.12%	0.15%
乐山	88.60%	0.21%	0.20%	84.05%	0.21%	0.20%
南充	80.60%	0.23%	0.33%	78.59%	0.22%	0.33%
眉山	89.90%	0.13%	0.14%	81.73%	0.13%	0.14%
宜宾	86.00%	0.35%	0.28%	81.36%	0.35%	0.59%
广安	79.10%	0.10%	0.15%	74.44%	0.10%	0.13%
达州	76.70%	0.18%	0.29%	72.86%	0.18%	0.27%
雅安	85.00%	0.06%	0.07%	79.50%	0.06%	0.06%
资阳	80.40%	0.06%	0.10%	77.27%	0.06%	0.08%

1. 经济总量

从经济总量全国占比情况来看，2021年重庆占全国的2.43%，成都占全国的1.73%，成渝地区双城经济圈合计占全国的6.61%（见表1-1）。2022年，重庆经济总量占全国的2.30%，成都占全国的1.65%，成渝地区双城经济圈合计占全国的6.28%。

2. 人均GDP

从人均GDP与全国人均GDP之比来看，2021年重庆这一数值为1.06，成都为1.15。2022年重庆人均GDP与全国人均GDP之比为1.01，成都是1.10（见表1-2）。由此可见，重庆和成都的人均GDP要高于全国人均水平。从动态比率来看，这些数据显示，成渝地区双城经济圈人均GDP与全国人均GDP的差距在缩小。

3. 第二产业增加值

从第二产业增加值全国占比来看，2021年重庆为2.48%，成都为1.35%，成渝地区双城经济圈合计为6.41%。2022年重庆的占比增长到2.42%，成都增长到1.33%，成渝地区双城经济圈合计为6.33%（见

表1－2）。由此可见，2021年重庆和成都第二产业产值占全国的比重都有所上升，重庆高于成都，成渝两地共同推动了成渝地区双城经济圈第二产业发展。

4. 财政收入

从财政收入全国占比来看，2021年重庆占全国财政收入1.13%，成都占过全国财政收入为0.84%，成渝地区双城经济圈合计占全国财政收入为2.83%。2022年，重庆的财政收入占比为1.12%，成都在全国的占比为0.83%，成渝地区双城经济圈合计占全国财政收入为2.82%。双城占全国财政收入占比接近3%，但总体区域间存在较大差距。在四川地区，2021年和2022年，最高财政收入占比均是成都为0.84%，最低财政收入占比均是资阳为0.03%。（见图1－1）。可见城市之间财政收入差距过大，核心级大城市对于周边地区的辐射力有待提高。

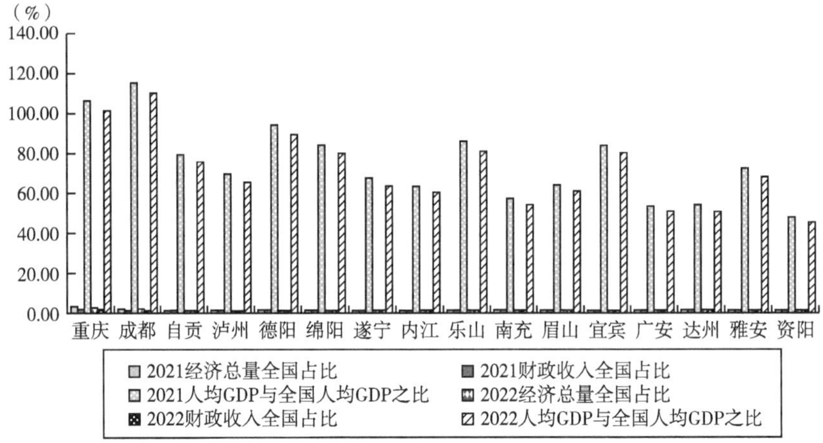

图1－1　成渝地区双城经济圈整体经济辐射效率（1）

5. 人均可支配收入

从居民人均可支配收入与全国人均之比来看，2021年重庆为108.7%，成都为135.1%。2022年重庆增长到112.56%，成都下降到129.73%（见图1－2）。由此可见，重庆、成都的居民人均可支配收入高于全国人均水平，成都高于重庆，从动态来看，重庆的居民人均可支配收入有所增长，成都的居民人均可支配收入有所下降，但是，总体上成渝地区双城经济圈的居民人均可支配收入均高于全国人均水平。

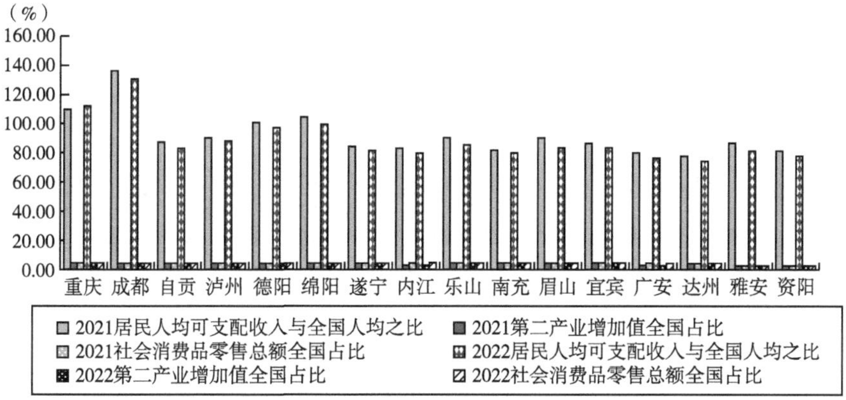

图1-2 成渝地区双城经济圈整体经济辐射效率(2)

6. 社会消费品零售总额

从社会消费品零售总额全国占比来看，2021 年和 2022 年重庆均为 3.18%，成都均为 2.10%，成渝地区双城经济圈合计占比从 8.15% 上升到 8.40%。(见表 1-2)。从具体情况来看，重庆和成都的社会消费品零售总额显著高于周边区县城市，差距较大(见图 1-2)。2021 年到 2022 年，四川消费品零售总额最高为成都市，最低为雅安。总体而言，重庆和成都两大核心级城市在对周围地区的辐射力稍弱，有待进一步加强。

(二) 产业发展与城市化发展

成渝地区发展主要依靠重庆市和成都市作为核心增长极。2021 年到 2022 年，重庆市经济总量为 27894.02 亿元，位列第 17，同比增长 8.3%，增速居全国第 9 位，成都市经济总量为 19916.98 亿元。而针对于成渝地区来说，其生产总值达到了全国国民生产总值的 4.18%，这一比例充分说明了成渝地区在全国经济格局中的重要性。具体而言，整个成渝地区的一二三产业产值为 250482 亿元、17299.28 亿元和 28006.9 亿元，产业结构比为 5.24∶36.18∶58.58。这一比例反映了成渝地区产业结构的高级化和优化趋势。由成渝地区的产业结构比可看出，成渝地区目前已然实现了以第三产业为主导，第二产业稳定增长，第一产业比重较低的“三二一”产业的发展模式。成渝地区大中小型城市都有独特的优势产业，如重庆作为中国六大工业基地有着丰厚的工业背景，第二产业一直重庆经济发展的重要依靠；成都市作为全国幸福指数排名靠前的城市，人民幸福程度很高，生活安居乐业，所以人口流入一直呈现净流入，在一定程度上促进了成都第三产业的发展。

根据《重庆统计年鉴》与《四川统计年鉴》，我们提取了 2021 年和 2022 年成渝地区双城经济圈的产业发展指标数据，进而反映成渝地区双城经济圈产业发展水平情况，如表 1 –3 所示。

表 1 –3　　成渝地区双城经济圈产业发展水平

指标	2021 年				2022 年			
	第二产业产值占 GDP 比重（%）	第三产业产值占 GDP 比重（%）	第一产业产值占 GDP 比重（%）	城镇化率（%）	第二产业产值占 GDP 比重（%）	第三产业产值占 GDP 比重（%）	第一产业产值占 GDP 比重（%）	城镇化率（%）
重庆	40. 1	53. 01	6. 89	70. 32	40. 15	52. 95	6. 91	70. 96
成都	30. 7	66. 38	2. 93	79. 48	30. 76	66. 41	2. 83	79. 89
自贡	39. 23	45. 66	15. 12	53. 63	37. 92	46. 62	15. 46	53. 63
泸州	49. 29	39. 69	11. 01	51. 36	51. 15	38. 2	10. 65	51. 91
德阳	48. 29	41. 1	10. 58	57. 60	48. 1	41. 38	10. 52	57. 60
绵阳	40. 39	48. 36	11. 25	53. 63	41. 75	47. 73	10. 52	53. 63
遂宁	46. 32	39. 14	14. 54	57. 30	47. 87	38. 44	13. 69	58. 20
内江	32. 81	49. 94	17. 25	50. 07	32. 88	49. 42	17. 69	51. 10
乐山	42. 22	44. 54	13. 24	54. 07	42. 97	43. 99	13. 04	54. 57
南充	39. 16	42. 58	18. 26	51. 20	37. 72	43. 58	18. 7	51. 75
眉山	38. 57	46. 58	14. 86	51. 11	40. 21	44. 98	14. 82	51. 60
宜宾	49. 84	38. 85	11. 31	37. 59	50. 27	38. 18	11. 55	37. 59
广安	33. 29	49. 51	17. 21	45. 60	31. 17	51. 48	17. 35	54. 13
达州	35. 5	46. 98	17. 52	64. 72	36. 51	46. 19	17. 3	51. 46
雅安	30. 92	50. 3	18. 79	53. 55	31. 43	49. 79	18. 78	54. 02
资阳	29. 52	51. 07	19. 42	42. 12	30. 63	48. 89	20. 48	42. 10

1. 产业结构

产业结构来看，成渝地区双城经济圈以第二、三产业为主，基本形成三二一的产业结构模式。2021 年，核心级大城市重庆的第二、三产业产值占 GDP 比重为 40.10%、53.01%，成都第二、三产业产值为 30.7%、66.38%。2022 年，重庆的第二、三产业产值占 GDP 比重为 40.15%、52.95%，成都第二、三产业产值为 30.76%、66.41%。可见，2021－2022 年核心级大城市重庆、成都总体产业结构保持较为稳定，重庆的第二产业产业占 GDP 比重高于成都，成都第三产业产值占 GDP 比重高于重庆，这是由其城市功能和目标上的差异所造成的（见表 1－3）。

2. 城市化发展

从城镇化率来看，成渝地区双城经济圈的总体城镇化率不高，城乡二元结构明显。2021 年，成都是城镇化程度最高的城市，城镇化率为 79.48%，其次为重庆市 70.32，宜宾是城镇化程度最低的城市为 37.59%。2022 年城镇化程度最高的依然为成都，城镇化率为 79.89%，其次为重庆达到 70.96%，城镇化率最低的依然为宜宾。2021 年－2022 年期间，成渝地区双城经济圈城镇化率总体在提升。（见表 1－3）

（三）科技创新

在国家建设成渝地区双城经济圈的战略布局中，一个明确且核心的发展愿景是将成渝地区打造成为在全国范围内具备显著且深远影响力的科技创新中心。其背后所蕴含的深层次意义，不仅在于简单的科技创新推动，更在于通过构建一个高效运转的科技创新体系，促进科技成果的迅速转化和应用，从而实质性地提高成渝地区的科技竞争力。

在查阅《重庆统计年鉴》与《四川统计年鉴》后，从中提取了 2021 年和 2022 年两个关键年份的成渝地区双城经济圈的科技发展指标数据，可这些数据不仅为我们提供了成渝地区在科技创新方面的详细统计，而且能够客观地反映出该地区的科技创新发展水平和趋势。如表 1－4 所示。

表 1-4　成渝地区双城经济圈科技创新发展水平

指标	2021 年			2022 年		
	科学技术支出（万元）	专利授权量（项目）	发明（件）	科学技术支出（万元）	专利授权数（项目）	发明（件）
重庆	926407	76206	9413	988878	66467	12207
成都	1872835	88414	14996	1518537	83616	19560
自贡	30094	3508	254	29962	2948	314
泸州	47668	3601	155	29381	3591	199
德阳	40134	6743	348	37975	6165	578
绵阳	212259	9654	1916	120632	9438	2761
遂宁	17297	2907	480	27999	2613	200
内江	7824	2659	122	8000		
乐山	5846	2459	143	12213	1991	149
南充	17932	3339	110	10130	3340	134
眉山	13330	2951	164	15566	3005	239
宜宾	94912	6059	168	90832	4604	275
广安	6178	2094	48	7383	102	2
达州	17102	3182	20	18422	2706	132
雅安	30645	1465	93	24888	1357	138
资阳	24579	1382	44	25881	976	387

1. 科学技术支出

从科学技术支出方面，成渝地区双城经济圈的科技创新经费支出不断加大，各城市科技投入强大不断加深。2020 年，科学技术支出靠前的是：重庆科学技术支出为 926407 万元，成都科学技术支出为 1872835 万元，绵阳科学技术支出为 212259 万元。2022 年，科学技术支出靠前的是：重庆科学技术支出为 988878 万元，成都科学技术支出为 1518537 万元，绵阳科学技术支出为 120632 万元。从发展的趋势来看，成都的科学技术支出超过重庆，绵阳科学技术支出作为区县城市首次赶超成渝两大中心城市。

2. 发明专利授权量、发明件数

从发明专利授权量和发明件数来看，重庆和成都的专利授权量和发明专利授权量是远远大于其它城市。2021年，重庆专利授权量和发明专利授权量分别为76206、9413件，成都分别为88414、14996件。2022年，重庆专利授权量和发明专利授权量分别为66467、12207件，成都分别为83616、19560件。可见，在发明专利授权上，重庆下降了9739件，而成都下降4798件。在发明件数上，重庆增加了2794件，成都增加了4564件。总体来看，发明专利授权在2021至2022年期间都呈现不断程度的下降，但发明成果却呈现出上涨趋势。

（四）基础设施

基础设施建设是联动各城市的关键，有利于“外溢”效应的发挥且有利于核心大城市发挥其辐射带动作用，拉动经济的发展。

1. 地区客运总量和货运总量

从地区客运总量和地区货运总量来看，核心级大城市重庆和成都在依旧遥遥领先于其它城市，但泸州和内江的地区客运总量、乐山和南充的地区货运总量表现较为亮眼。2021年，重庆地区客运总量和地区货运总量分别为25648万人公里、121185万吨公里，成都地区客运总量和地区货运总量分别为4719万人公里、32412万吨公里。2022年，重庆地区客运总量和地区货运总量分别为14432万人公里、111915万吨公里，成都地区客运总量和地区货运总量分别为3432万人公里、35047万吨公里。可见，“中部塌陷“问题虽然一直限制着中部城市发展，但由于泸州、内江、乐山、南充位于核心级大城市重庆市与成都之间，距离中心城市较近，其客运总量和货运总量是高于其他地区的（见表1－5）。

表1－5　成渝地区双城经济圈地区客运、货运总量

指标	2021年			2022年		
	公路客运量（万人）	公路货运量（万吨）	邮政业务总量（万元）	公路客运量（万人）	公路货运量（万吨）	邮政业务总量（万元）
重庆	25648	121185	1683900	14432	111915	1869617
成都	4719	32412	1904700	3432	35047	2046100
自贡	2064	4569	74439	1549	4877	89843

续表

指标	2021 年			2022 年		
	公路客运量（万人）	公路货运量（万吨）	邮政业务总量（万元）	公路客运量（万人）	公路货运量（万吨）	邮政业务总量（万元）
泸州	3632	9415	147715	1976	8811	146678
德阳	2031	9623	196245	1323	8881	205000
绵阳	3191	7768	62258	2409	7109	159500
遂宁	1065	3922	82145	758	4032	93412
内江	4088	5768	82652	2041	5686	
乐山	1807	13738	78651	1052	10113	94858
南充	2794	12058	197789	1179	12703	218954
眉山	1567	10319	135357	795	9287	118730
宜宾	2740	7028	111760	1796	11129	120646
广安	1377	3575	76150	992	3270	85700
达州	2377	8045	65821	2093	8118	138800
雅安	959	6232	40637	695	6070	47941
资阳	1319	2389	69628	854	1981	80096

2. 邮政业务量

从邮政业务量来看，除了成都市和重庆市，邮政业务总量最大的为南充和德阳。2021 年，南充的邮政业务总量为 197789，德阳邮政业务总量为 196245。2022 年南充的邮政业务总量为 218954，德阳的邮政业务总量为 205000。可见，次中心城市的邮政业务总量总体也呈现上升趋势。

（五）对外开放

对外开放是衡量国家和地区开放程度的重要指标。成渝地区双城经济圈正朝着打造“改革开放新高地”的战略方向努力，近年来更加注重引进高新技术，吸引高端创新人才，助力提高地区竞争力和区域辐射力，积极寻找经济发展的外生动力。

通过查阅《重庆统计年鉴》与《四川统计年鉴》，我们从中摘取了 2021 年和 2022 年成渝地区双城经济圈的改革开放发展指标数据，以此来反映成渝地区双城经济圈对外开放发展水平情况，如表 1－6 所示。

表 1－6　　　　　　成渝地区双城经济圈对外开放发展水平

指标	2021 年			2022 年		
	货物进口额（万元）	货物出口额（万元）	实际利用外资数额（亿美元）	货物进口额（万元）	货物出口额（万元）	实际利用外资数额（亿美元）
重庆	28322619	51683270	72. 13	29130344	52453186	72. 13
成都	33807561	48412141	25. 65	33413217	50050937	25. 65
自贡	115905	306432	0. 12	153305	371751	0. 12
泸州	596624	698687	1. 13	777759	1144295	1. 13
德阳	300302	1136476	1. 6	86032	188181	1. 6
绵阳	1396575	1108895	2. 06	967588	1722546	2. 06
遂宁	493810	380651	3	173792	658400	3
内江	86442	210751	0. 43	86442	210751	0. 43
乐山	179100	740111	0. 79	151600	952900	0. 79
南充	40796	479950	0. 88	43903	566349	0. 88
眉山	207901	594830	2. 1	399100	793400	2. 1
宜宾	690567	1674766	1. 26	1128414	2040140	1. 26
广安	11400	227000	0. 49	17567	364173	0. 49
达州	7194	72657	0. 5	58813	672786	0. 5
雅安	50433	78939	0. 16	394812	145854	0. 16
资阳	131340	142738	1. 29	106941	290136	1. 29

从货物进出口总额来看，成渝地区双城经济圈在西部地区开放程度最高。2021 年－2022 年期间，成渝地区整体处于贸易顺差。重庆市在 2021 年和 2022 年均是成渝地区进出口总额最多的城市。但 2021－2022 年期间，进口和出口增长幅度最大的城市为均达州，这主要得益于达州加大了对外开放的力度。（见图 1－3）。

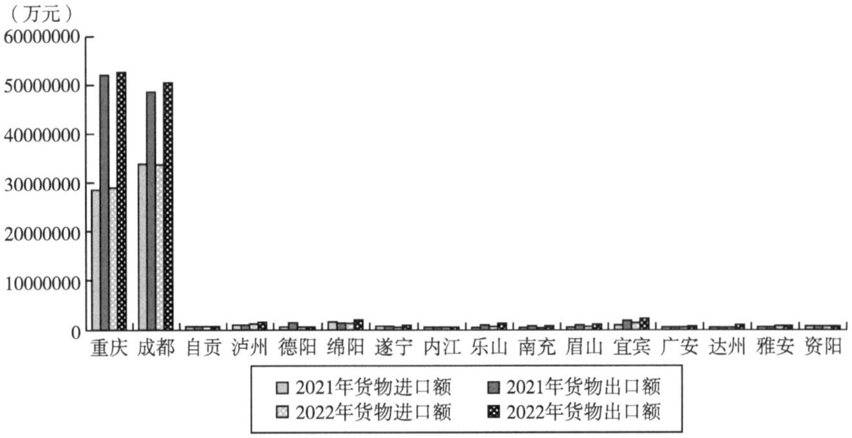

图1-3　成渝地区双城经济圈货物进出口变化幅度

（六）生态宜居

生态宜居是衡量地区绿色发展的重要指标，也是推动地区经济社会可持续发展的重要手段。建立生态宜居的环境不仅可以促进经济的高质量增长，也能提升对各类人才的吸引力。

根据《重庆统计年鉴》与《四川统计年鉴》提取2021年和2022年成渝地区双城经济圈的生态宜居发展指标数据，可大致反映成渝地区双城经济圈生态宜居发展水平情况，如表1-7所示。

表1-7　成渝地区双城经济圈生态宜居发展水平

指标	2021年			2022年		
	能源消费总量（万吨标准煤）	建成区绿化覆盖率（%）	环境空气质量优良天数比例（%）	能源消费总量（万吨标准煤）	建成区绿化覆盖率（%）	环境空气质量优良天数比例（%）
重庆	2217	42.56	89.3	2266	44.56	93.9
成都	1388	43.91	81.9	1401	44.01	76.6
自贡	97	44.20	78.6	104	44.40	81.7
泸州	233	42.55	84.4	260	43.16	82.6
德阳	251	41.63	82.7	254	45.97	83.5

续表

指标	2021 年			2022 年		
	能源消费总量（万吨标准煤）	建成区绿化覆盖率（%）	环境空气质量优良天数比例（%）	能源消费总量（万吨标准煤）	建成区绿化覆盖率（%）	环境空气质量优良天数比例（%）
绵阳	254	41.53	88.8	266	41.62	89.5
遂宁	126	42.87	90.1	153	42.62	91.9
内江	138	38.36	83.8	149	39.13	85
乐山	369	42.42	86	399	42.90	83.8
南充	154	47.88	92.1	154	47.67	96.1
眉山	203	44.25	85.2	223	44.79	77.2
宜宾	213	41.23	80.5	213	41.43	78.4
广安	101	44.06	87.7	110	44.06	93.4
达州	152	41.00	88.8	146	42.00	96.1
雅安	181	40.34	93.2	205	40.15	93.4
资阳	53	40.11	88.8	53	41.37	86.2

1. 能源消费总量

从能源消费总量来看，2021 年，重庆能源消费总量为 2217 万吨标准煤，成都能源消费总量为 1388 万吨标准煤。2022 年重庆能源消费总量为 2266 万吨标准煤，成都能源消费总量为 1401 万吨标准煤。究其两地煤炭消费量如此之大原因在于该地工业发达，所以能源消耗较大。相比较而言，其他城市能源消费量不大，总体能源消费量平稳（见表 1-5）。

2. 优良天数比和绿化覆盖率

根据 2021-2022 年的数据显示，从优良天数比来看，各地环境优良天数比总体能达到 80% 以上，说明成渝地区双城经济圈生态优良。从绿化覆盖率上看，南充的绿化覆盖率最高，能达到 45% 以上。总的来说，成渝地区双城经济圈的生态宜居水平较高，可以作为提升城市辐射力的重要抓手（见表 1-7）。

第三节　成渝地区双城经济圈发展的特征与问题

一、双城圈内的都市圈基础

（一）重庆都市圈

近年来，重庆都市圈的经济社会发展呈现出稳健而强劲的态势，不仅在全面建设小康社会的道路上取得了显著成效，而且在区域一体化的推进过程中也取得了令人瞩目的进展。这一成就标志着重庆都市圈已经具备了培育形成现代化都市圈所需的坚实基础。具体而言，其综合实力得到了显著提升，经济总量已迈过2万亿元的门槛，城镇化率更是高达74%，充分显示出都市圈的经济活力和城市化进程的加快。在产业发展方面，贯穿电子信息、汽车制造、高端装备制造以及数字经济等多个领域，重庆都市圈均培育出一批竞争力强劲、成长潜力巨大的产业集群。此外，在创新资源加速集聚的背景下，一系列高起点高标准规划建设和一批重大科技创新平台相继落地于重庆都市圈。例如，西部（重庆）科学城、两江协同创新区以及广阳湾智创生态城等。在城镇体系建设方面，重庆都市圈也取得了显著进展。中心城区，经历了显著的人口增长和城市化进程。统计数据显示，中心城区的常住人口已经突破了千万大关，其辐射带动作用也呈现出不断加强的趋势。与此同时，中小城市作为都市圈的重要组成部分，其功能也在不断完善。中小城市在承接中心城区人口和产业转移、缓解中心城区人口压力、优化区域产业结构等方面发挥着越来越重要的作用。通过完善基础设施建设、提升公共服务水平、加强产业培育等措施，中小城市的吸引力不断增强，人口回流现象也日益明显。在对外开放方面，通过构建起东南西北空的立体通道体系和空铁水公口岸体系，重庆都市圈已经成为内陆开放的重要高地。其门户枢纽地位的凸显，不仅促进了区域间的经贸往来，也为重庆都市圈的对外开放和经济发展提供了重要支撑。此外，在人文交流和经贸往来方面，渝广合作走深走实。

（二）成都都市圈

成都都市圈作为成渝地区双城经济圈的核心引擎，其在推动区域一体化发展中扮演着举足轻重的角色。为推进成渝地区双城经济圈的全面均衡发展，将成都作为现代化都市圈的核心培育对象，进而带动周边地市和区县实现跨越式增长，并与重庆都市圈形成协同共进的发展态势，已成为一项具有战略意义的举措。纵观成渝地区双城经济圈的总体布局，德阳市、眉山市、资阳市三市位于成都东进战略的核心区域，因其独特的地理位置，这三市亦作为成渝地区双城经济圈的重要支撑点。鉴于此，成都市、德阳市、眉山市、资阳市四市携手共进，构建以成都为核心的成都都市圈，具有重要的空间意义。其能在空间布局上与重庆都市圈形成有效的呼应和协同，共同推动成渝地区双城经济圈的深度发展；同时，在功能协同上，也能够进一步深化川渝两地之间的协作，优化区域发展格局，促进资源的优化配置和高效利用。在能级层面，成都市、德阳市、眉山市、资阳市四市共同构建成都都市圈，可以集聚四市之力，形成与重庆都市圈在经济规模、人口集聚、功能协作等方面相匹配的增长极和动力源。这种协同发展模式不仅能够提升整个区域的综合竞争力，还能够促进区域内部的产业分工和合作，推动产业结构的优化升级，实现区域经济的可持续发展。

在四川省实施“一干多支”发展战略的宏观背景下，成都都市圈的建设显得尤为重要，它不仅是这一战略的关键动力，更是推动四川全省经济社会发展的重要引擎。成都都市圈位于成都平原经济区的核心地带，这里不仅汇聚了四川全省最为密集的人口，也孕育了最为发达的经济体系。这一地区因其独特的地理位置、丰富的资源和优越的发展条件，成为了四川乃至整个西部地区的重要增长极。成都都市圈的人口规模和经济规模均呈现出快速增长的态势。随着城市化进程的加速推进，越来越多的人口涌入这一区域，寻求更好的发展机遇和更高的生活质量。同时，成都都市圈的经济总量也在不断扩大，占全省人口和经济的比重持续上升，显示出强大的发展潜力和活力。具体而言，截至2020年底，成都都市圈人口规模已达2967万人，这一数字不仅超过了四川全省人口的1/3（占全省比重达到35.4%），也占据了全国相当大的一部分人口。与此同时，成都都市圈的地区生产总值也达到了 2.24 万亿元，占全省经济总量的近一半（46.0%），充分展现了其作为经济中心的强大实力。此外，成都都市圈的地区生产总值达 2.24 万亿元，人均地区生产总值达 7.54 万元/人。这一数据不仅超越了全国平均水平 7.24 万元/人，更是高出四川全省平均水平的约 30%，凸显了居民生活水平和经济发展质量的双重提升。推动成都市、德阳市、眉山市、资阳市同城发展，不仅能够提升成都城市能级、巩固其作为国家中心城市的核心地位，更在促进区域一体化发展、优化资源配置等方面展现出重要的战略价值。首先，从成都的角度分析，同城化策略的实施有助于成都进一步集聚高端要素，增强其在全球城市网络中的竞争力和影响力。其次，对于成都周边的德阳、眉山、资阳等城市而言，同城化战略的实施为它们提供了难得的发展机遇。同时，同城化还将推动这些城市逐步建成与成都有机融合、一体发展的现代经济集中发展区，进而提升整个区域的经济实力和综合竞争力。而从更宏观的角度来看，成都市、德阳市、眉山市、资阳市同城发展还具有显著的示范带动效应。通过优化资源配置、促进产业协同发展、加强基础设施建设等措施，成都都市圈将形成具有强大辐射力和带动力的发展极核。这一核心增长极不仅具备引领和驱动川南经济区、川东北经济区、攀西经济区等周边区域共同发展的能力，同时亦能促进川西北生态示范区及大小凉山地区在生态保护上发挥更为显著的作用，从而实现经济发展与生态保护之间的和谐共生与良性循环。

二、空间格局与现存问题

成渝地区双城经济圈所处的地理位置独特且具有深远的战略意义。这一经济圈坐落于“一带一路”和长江经济带交会处，亦构成了西部陆海新通道的起点，更是连接西南与西北、沟通东亚与东南亚、南亚的重要桥梁。其独特的区位优势，赋予了成渝地区双城经济圈在区域乃至全球范围内无可比拟的发展潜力和战略价值。从自然资源的角度来看，成渝地区双城经济圈内生态禀赋优良，拥有得天独厚的自然环境和丰富的能源矿产资源。从城镇化和产业基础的角度来看，成渝地区双城经济圈内城镇密布，产业基础雄厚。这一地区是我国西部人口最密集、产业基础最雄厚的区域之一，拥有完善的工业体系和强大的制造业实力。同时，随着城市化进程的加速推进，区域内的服务业也得到了快速发展，形成了多元化的产业结构。从创新能力角度看，成渝地区双城经济圈的创新实力强劲。这里聚集了众多高等院校、科研机构和创新型企业，拥有丰富的人才资源和创新资源。从市场空间和开放程度的角度来看，成渝地区双城经济圈的市场空间广阔，开放程度较高。这一地区不仅拥有庞大的内需市场，还积极融入全球经济体系，与多个国家和地区建立了广泛的经贸合作关系。成渝地区双城经济圈，在我国整体发展格局中占据着独一无二且至关重要的战略位置。从综合视角出发，成渝地区得以快速发展的背后，得益于其强大的资源保障体系以及迅速崛起的交通基础设施网络。在资源方面，劳动力素质稳步提升，土地利用率高且规划合理，水资源和能源供应充沛，为地区的经济社会持续发展提供了坚实的物质支撑。同时，高铁、公路、机场、航运及管道等多元化的交通基础设施实现了飞速发展，构建了四通八达的交通网络，有效提升了区域间的互联互通水平，为成渝地区经济社会的繁荣奠定了坚实的基础。此外，成渝双城经济圈的空间结构特征也极为显著，成渝地区的人口分布和经济发展呈现出不均衡的状态，这种不均衡性既反映了区域发展的差异，也为未来的均衡发展提供了机遇。此外，成渝双核（即成都和重庆）作为经济发展的龙头，仍处于集聚发展阶段，不断吸引着各类资源要素的集聚，形成了强大的辐射带动效应。然而，这种集聚效应也导致了成渝中部地区的相对塌陷，即中部地区的发展相对滞后，成为制约整个区域均衡发展的瓶颈。再者，成渝地区的两翼（即四川盆地周边地区）的发展潜力巨大。这些地区虽然目前发展水平相对较低，但拥有得天独厚的自然资源和丰富的劳动力资源，是成渝地区未来发展的重要增长点。同时，这些地区的县域数量众多，且对外联系较为集中，但内外联系强度差异较大，需要进一步加强区域间的协调与合作。

（一）人口分布和经济发展不均衡

成渝地区，覆盖广阔的18.5万平方公里土地，承载了高达9600万的常住人口。但在人口与经济空间分布上，成渝地区却呈现出显著的差异性。这种差异性最为显著地体现在重庆主城区与成都这两大“双核”及其辐射所形成的两个都市圈上。这两个都市圈不仅在经济总量和人口规模上占据绝对优势，更在区域发展中扮演着举足轻重的角色，被誉为双城经济圈的“龙头”。具体来说，这两个都市圈 2020 年的常住人口达到了 5303.61 万人，经济总量更是高达 4.05 万亿元，这一数据不仅彰显了其强大的经济实力，也凸显了其在成渝地区中的核心地位。与之形成鲜明对照的是，位于两个都市圈之间的成渝中部地区，以及沿长江分布在重庆都市圈上下游的经济圈南北“两翼”地区，特别是成都都市圈南北两侧的乐山、雅安和绵阳，甚至包括渝东南的黔江等地区。这些区域在人口密度和经济发展水平上均呈现出明显的滞后性，与“双核双圈”区域存在显著的差距，多数地区还面临着人口外流的问题。这种区域内部的不平衡发展，既体现了成渝地区在资源分配、产业布局、基础设施建设等方面的差异，也反映了区域间经济合作的不足和协同发展的挑战。

（二）成渝“双核”仍处于集聚发展阶段

聚焦成渝地区的发展格局，重庆主城区与成都两大中心城市构成了该地区的“双核”。其人口规模上庞大，经济总量显著，产业基础深厚，高端要素集聚明显，并且创新能力突出，均展现出无可比拟的优势。这两个城市不仅是成渝地区的经济引擎，更是引领区域发展的核心动力。首先，从人口与经济总量上看，重庆主城区与成都的人口合计占成渝地区的 26.7%，然而其经济总量占比却高达 41.8%。此外，这两个城市在高端要素的集聚方面也表现出色，发明专利授权占比高达 72.3%，体现了其强大的创新能力和科技实力。其次，从经济增长速度来看，2014～2019 年，重庆主城区与成都的年均经济增速分别达到 7.6% 和 7.9%，显示出强劲的增长势头。同时，重庆主城区与成都两大核心城市不仅在人口规模上保持稳步增长，每年新增常住人口均接近 20 万，且这一增量占据了整个成渝地区的 37.5%，凸显了这两大城市在人口吸引力方面的显著优势。在对外联系方面，重庆与成都作为国际性的交通枢纽，承载着成渝地区主要的对外交流职能。以 2019 年为例，成都双流国际机场与重庆江北国际机场的旅客吞吐量分别位居全国第四和第九，这充分展示了它们在区域乃至全球航空运输网络中的重要地位。随着天府机场即将投入运营，成都将进一步巩固其国际航空枢纽的地位，成为继北京、上海之后，全国第三个拥有双机场的城市。这一里程碑式的进展无疑将极大提升成都的国际连通性和影响力。而从城镇化率的角度来看，截至2019年底，成都与重庆的城镇化率分别为74.4%和66.8%，均呈现出城镇化快速发展的态势。特别是重庆市辖区，其城镇化率已达到71.8%，呈现出较高的城镇化水平。这表明，成渝地区的“双核”在推动区域城镇化进程中发挥着重要作用。

（三）成渝双城经济圈内“中部塌陷”

在深入探讨成渝地区的发展格局时，根据2019年的统计数据发现，成渝中部地区常住人口达到1492万人，占据地区总人口的15.5%。同时，其经济总量也达到了5541亿元，占地区经济总量的8.9%。在人均GDP方面，该区域的人均GDP为3.71万元，这一数据显著低于“双圈”（即重庆主城区与成都都市圈）的人均GDP水平，甚至不到其一半，从而凸显了成渝中部地区作为发展“洼地”的现状。进一步分析，资阳、宜宾这两个位于成渝“双核”之间的城市，受到“双核”强大的虹吸效应影响，资源和人才往往倾向于流向更具吸引力的中心城市，导致了中部地区的资源流失和人才短缺。然而，尽管面临这样的挑战，中部地区仍然拥有其独特的优势。该地区劳动力资源丰富，为产业发展提供了有力的支撑。同时，其高速公路网络尤为发达，具体表现为高速公路密度高达5.14千米/百平方千米，这一数值在同类地区中处于较高水平，为区域内的物流、人流和信息流提供了便捷的通道。尽管成渝中部地区位于四川与重庆的交界地带，拥有独特的地理位置，但其与成渝“双核”之间100~150千米的地理距离，在一定程度上限制了其受到“双核”城市经济辐射与带动的效应。在产业发展方面，中部地区以食品饮料、冶金建材、纺织服装、汽车汽配等行业为主。然而，这些产业在区域乃至全国范围内并不具备显著的优势，且主导产业不够突出，难以形成强大的产业集聚效应和品牌影响力。因此，中部地区在发展过程中面临着“塌陷”问题，即经济增长速度相对滞后，产业结构不够优化，与周边地区的差距逐渐拉大。因此，成渝中部地区在人口、经济总量和人均GDP等方面与成渝“双核”存在显著的差距，面临着资源和人才流失的困境。然而，该地区仍然拥有劳动力资源丰富、交通条件较好等独特优势。未来，如何通过政策引导和市场机制的作用，充分发挥这些优势，推动中部地区的产业升级和经济发展，是成渝地区乃至整个西部地区面临的重要课题。

（四）“两翼”战略地位重要，发展潜力大

双城经济圈的两翼是北翼和南翼。北翼是指渝东北，文旅产业发达红色文化和生态资源丰富有利于大力发展文化旅游、绿色产业；交通基础设施完备，环境优美，森林覆盖率高，有着天然的长江上游生态屏障；拥有万州、达州、南充等区域中心城市，带动北冀地区整体经济发展。南翼是指推动川南与渝西融合发展。成南和渝西是老工业基地，工业基础好，技术研发能力强。同时，长江经济带、新时代西部大开发以及“一带一路”倡议等宏观政策相互叠加，形成了强大的协同效应。这种交汇效应不仅为区域经济发展注入了新的活力，更在推动区域间融合发展中起到了关键作用。以宜宾、泸州、江津、永川等区域中心城市为龙头，推动川南渝西融合发展试验区发展，实现资源共享、优势互补，进而推动整个区域的协同发展。在这一过程中，承接产业转移创新发展示范区的建设显得尤为关键。基于此，引导传统产业进行技术革新、管理创新和模式转型，进而有助于发展高新技术产业，提升城市产业能级，形成国家级产业基地。

（五）县域单元发展潜力大

在深入探讨成渝地区的县级单元布局及其在经济圈发展中的角色时，可以发现该地区拥有数量众多的县级行政单元。除了作为区域核心的“双核”城市（通常指成都和重庆两个主要城市）外，成渝地区还涵盖了122个县级单元，其中包括51个市辖区和71个县（县级市）。这些县级单元在地域上广泛分布，共同构成了成渝地区丰富的行政层级和经济发展网络。在进一步分析这些县级单元的经济和社会数据时，可以发现，尽管这些县和县级市在数量上占据了成渝地区的较大比例，但它们在常住人口和经济总量上的占比也颇为可观。具体而言，这71个县（县级市）的常住人口占据了成渝地区总常住人口的43.3%，而它们的经济总量则占到了整个成渝地区的28.4%。这些与中心城市联系紧密的县级单元，不仅是成渝

地区经济发展的重要支撑，更是未来双城经济圈发展的着力点。随着城市化进程的加速和区域经济的深度融合，这些县级单元将承担起更多的经济功能和社会责任。特别是那些与中心城市联系强度高的县级单元，它们将有望成为“高品质生活宜居地”的重要载体。

（六）对外联系度差异大

通过探讨成渝地区的对外交通联系，可以观察到其明显的方向性特征。当前，纵观北、东、南三个方向，北部方向的客流占比约为45%，东部方向的客流占比约为30%，而南部方向的客流占比则为约25%，清晰地揭示了该地区在对外交通联系上的主要流向。进一步地，若我们排除公路运输的货运量，从货运的角度来看，这三个方向的占比则分别为约27%、60%和13%，进一步强调了北向和东向作为主要对外交通通道的重要性。对于北向的联系，成渝地区主要依赖西成、宝成、兰渝、襄渝等交通通道，这些通道不仅连接了西北和华中地区，还构成了该地区与内陆腹地的重要连接桥梁。这一方向的高流量显示了成渝地区在连接内陆、实现资源共享与互通有无中的关键地位。同样，向东的联系则主要通过长江水道和沿江铁路实现，这些交通线路将成渝地区与长江中下游地区紧密相连。然而，与北向和东向联系相比，南向联系在当前阶段尚显不足。尽管成渝地区通过西部陆海新通道与滇黔桂三省区建立了初步的联系，并具备向中南半岛延伸的潜力，然而，由于这一通道与沿江通道在功能上存在一定程度的重叠与替代，目前南向的联系尚未形成显著的规模，这在一定程度上限制了成渝地区南向发展的步伐。这启示我们，在推进成渝地区交通网络建设的过程中，需要进一步优化交通布局，加强南向通道的建设与发展，以实现更加均衡、高效的对外交通联系。

第二章　科创走廊的发展现状分析

科创走廊作为一种在城市科创发展达到一定阶段后出现的具有独特优势和特点的城市科创活动发展形式，其在推动科创要素更广泛分布、促进科创要素更广泛流动、促成科创协作更深领域进行等方面发挥着重要作用。科创走廊的独特优势包括：（1）推动科创要素更广泛分布。科创走廊能够将科创要素分布到城市更广泛的区域，而不仅局限于特定的科技园区或高新区，这有助于促进城市各个区域的科创能力和竞争力。（2）促进科创要素更广泛流动。科创走廊的存在鼓励科创要素在城市内更广泛地流动，包括人才、资金和技术，这有助于城市内不同领域之间的合作和创新。（3）促成科创协作更深领域进行：科创走廊有助于不同科创领域之间的深度协作，推动跨学科和跨行业的创新，这有助于促进科技创新和推动产业升级。

目前国内外的科创走廊案例情况见表2－1，相比之下，美国、英国、日本及国内的科技园区、高新区和科技城等科创活动空间各有不同，科创走廊的组织架构、主体数量、发展规模以及空间分布等方面存在本质差异，这意味着科创走廊在城市中形成了一种独特的科创生态系统。

表2－1　　国内外成熟科技创新走廊的基本情况

名称	所在地区	主导产业	高等院校	知名企业
美国128公路科创走廊	美国马萨诸塞州波士顿地区	信息通讯、电子工业、国防工业、生物技术、制药医疗	哈佛大学、麻省理工学院、波士顿大学、东北大学、塔夫茨大学、布兰迪斯大学、阿默斯特学院等	美国无线电公司、IBM、Lycos、通用数据、霍尼韦尔、王安公司、数码设备公司、波纳罗伊德等

续表

名称	所在地区	主导产业	高等院校	知名企业
美国101公路科创走廊	美国旧金山大湾区	电子工业、信息技术、国防工业、航空航天、软件产业、风险资本	斯坦福大学、加州大学伯克利分校、圣塔克拉拉大学、圣何塞州立大学、加利福尼亚大学戴维斯分校、卡内基梅隆大学西海岸校区等	谷歌、Facebook、惠普、英特尔、苹果、思科、英伟达、甲骨文、特斯拉、雅虎
英国M4科创走廊	英国伦敦市—剑桥市地区	金融科技、信息技术、文化创意、生物技术、高端制造、专业服务	牛津大学、剑桥大学、帝国理工学院、伦敦大学学院、伦敦政治经济学院、布里斯托大学、克兰菲尔德大学等	迈氏服务、户户送、Global Switch、Deep-Mind、Fidessa Group、Worldpay、The Hut Group等
东京—横滨—筑波科创走廊	日本东京大湾区	电子机械、航运商贸、石油化工、高端制造	东京大学、早稻田大学、东京工业大学、筑波大学、庆应义塾大学、千叶大学、一桥大学、横滨国立大学等	NEC、三井、佳能、三菱、丰田、索尼、东芝、东丽、富士通、捷太格特、小松等公司
长三角G60科创走廊	中国长三角三省一市	新材料、新能源和网联汽车、智能装备、通航产业、生物医药、文化创意	上海交通大学、复旦大学、中国科学技术大学、浙江大学、同济大学、华东师范大学、苏州大学、东华大学等	江淮汽车、宏力达、横店集团、初速度、益佳通、科大智能、通富超威、诺力智能装备等
广深港澳科创走廊	中国粤港澳经济圈	信息技术、生物医药、智能制造、新能源和网联汽车	中山大学、香港大学、华南理工大学、香港理工大学、香港科技大学、深圳大学、澳门大学、哈尔滨工业大学（深圳）、暨南大学等	华为、比亚迪、Gate-coin、中兴通讯、汇顶科技、腾讯、汇川技术、大疆、大族激光、WeLab、华讯方舟、华大基因等

第一节　国外科创走廊发展现状分析

目前世界范围内已经有500多个科创产业园区，其中典型的案例包括美国旧金山硅谷、英国剑桥科技园、法国索菲亚科学园、日本筑波科学城、台湾新竹科技工业园、新加坡维壹科技园、印度班加罗尔科技城等（见表2－2）。本研究具体以美国和日本科创走廊为案例详述。

表2－2　国外科创走廊基本情况

国家	创建	名称	主城	推动力	周边高校	代表企业	产业
美国	1951	硅谷	旧金山市	市场主导	斯坦福大学、加州伯克利大学	谷歌、脸书、苹果、英特尔	半导体产业、集成电路、计算机、生物制药、资讯网络、信息服务和商业服务
美国	1960	128号公路	波士顿	市场主导	麻省理工学院	美国无线电公司	生化、通讯、电子、信惠等领域的高技术产业
英国	1970	剑桥科学园	剑桥	大学主导	剑桥大学	3GLabs、东芝、菲利普	计算机软硬件、科学仪器、电子技术、生物化学以及空间技术
法国	1973	索菲亚科学园	里维耶拉	基金会主导	尼斯大学、国立通信研究中心、国立科学研究中心	德州机械、西门子	通信、电子、医药保健、化学、生化科技、环境、能源
日本	1963	筑波科学城	东京	政府主导	筑波大学	—	基础理论研究
新加坡	1983	新加坡科学园	新加坡	企业主导	南洋理工	惠普、摩托罗拉、微软	电子信息、生命科学、化工能源

一、美国旧金山硅谷科创走廊

硅谷是一个独具特色的地区，拥有高校研发机构聚集、创业教育完备的基础设施，这些元素为创新企业提供了独一无二的生长环境。此外，硅谷还吸引了大量优秀的人才、投资资本、前沿技术以及信息资源，这些共同构成了硅谷的发展机制，为创新企业的诞生和发展提供了丰富的土壤。借助斯坦福大学的“荣誉企业计划”培养了创新型人才，积累了智力资源。同时，通过建设科技工业园，促进了科技创新企业、人才以及科研机构之间的密切互动，实现“产—学—研”的有机结合。硅谷最初形成的主要吸引力之一是其独特的自然环境。从地理角度上看，硅谷位于美国旧金山市以南、圣何塞市以北，占地面积3800平方公里，地理位置非常有利，享有温和宜人的气候，被誉为天然的“空调区”。从基础设施角度来看，硅谷的设施建设非常完善，城市区域功能齐全，配备了发达的交通网络、便捷的通信服务以及各种现代娱乐设施。这使硅谷在硬件设施方面成为科技精英们的首选。硅谷拥有出色的气候、地理位置、卓越的基础设施和舒适的生活条件等多重优势，吸引了大批科研人员和管理人员前来创业，为硅谷的蓬勃发展注入了新的活力。

硅谷经历了两个主要阶段的演变，从研发生产集合模式到高科技园区模式，最终成功实现了由传统工业园区向科创产业园区的转型。然而，硅谷的发展速度目前呈现减缓趋势，城市经常面临钟摆式的交通问题。这一现象的根本原因在于硅谷的空间布局相对孤立，导致不同产业集群和企业相对独立，缺乏必要的相互串联的配套设施。

二、日本筑波科学城

筑波科学城位于离日本东京大约六十公里的筑波山脚下，毗邻霞浦湖，地势相对平坦，享有优美的生态环境，是日本“科技立国”战略的产物，旨在推动科学和工业的发展。筑波科学城成功实现了产业、学术、研究、居住等多种功能的有机结合，构建了完善的城市基础设施系统，吸引并汇聚了众多科研人员和创新要素。

在规划方面，筑波科学城采用了自上而下的规划方法，以生态轴线和生态网络作为城市空间的骨架，以步行公园路作为城市的中心轴线，以与环境共生和融入生态为理念，从而构建了南北细长的城市整体网络布局。在筑波科学城的规划中，充分利用了石材、湿地、溪流等自然生态条件，将城市与乡村环境融为一体，体现了“同呼吸、共发展”的理念，将城镇的相对较小的生态系统融入更大的地球生态系统中，有利于生态的新陈代谢和可持续发展。城市内的中心“绿道”借助树荫道和88个公园绿地，贯穿了周边的居住社区和大学科研设施，从而形成了自然的生态网络。在开发方面，强调对自然环境的尊重，倡导人与自然的和谐发展。该城市保持了超过总开发面积65%的绿色空间，实现了人均绿地面积达到60公顷的目标，并注重维护生态多样性。公园绿地、基本农田以及山地森林等的比例得以平衡，形成了多层次的绿色廊道。筑波科学城已经成为与自然协调共生的科学城的典范。

筑波科学城在日本的经济与科技发展方面发挥了重要作用，但筑波科学城的发展模式存在明显弊端，竞争力不足。这是因为筑波科学城的发展过程完全由人工掌控，缺乏有机生长的规律，同时配套设施与城市中心相距较远，空间尺度与人体感受不符，因此前往该城创业的科技人员逐渐减少。认识到这一问题后，日本在1996年制定了《科学技术基本规划》，重新定位筑波科学城为信息、研究与交流的核心，致力于该城的产业转型升级。到了2001年，国家级研究机构都转型为独立的管理机构，建立了更具创新性的机制，消除了国有科研机构的制度惰性。

第二节　国内科创走廊的协同创新发展现状分析

一、长三角 G60 科创走廊的发展现状分析

长三角 G60 科创走廊以“九城联动，资源共享，深度融合，集群发展”的发展理念，为长三角地区的高质量发展贡献了创新力量。该科创走廊的活力主要表现在以下几个方面：首先，它克服了行政区划的障碍，促使创新要素自由流动，并优化了资源配置。其次，通过整合产业链，推动产业和城市的融合，不断释放新的生命力。最后，它促进了九个城市的创新与协调发展，为长三角地区的高质量融合发展作出了贡献。

（1）长三角 G60 科创走廊的区域演变

长三角 G60 科创走廊是一个科技创新的战略高地，以 G60 沪昆高速公路为纽带，连接了上海松江、嘉兴、杭州、金华、苏州、湖州、宣城、芜湖和合肥这九座城市，汇聚了其中的高科技企业，实现了产城融合的发展模式。长三角 G60 科创走廊在近年来的建设过程中，经历了不断的地域扩

容和基础升级的动态过程，旨在创建一个创新产业和人才聚集的地区（见表2-3）。

表2-3 长三角G60科创走廊建设发展历程

阶段	发展历程
1.0时代—源起松江	2016年5月24日，上海松江-区首次启动“G60上海松江科创走廊”
2.0时代—连通嘉杭	2017年7月12日，上海松江区、杭州、嘉兴共同签署《沪嘉杭G60科创走廊建设战略合作协议》，标志着“沪嘉杭G60科创走廊”正式成立
3.0时代—九城共建	2018年芜湖与上海松江区、杭州、嘉兴、金华、湖州、苏州、合肥、宣城共同签署《G60科创走廊松江宣言》，长三角G60科创走廊自此升级

（2）长三角G60科创走廊九城市创新投入分析

考虑到数据的可用性和客观性，本研究选择了R&D经费内部支出作为评估科研经费投入的关键指标，并使用R&D折合全时当量来度量科研人员的投入，针对2010~2021年长三角G60科创走廊的九个城市的创新投入因素进行了详尽的分析。

如图2-1所示，长三角G60科创走廊九城市在R&D经费内部支出费用以及占GDP比重方面的显著差异。在2021年，上海在九城市中的R&D经费内部支出费用位列首位，其次是苏州和杭州。同样，上海的R&D经费内部支出占GDP比重也是最高的，紧随其后的是苏州、杭州、合肥、嘉兴、芜湖、金华、湖州和宣城。这些数据凸显了上海在创新要素投入强度上的突出表现，其2021年的R&D经费内部支出费用高达1817亿元，占GDP的4.21%。从前文对创新产出的分析来看，苏州、杭州、合肥三个城市已经形成了新的创新次中心，其创新资源的投入与创新产出高度一致。这三个城市的R&D经费内部支出占GDP比重分别为3.91%、3.68%、3.48%，体现了城市创新投入产出配比的合理化。在时间维度上，嘉兴和湖州的投入产出表现稳定。芜湖虽然在创新产出方面有所提高，投资要素在持续增长，尤其是研发费用在GDP中的比例不断攀升。近年来，芜湖的R&D经费内部支出费占GDP比重增速迅猛，自2013年起便超越了嘉兴，如今已接近杭州的创新投入比重，这无疑表明了科技创新在芜湖市受到的极大重视。然而，也需要注意到，芜湖市的创新投入要素转换效率提高，表明其创新投入的增长带来了明显的创新效果。宣城市的创新产出水平长期停留在第三梯队，其研发经费在国内生产总值中的比重在九个城市中最低，这使得宣城在与其他城市的比较中并无优势，创新产出水平一直未能得到提升。至于金华市，受限于自身的经济发展水平，其研发资金在 GDP 中的占比并不高，仅高于宣城，处于倒数第二的位置。

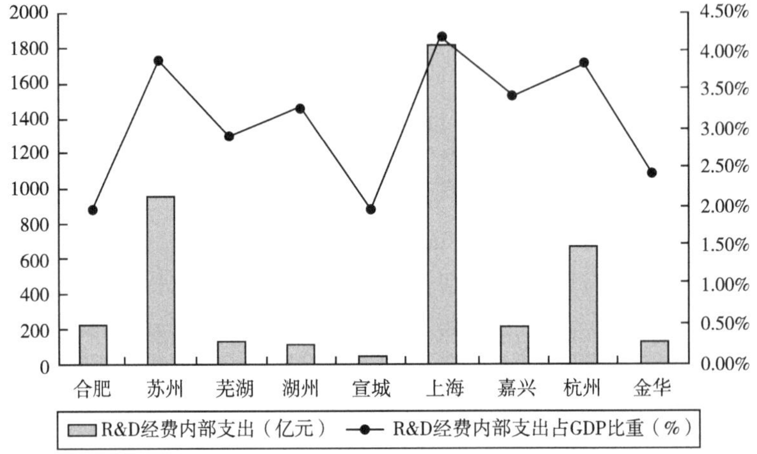

图 2－1　2021 年长三角 G60 科创走廊九城市科学技术内部支出占 GDP 比重

根据图 2－2，我们可以清晰地看到，在 2010～2019 年，长三角 G60 科创走廊的九城市的 R&D 折合全时当量呈现出持续增长的态势。苏州市的 R&D 折合全时当量的增长趋势最为显著，上海持续保持较高水平。最初与杭州并肩，如今已接近上海的水平，表明苏州市创新资源规模的持续壮大，并且与其成为创新次中心的地位密不可分。毫无疑问，良好的创新环境对于推动自主创新能力的提高发挥着重要的作用。上海作为长三角 G60 科创走廊乃至整个长三角城市群的核心城市，在创新资源和创新产出方面均表现出色。截至 2021 年，上海的 R&D 折合全时当量高达 23.55 万人年。除了上海和苏州，杭州和合肥作为省会城市，与其他城市相比，拥有更为丰富的科研人力资源。然而，合肥与杭州之间仍存在较大的差距，这反映了东西部在科技创新方面的差距依然存在。因此，建立长三角 G60 科创走廊，促进廊内东西部创新交流、协同创新发展显得尤为重要和必要。在九城市中，紧随上海、苏州、杭州和合肥之后的是嘉兴、金华、湖州、芜湖和宣城。从排序结果可以看出，廊内东部地区的人力资源明显优于廊内中西部地区。这表明在长三角 G60 科创走廊内，尽管各城市都在努力发展，但东部地区在科技创新人力资源方面仍然具有优势。

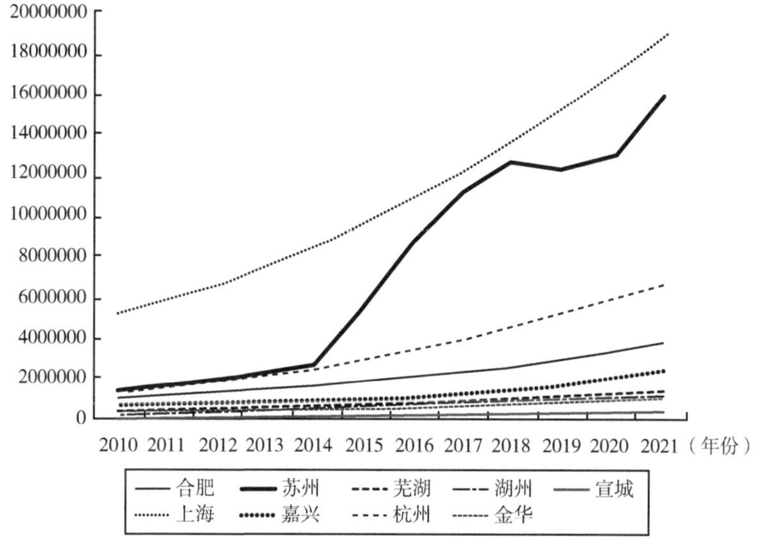

图 2－2　2010～2021 年长三角 G60 科创走廊九城市 R&D 内部经费支出走势图

（3）长三角 G60 科创走廊九城市创新产出分析

专利是衡量一个地区创新产出能力的重要指标，并在一定程度上得到了广泛认可。在区域创新成果的研究中，学者们往往采用专利申请量和授权量作为衡量标准。专利授权是对专利申请进行严谨筛选后的成果，因此具备较强的客观性，能够更准确地反映一个区域的创新产出水平。基于此，为全面深入了解长三角 G60 科创走廊的创新产出状况，决定选择专利授权量作为评价创新成果的关键指标，我们将对长三角 G60 科创走廊的九个城市以及长三角城市群的创新产出进行详尽的分析。由图 2－3 可知，从整体来看，在长三角一体化背景下，2012～2021 年长三角 27 个城市以及长三角 G60 科创走廊九城市专利授权总量均是呈现波动增长的状态，而长三角 G60 科创走廊九城市专利授权总量占长三角 27 个城市专利授权总量的比重先是逐年下降，直至 2016 开始波动上升。由此可以说明推出长三角 G60 科创走廊以后，长三角 G60 科创走廊九城市创新产出总体有大幅提升，推进了廊内城市协同创新发展。

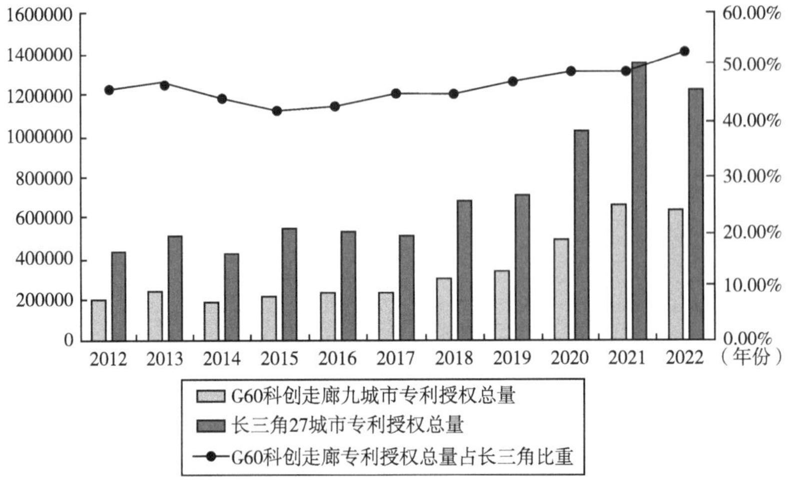

图 2-3　2012～2021 年长三角 27 城市、G60 科创走廊九城市专利授权总量走势图

根据图 2-3 的信息，2012～2021 年，长三角 G60 科创走廊的九城市的专利授权总量都呈现出一种波动增长的趋势。然而，长三角 G60 科创走廊九城市的专利授权总量在长三角 27 个城市专利授权总量中的占比，却在这期间先是逐年下降，直至 2016 年开始出现波动上升。这一现象表明，自长三角 G60 科创走廊推出以来，其九城市的创新产出总体有了大幅度的提升，进而推动了廊内城市的协同创新发展。从地理分布的角度来看（见图 2-4），长三角 G60 科创走廊内的城市中，上海、苏州和杭州的专利授权量位列前三。截至 2021 年，三个城市的增长趋势各有特点，三个城市分别占九城市专利授权总量的 26.4%、29.1% 和 18.2%。其中，苏州的专利授权量表现为逐年波动增长，在 2020 年超过上海的专利授权量。杭州的专利授权量也呈现逐年波动上涨的趋势，但其变动幅度较上海略大，显示出杭州受外部影响较大。对于苏州来说，其专利授权量的变动幅度最大。2014 年之前，苏州的专利授权量在九城市中独领风骚，远超其他城市，占九城市专利授权总量的比重最高达到 39%。然而，自 2012 年开始，苏州的专利授权量出现下滑，直至 2014 年与上海的授权量持平。根据江苏省人民政府发布的《2014 年苏州市知识产权发展与保护状况》报告，这一变化是因为苏州市严格按照国家和省知识产权局的要求，控制了外观设计专利申请的数量，减少了技术含量较低的专利的授权量。尽管苏州的专利授权量有所下滑，但其实际专利质量却显著提升，这显示出苏州市在追求专利质量的同时，并非一味追求数量。2021 年，G60 科创走廊其他城市的专利授权量排名依次为金华市、合肥市、嘉兴市、湖州市、芜湖市、宣城市。其中，合肥市、嘉兴市和金华市的专利授权量相近，而湖州市的专利授权量在过去五年中波动较为明显，2021 年的授权量为 19012 件，比上一年增加了 1328 件。相比之下，宣城的专利授权量尚不足 10000 件，显示出这个城市的创新水平相对较低。

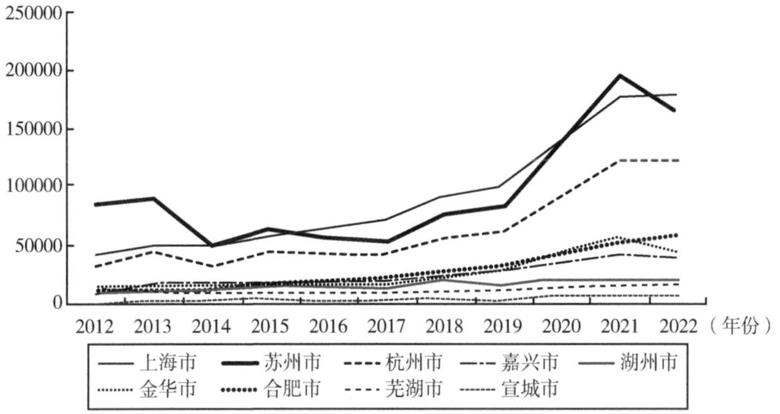

图 2－4 2012～2022 年长三角 G60 科创走廊九城市专利授权量走势图

（4）长三角 G60 科创走廊九城市创新产出空间分布

本研究选取了 2010 年、2016 年和 2021 年这三个代表性年份的数据，对 G60 科创走廊的创新活动空间演变进行分析。同时，为了更深入地探究 G60 科创走廊建立所带来的创新溢出效应，还将结合长三角城市群整体的专利授权分布情况进行分析。利用 ARCGIS 软件绘制地图，并通过自然断点法将城市划分为五个等级，最终生成了长三角城市群及 G60 科创走廊城市在 2010 年、2016 年和 2021 年的专利授权空间分布图（见图 2－5）。该分析方法有助于更加清晰直观地了解长三角 G60 科创走廊及整个长三角城市群的创新活动空间分布情况。

从专利授权空间分布图来看，长三角 G60 科创走廊九城市的创新产出存在地域分布不均衡，创新能力水平呈现从东部到内地的递减趋势。在 G60 科创走廊建立前，上海和苏州的创新水平较高，杭州紧随其后，而嘉

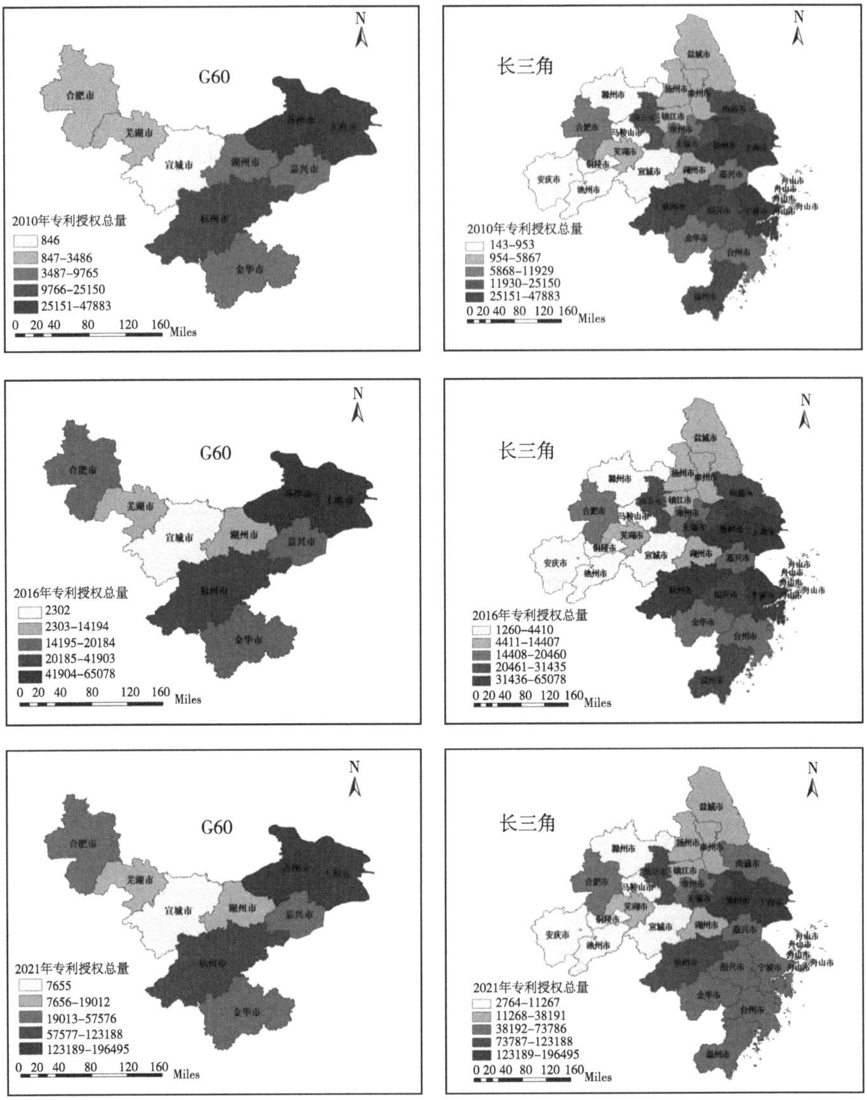

图2-5　长三角G60科创走廊九城市和长三角27城市专利授权空间分布图

兴、金华、合肥、湖州和芜湖依次构成第三、第四梯队，宣城位于末位。在长三角背景下，沪苏杭位列第一梯队，嘉兴和金华升至第二梯队，湖州位于第三梯队，合肥和芜湖仍在第四梯队，宣城依旧处于最后梯队。整体而言，创新能力呈现“东高西低”的特征。在G60科创走廊城市中，除安徽省的城市外，其他城市在长三角城市圈中均具备较高的创新水平，形成了良好的创新发展基础。

从 G60 科创走廊内城市分布分析，东部城市创新水平格局基本稳定，而西部城市的合肥市变动最为显著，芜湖次之，宣城基本保持不变。合肥市晋升为第三梯队，与嘉兴、金华形成稳定的第三等级队伍。尽管芜湖的专利授权数量有所上升，但增长缓慢且有波动，与合肥的差距逐渐拉大。宣城的创新水平始终处于最低位，无论是在廊内城市还是长三角城市群中，创新增长乏力。

在长三角背景下分析 G60 科创走廊九城市，东部区域创新聚集程度较高，大部分位于一、二梯队，属于中等、高创新水平地区。然而，中西部地区仅有一两个高创新能力城市，周围存在较多低创新水平区域。2010～2021 年，长三角城市群的自主创新能力逐渐向内地延伸，G60 科创走廊的建立加速了这一过程。合肥市成功跻身第二梯队，表现出巨大的进步，表明其科研创新逐渐得到重视，并且作为省会城市，合肥吸收和消化外界创新溢出的能力也较强。然而，仍有部分城市如芜湖和宣城创新水平增长缓慢，缺乏自主创新能力和吸收外来创新溢出的能力。总体而言，G60 科创走廊形成了以上海为核心的创新中心极化，整体呈现“东西联动，中部制约”的现象，并逐步增强。合肥、苏州和杭州作为三个创新次中心正在形成，并向中南部廊道扩散。

二、广深科创走廊的发展现状分析

广深科技创新走廊是由中共广东省委和广东省政府在 2017 年 12 月 25 日向广东全省所发布的《广深科技创新走廊规划》而来的一个全省科技创新走廊。其以广州、深圳、东莞三市为载体，沿广深高速公路等交通要道构建，旨在引领粤港澳国家自主创新示范区的建设。2018 年，着力打造“广州—深圳—香港科技创新走廊”，同年，粤港澳大湾区建设领导小组提出建设“广深港澳科技创新走廊”，打造世界级科技创新中心。广东省也强调建设广深港澳科创走廊，推动国际科技创新中心与综合性国家科学中心并行建设。为此，广东省提供了大量政策支持和指导，促进技术研发、成果转化和科技服务。广深科技走廊已成为全球知名的战略性创新区域，深圳—香港在《2018 年全球创新指数报告》中名列全球“最佳科技集群”第二名，广东省在《2019 年区域创新能力排名》中名列第一。这些成就彰显了广东省区域创新发展的巨大潜力。

（1）广深科创走廊的创新产出总体格局

考虑到 2017 年《广深科技创新走廊规划》（以下简称《规划》）颁布前后的创新产出的变化趋势，本研究分析了 1993～2022 年的创新发展产出情况（见图 2－6）。从全局视角来看，广深科创走廊的创新产出呈现急剧增长的态势，其发展轨迹呈现指数型。1993～2006 年，创新产出量极低；2006～2017 年，创新产出量逐步增加；2017～2022 年，创新产出量增长趋势加快，呈现几何形增长态势，这表明了《规划》的政策效应对创新产出和实体经济的正面影响。但是，整体数据中依然存在背离趋势的几个时间点。从 1991～2019 年，该期间发明专利的发表出现了两次负增长。首次负增长出现在 1995 年，增速为－4.1%。从 1992 年开始，增长速度逐渐放缓，直至 1995 年出现负增长。此次下滑可归因于社会体制动荡对创新行为的负面影响，这在一定程度上减弱了行为主体的创新热情，转移了创新发展的焦点。第二次负增长出现在 2019～2020 年，增速为－0.9%，创新产出下降 1604 个，新冠疫情和国际贸易战是主要原因。

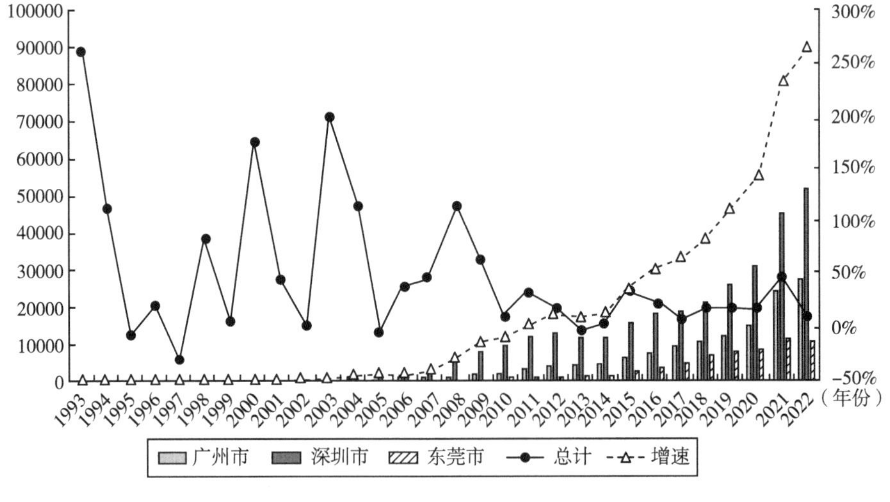

图 2－6　1993～2022 年广深科创走廊公开发明专利数（单位：个）

在 1993～2000 年，广深科创走廊的创新产出基数较小，其发展趋势表现为增长、下降、再增长。1991～1992年，创新产出迅速增加，其中广州市内的专利申请占比达到81%。然而，随着市场经济体制改革、城镇住房改革、分税制改革等多项制度的发布，以及1997年亚洲金融危机的爆发，1992～1997年，广深科创走廊的创新产出出现波动式下滑，广州的创新产出专利占比下滑至54.7%，而深圳则上升至42.1%。之后，在1998～2000年，专利发表数量稳定增长，较1997年增长了107.8%。

2001～2010年，广深科创走廊的创新产出稳步增长，但增速逐渐放缓。在此期间，我国特色城镇化道路思想开始形成，大量农村人口从中西部欠发达地区迁移到沿海发达城市，为广深科创走廊的城镇化进程带来契机，人口红利显著扩大。此时，深圳市场环境活跃，发明专利数量大幅增长，占比持续增至75.6%，成为科创走廊的创新主力，相比之下，广州市的占比迅速下滑至18.7%。然而，2008年的次贷金融危机导致科创走廊整体创新产出增速暂时下降，随后在2009年回升。另外，广深科创走廊的创新产出基数庞大，呈现指数型上升趋势，但增速波动较大。发明专利申请数量在此期间增长了约4倍，尽管整体创新产出持续增加，但三个城市在区域内的产出占比发生了明显变化。深圳的占比从初期的七成降至五成，而广州和东莞的创新能力均有提升。这表明广深科创走廊的创新发展依然活跃，但各城市的角色和贡献度有所调整。

2011～2022年，广深科创走廊创新产出基数大，总体呈指数型上升趋势，但增长速度波动较大。这期间广深科创走廊的发明专利申请数由32295个增长至161030个，约为2011年的4倍，增长速度在12%～25%波动，仅在2016年增速高至51.1%，在2019年低至－0.9%，出现了创新能力的略微下降（存在专利公开滞后18个月的原因）。尽管创新产出总量持续增加，但是区域内三个城市的产出占比均发生了明显变化。其中深圳由初期的七成下降至五成，2022年占科创在走廊内创新产出的57.6%；广州、东莞的创新能力均有提升，2022年分别占总量的30.5%和11.8%。

（2）广深科创走廊的创新产出的地理空间演化

根据数据分析结合图2－7～图2－9，1991～2000年，广深科创走廊的创新活动主要集中在广州天河、越秀和深圳福田、南山等城市中心，而东莞的创新产出较为分散。此时，创新产出基数较小，城市间缺乏创新联系，存在大量“知识创新空白区”，各城市呈独立发展的点核式分布。

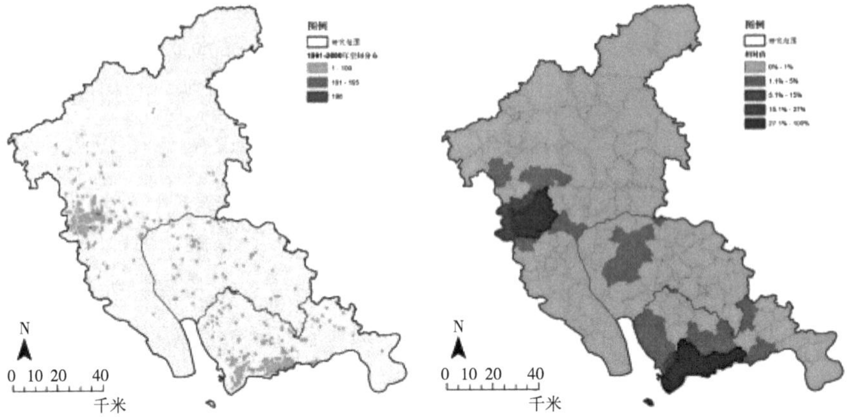

（a）　　（b）

图 2－7　1991～2000 年广深科创走廊专利实际分布（a）和相对分布（b）

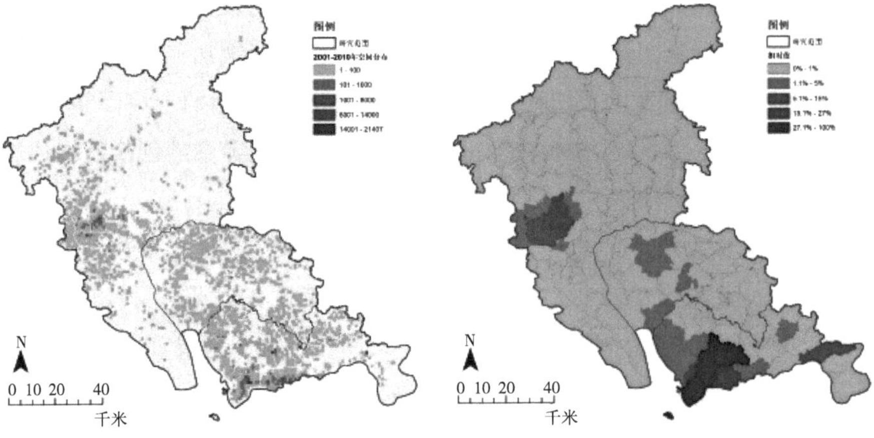

（a）　　（b）

图 2－8　2001～2010 年广深科创走廊专利实际分布（a）和相对分布（b）

2001～2010 年，广深科创走廊的创新产出显著增长，主要集中在广州中部、深圳南部沿岸及交通干道附近。深圳南山、“坂田、布吉街道”“龙华、民治、大浪街道”成为创新热点，广州的创新能力相对较弱，主要集中在天河、越秀、海珠三区。同时，东莞市的低端制造业开始转型升级，松山湖高新技术产业开发区的创新能力也有所增长。在此期间，深圳市的

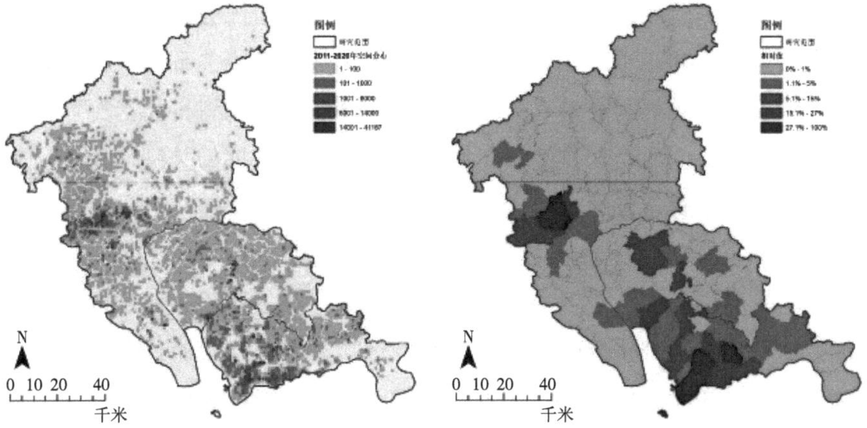

（a）　　　　（b）

图 2－9　2011～2020 年广深科创走廊专利实际分布（a）和相对分布（b）

创新行为呈现北向扩散特征，与东莞长安镇联系紧密，而广州市在创新总量上升的同时出现收缩集聚现象。

2011～2020 年，广深科创走廊的科技创新产出迅速增长，空间上主要分布在广州中部、西部，东莞西部、北部、中部以及深圳西部。深圳、东莞的知识创新遍布全市，而广州东北部仍存在“知识创新空白区”。此外，知识创新能力在空间分布上更加广泛，宝安区、龙华区、花都区、南沙区等地的创新能力呈现“大分散小聚集”的特点。此时，知识创新的地理扩散开始出现连续性，不同创新层级的地区均有增加，天河区、南山区、“坂田、布吉街道”的创新能力最强。

第三节　成渝科创走廊的协同创新发展现状

一、成渝科创走廊能效分析

科创走廊建设作为提高区域协同创新能力的关键手段，不仅满足了生产力增长和规模经济协同发展，同时也有益于缓解地区矛盾和减少由市场强制调整导致的摩擦成本。成渝科创走廊作为我国中西部地区首个国家级综合配套改革试验区，可以充分利用区域科创资源的优势，助力解决规模经济高质量发展的瓶颈问题。鉴于此，本研究基于功能关系理论，从核心能效、特色能效和机制能效三个维度出发，详细论述成渝科创走廊区域发展战略、区域科创活动以及区域高质量发展方面所发挥的关键作用，从而体现成渝科创走廊建设的时代意义和内在活力。

（1）核心能效：推动国家区域发展战略的重要工具

在新发展格局下，多项国家战略如“一带一路”建设、西部陆海新通道建设、长江经济带建设以及成渝双城经济圈等都惠及成渝地区，为其协同创新和落实新发展理念提供了现实参考。然而，简单的战略“叠加”并不足以提高区域协同创新能力，如何因地制宜、稳中求进，推动区域协同发展战略的实现，将成为成渝科技创新走廊建设核心能效。具体而言，一是依托“一带一路”建设政策红利，增强成渝区域经济发展的开放度。成渝地区作为西部最繁华的地方，应利用完善的产业体系和高新科技水平，肩负起“一带一路”引擎的担当，助力全球供应链体系的构建，并推动形成立足成渝、赋能西部协同发展的动力之源。同时，通过促进科创合作建设园区、知识产权交易中心等举措，培育新动力，打造新平台，以更好把握“一带一路”需求；二是结合“陆西新通道”建设，扩大国家区域战略发展规划的辐射范围。通过全面提升成渝地区的交通枢纽地位，构建跨境电子商务体系等方式，进一步优化国家区域经济发展布局和整体开放格局。这将有利于探索腹地开放发展新模式，推动东部、中部地区逐步形成协同联动，融合东西南北和对外经济商业壮举。同时，继续拓展成渝地区的特色优势产业，提升产品附加值，推动成渝东盟产业园建设，提升成都、重庆等地的品牌影响力。三是借鉴“长江经济带绿色发展”建设，进一步激发区域经济发展规划的潜力。以科技创新发展指数作为城市发展核心能效指标，如图 2 – 10 所示，作为当前综合实力最高、未来发展潜力最大的区域经济带，长江经济带绿色发展有助于提升西部内陆科技创新产业水平。因此，成渝地区要聚焦高质量发展，防止低成本制造业转移，推动战略性新兴产业发展集群等协同高质量发展。在此过程中，成渝科创走廊的建设将发挥重要作用，推动物流企业、上下游供应链等的市场化环境潜力，使成渝地区经济双城成为长江中上游地区对外开放的新天地。

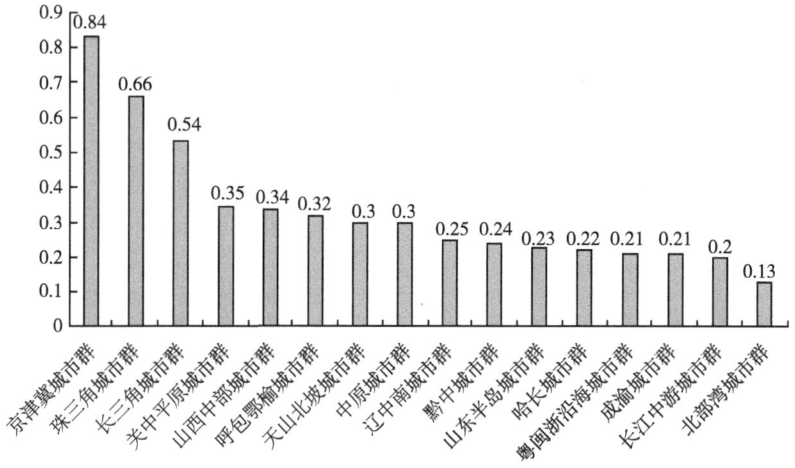

图 2－10　2022 年中国城市群科技创新发展指数

（2）特色能效：促进区域科技创新活动的高效平台

科技创新活动，由于其高准入性和不确定性，呈现出明显的空间集聚性。从分布区域来看，一般集中在经济相对发达、科技教育资源占优势的地理空间；从相关院校分布来看，重点多在关注普通高校和科技创新产业实力较强的高校，以及科研院所和大中型企业；从行业角度看，主要集中在第二产业增值管理部门，其要素整体技术水平较高。川渝两地，虽然在西部地区科技创新活动中占据领先地位，但与长三角、粤港澳、京津冀等城市群的差距仍然明显。如表 2－4 所示，从科创指标综合水平看，川渝两地在 R&D 人员数、R&D 经费内部支出总额和有 R&D 活动的规上企业数等方面，占比分别为全国的 6.08%、6.49% 和 4.18%。在工业企业科创指标方面，川渝两地的规上工业企业人员全时当量和经费内部支出总额分别占全国的 7.1% 和 5.24%。从研发与开发机构、高等院校科创指标来看，川渝两地在全国的占比也相对偏低。对于川渝两地而言，建设“具有全国影响力的科技创新中心”为其带来了历史性的新机遇，它们需要优化经济结构、加速转型升级、升级基础设施、补齐功能短板、集聚科技资源、增添创新动能、拓展发展空间。如何顺应科创活动发展的客观规律，提升区域科技创新水平，将成为成渝科创走廊建设特性功能的重点。

表 2-4　　2020 年川渝两地主要科创指标及全国占比

统计类别（单位）	四川省	占全国的比重	重庆市	占全国的比重
R&D 人员（人）	292729	3.88%	166227	2.20%
R&D 经费内部支出（万元）	10552846	4.33%	5267944	2.16%
R&D 经费外部支出（万元）	715266.5	3.64%	297142.1	1.51%
R&D 人员全时当量（人年）	189828.8	3.63%	105712	2.02%
有 R&D 活动的规上工业企业数（个）	3261	2.22%	2878	1.96%
有研发机构的规上企业数（个）	1485	1.58%	1907	2.03%
规上工业企业（个）	142877	3.00%	102905	2.16%
规上工业企业 R&D 经费内部支出（万元）	4276383	2.80%	3725610	2.44%
规上工业企业 R&D 经费外部支出（万元）	251016	2.49%	139410.2	1.38%
规上工业企业 R&D 人员折合全时当量（人年）	142877	4.13%	102905	2.97%
规上工业企业有效发明专利数（件）	42114	2.91%	20650	1.43%
高等学校数（个）	132	4.82%	68	2.48%
高等学校 R&D 课题数（项）	75043	5.82%	33264	2.58%
发表科技论文（篇）	78864	5.25%	37183	2.47%
出版科技著作（种）	1869	4.35%	1632	3.80%
高技术产业企业数（个）	1576	3.92%	813	2.02%
高技术产业利润总额（亿元）	476	3.84%	310	2.50%
国内专利申请数（件）	160036	3.19%	83826	1.67%
在线孵化器数量（个）	192	3.22%	119	1.99%
孵化器内企业总数（个）	11732	3.81%	4714	1.53%
众创空间数量（个）	255	3.00%	258	3.03%
众创空间当年服务的企业及团队数（个）	6354	2.91%	8155	3.74%

（3）机制能效：平衡区域高质量发展的关键机制

建设科创走廊的核心目标是解决区域高质量发展中的动力源问题，避免单纯依赖传统生产要素（如资源、劳动力、资本、土地）的简单叠加，利用技术等要素升级来推动协同发展。与此同时，西部内陆大多数城市的科技发展水平和技术创新能力均在全国范围内较低，但成都市、重庆市与绵阳市三地的城市科技创新发展指数却高于全国平均值，且三地 R&D 经费支出总额超过 1290 亿元（见表 2－5）。因此，如何利用这些科创资源来推动发展方式的转型，以及如何依托科创成果来促进区域的高质量发展，将成为成渝科创走廊建设发挥支撑功能的关键所在。

表 2－5　　2022 年成渝地区部分城市科技创新发展指数及全国排名

	城市科技创新发展指数	全国排名
成都市	0.599	11
重庆市	0.507	26
绵阳市	0.392	60
德阳市	0.1467	158
全国平均	0.3196	

如图 2－11、图 2－12 所示成渝科创走廊的突出优势在于，一是汇聚了超过九成的高等院校、高技术企业和科创成果产出，具备雄厚的科研实力。但发展协同规模经济的最大价值不仅在于进一步强化成渝两市的科技极化效应，而在于通过错位发展中部走廊地带，塑造科创要素配置的“雁阵模式”和产业共振，进而催生集聚效应和规模效应。尽管绵阳在科创综合实力上遥遥领先于域内其他城市，被誉为全国唯一的“中国科技城”，但其仍存在高新技术产业水平偏低、高技术企业不足、高等院校数量较少、科技转化率较低、军民融合发展滞后等短板。因此，发展第三极的核

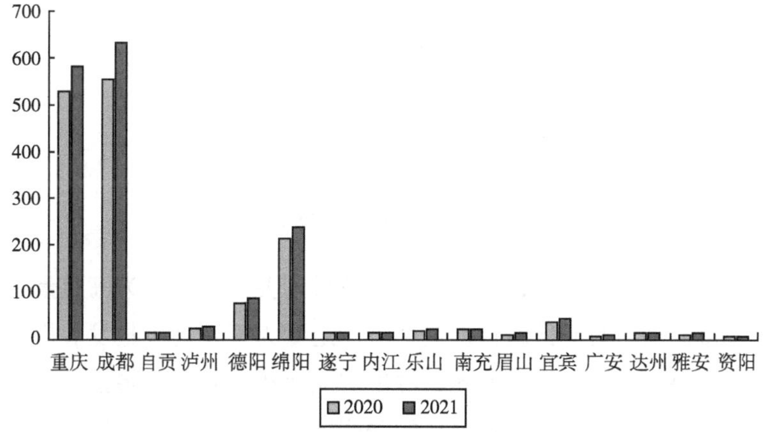

图 2－11　2020～2021 年成渝地区部分城市科学技术内部支出（亿元）

心意义在于推动中心城市提升辐射能力，改变依赖固有生产要素累加的路径，积极承接发达地区的梯度转移。成渝两地应该充分抓住疫情得到有效控制的战略机遇期，利用科创走廊第三极的“解压阀”和“粘合剂”作用，将科技创新生产要素通过出口通道产生域内外溢，推动不同层级的科创主体在新经济时代由垂直式分工转向水平式合作。

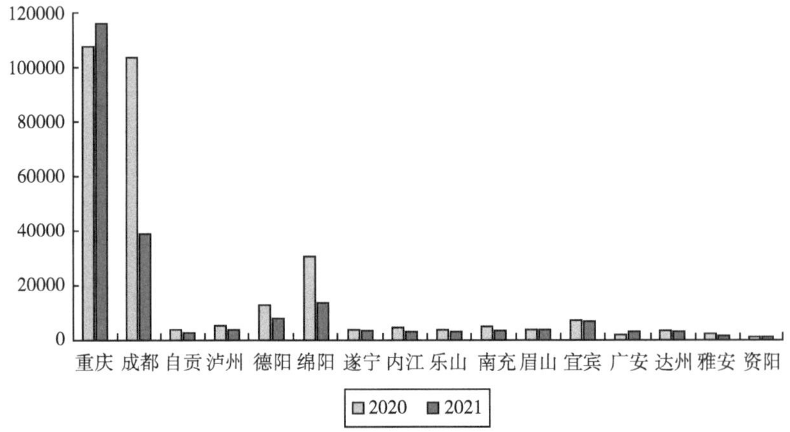

图 2－12　2020－2021 年成渝地区部分城市 R&D 人员折合全时人员（人年）

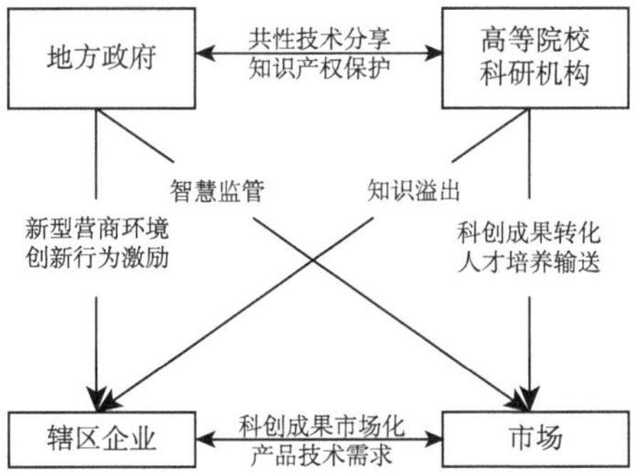

图 2－13　成渝科创走廊网络结构

二是成渝科创走廊的建设将优化区域科创要素配置，为高质量发展奠定坚实基础。通过打破区域科创壁垒，该走廊为区域高质量发展提供充足的科创人才储备，随之产生的知识溢出与成效积累效应，将推动域内科创主体、要素、机遇、环境与资源等的深度融合发展。成渝科创走廊的构建将显著缩短科创活动的“时空距离”，促进科创要素高效自由流动，加速科创成果快速精准配置，推动科创链条全域高能延伸。同时，成渝科技走廊应充分发掘科创资源存量优势，加速科创成果转化应用，将西方对中国的“卡脖子”清单转变为自身科研清单。依托比较优势，重点突破一系列重大科技攻关项目，如 PC 和手机操作系统、航空发动机、手机射频器件、医学影像设备元器件等，从而在全球科技链中占据重要地位。

二、成渝科创走廊的空间分布

成渝科技创新走廊在推进国家长三角一体化发展战略中扮演着重要角色，成为成渝地区的核心代理平台。在中国内陆地区，跨省区的科技创新走廊建设是前所未有的创举，为了加速推进“成渝科创走廊”建设规划设计，应当坚持规划适宜内陆科技创新走廊发展的空间布局，通过以点连线、以线拓展的方式，加快形成“成渝科创走廊”的建设规划。

（1）成渝科创走廊城市间关联度分析

在研究中借助 Ucinet 6.6 工具对成渝科技创新核心城市及其他较大城市间的科技创新产业直接联系强度进行聚类分析（见图 2－14），以常用标准强度系数 10 与 100 为界将强度聚类分为强、中、弱三个梯度。结果显示，成都、重庆在进出口贸易总额和经济发展直接联动强度上依次排列。从空间分布角度看，科技创新产业联系强度较弱的县市多位于成渝地区西南部，而东北和西南地区县市距离科技创新产业中心较近，但直接联系强度较低。说明这一现象受到经济发展水平、产业结构调整、政策等多方面因素的影响。

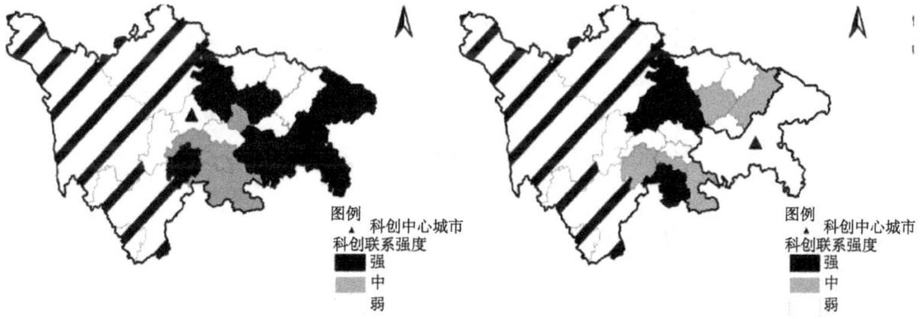

以成都市为中心　　以重庆市为中心

图 2－14　成渝科创联系强度地图

（2）市级科技创新产业辐射力分析

如图2－15所示，以重庆为中心的科技创新产业辐射力非常稳定。在科技创新走廊建设中，我们应重点关注并充分利用重庆的区位优势、制造基础知识和化工优势，进一步提升成渝地区的发展水平。同时，以成都为科技创新中心，发挥其在全国的高水平科技企业和科技基础设施优势，推动东西圈和东北圈科技创新整体水平的提升，促进自主创新、研发、专业化、授权等方面的科技创新资源和金融原始资本的积累与发展。

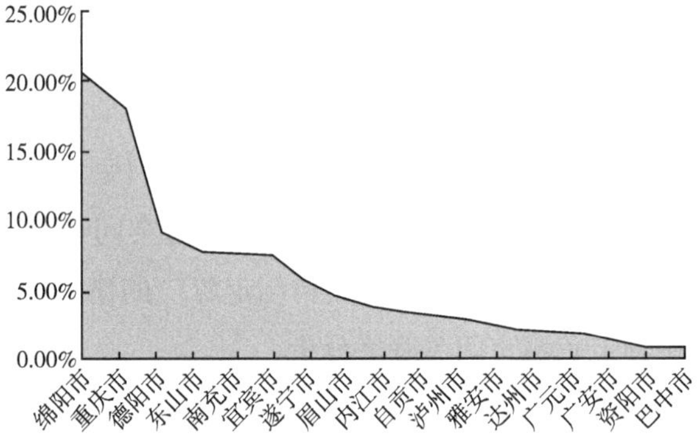

以成都市为中心

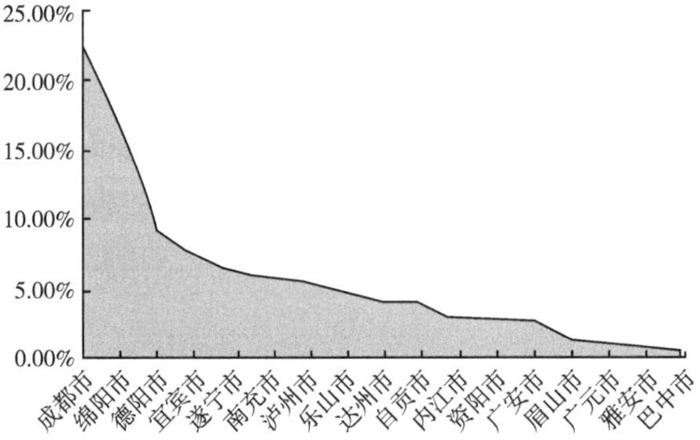

以重庆市为中心

图2－15　成渝科创联系隶属度

（3）市级科创活动空间分布

在2013～2016年成渝经济发展集群建设期，成渝地区内的相邻县市的科技创新产业活动表现呈现出一种多元提升的趋势，且存在明显的差异。在2016～2019年，科技创新产业活动在成渝地区的相邻县市的情况进一步复杂化，科技创新产业活动的萎缩趋势以及发展不平衡、不充分的现象日益凸显。特别是在规模较大的中心城市，两极分化的效应更为显著如图 2－16 所示。

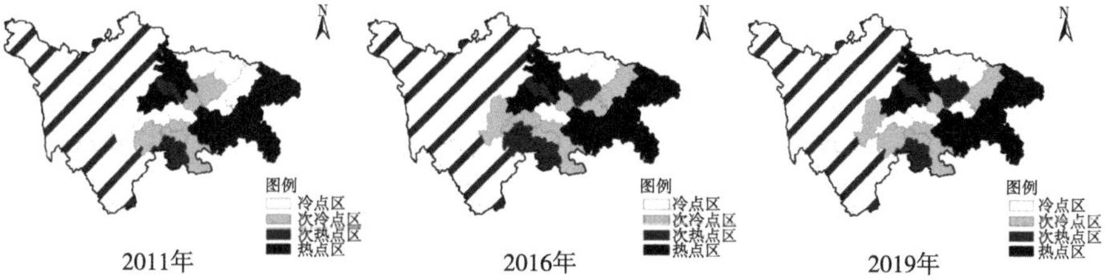

图 2－16　成渝科创走廊科创活动空间关联地图

从科技创新产业活动空间关联图来看，近十年来，科技创新产业活动的热点主要集中在成渝两地，而在次区域，科技创新产业活动热点则主要集中在绵阳、德阳、宜宾与遂宁市等地，科技创新产业活动发展也呈现出不平衡、不充分的状态，这种大趋势尚未得到有效缓解。规模较大的中心城市对科技创新产业活动的促进作用尚未充分发挥，而其他邻近地区的科技创新产业活动则相对有限。因此，成渝地区在科技创新产业活动上，仍需进一步平衡和优化发展布局，以提升整体的科技创新产业水平。

新发展格局下发展面临的问题日益凸显，其中不平衡不充分的发展成为亟待解决的难题。然而，这种挑战也为区域协同创新控制机制选择带来了明显的差异和显著的不可预测性，进一步推动了相互促进的循环。在这一背景下，推进成渝科技创新走廊建设显得尤为重要，该建设不仅有助于更精确地理解成渝地区的实际需求和发展路径，更能为成渝地区构建新的发展方式，从而更好地适应国家和全球双循环相互促进的要求。此外，建立标准所在的区域科技创新产业体系，也将成为一个能够转化社会主要矛盾，推动各国共同繁荣高质量发展的战略构想。因此，通过强力推进成渝科技创新走廊建设，我们可以在应对不平衡不充分发展的挑战中，找到新的发展机遇，推动区域协同创新和高质量发展。

第三章　科创走廊的相关因素分析

第一节　基础设施建设

成渝科创走廊的建设，必须以基础建设为先导。在构建互联互通、管理协同、安全高效的基础设施网络要下大力气，以促进科创走廊内创新要素的流通和融合，提升产业的聚集程度，为科技创新、产业发展创造有利的“硬”环境，加快其创新发展的步伐。例如，健全交通运输网络，推进成渝地区内高速公路和铁路的互联互通，提升交通便利度、高效性，增强科创走廊内节点间的联动效应。通过构建新型的通信网络，保障科创走廊各企业、机构间的信息沟通顺畅，为科技创新、信息共享等提供强有力的支撑。此外，要加强供水供电设施建设，保障科创走廊的正常运行和发展需求。同时，要突出安全与环境保护，强化基础设施智能化管理与安全保障，提升科创走廊总体安全与可持续发展水平。由此，构建强有力的基础设施网络，达成科创走廊内各主体间的紧密联系和协作机制，实现良好的互动，促进科技创新成果的转化，进而提高成渝地区的协同创新发展。

一、交通基础设施

内联外畅、快捷高效的现代综合交通运输体系是成渝地区基础设施建设的重要组成部分。区域之间的交通基础设施建设有利于形成人流、物流、信息流、资金流的“无障碍”流动，资源的整合与协作共享。此外，发达的运输网络利于打破地区间的壁垒，加强企业间的沟通与协作，推动协同发展。目前，成渝地区虽然形成了以成都、重庆为枢纽的高铁和高速环线，但交通设施统筹规划尚且不足，如高速铁路网络相对滞后，成渝中间地带铁路缺乏，城际快速客运系统不完善，机场、港口分工协作不够，毗邻区高速公路衔接不畅通等。这使得区域内城市间的信息流通效率较低，研发人员的流动不均衡问题越发严重。因此，成渝地区交通基础设施建设需进一步完善，打造“高铁、轻轨、地铁、高速公路”等一体化交通圈，引领区域空间格局的形成；加快智能交通系统建设，推动信息技术在交通运输领域的创新应用，强化区域互联互通；构建对外立体的交通格局，巩固提升成渝国际航空枢纽的地位，促进科技创新合作。

二、重大科技基础设施

重大科技基础设施，是构建成渝科创走廊的重要驱动力。重大科技基础设施的构建，第一，有利于解决制约经济社会发展的重大科技问题，为解决“卡脖子”难题的突破提供重要的物质基础和技术保障。第二，有利于突破科学前沿，推动科技创新的跨越发展。例如，高端的科研条件和先进的科研设备，为科学家和研究人员的创新提供有力的支持。第三，有利于高层次科技人才的培养。完善的重大科技基础设施不仅为科学研究者提供了良好的科研平台，而且是培养高端科技人才的重要支撑。科创走廊吸引高校和科研机构进驻，通过科研合作、技术转移等方式，为当地的人才培养和科技创新创造了条件。当前，成渝地区大科学装置布局数量位于国内前列。其中，在四川省 2023 年政府工作报告中，明确表明四川的大科学装置已有 10 个，位居全国第 3。重庆目前暂时没有纳入国家规划的大科学装置，但重庆计划与部署了 6 个大科学装置（见表 3－1）。

表 3－1 成渝大科学装置布局建设情况

地区	名称	领域	状态	承建单位
成都	中国环流器二号 M 装置（HL－2M）	先进核能	2020 年已建成	中核集团核工业西南物理研究院
	高海拔宇宙线观测站	空间天文	2021 年已建成	中科院成都分院与中科院高能物理研究所
	转化医学国家重大科技基础设施（四川）	生物医药	2021 年已建成	四川大学、四川大学华西医院

续表

地区	名称	领域	状态	承建单位
成都	跨尺度矢量光场时空调控验证装置	矢量光学	筹建中	不详
	电磁驱动聚变国家重大科技基础设施	先进核能	筹建中	中国工程物理研究院流体物理研究所
	极深地下极低辐射本底前沿物理实验设施	深地科学	建设中	清华大学、雅砻江流域水电开发有限公司
重庆	超瞬态实验装置项目	光子	建设中	重庆大学
	积声大科学装置	声波及超声	建设中	重庆医科大学
	自然人群资源库大科学装置	生命健康	建设中	中国科学院
	大规模分布孔径深空探测雷达	小行星探测和成像	建设中	北京理工大学重庆创新中心
	长江上游种质资源创制大科学装置	种质创制的关键技术	建设中	不详
	无限能量传输及环境影响科学工程	无线微波传能以及空间信息网等技术	建设中	不详

在国家实验室建设方面，成渝共同布局建设的国家实验室有 3 个，分别为位于成都天府新区的成都航空动力国家实验室，已经批复建设的太行国家实验室及已建成投用的重庆金凤实验室（见表 3－2）。

表 3－2　　成渝国家实验室布局

地区	名称	状态
成都	成都航空动力国家实验室	批复
	太行国家实验室	批复
重庆	金凤实验室	争创

在国家创新中心建设方面，成渝地区共有国家产业创新中心 1 个、国家技术创新中心 2 个、国家制造业创新中心 2 个（见表 3－3）。

由此看来，尽管成渝地区的重大科技基础设施项目正呈全面开花之势，但相对于京津冀、粤港澳、长三角这三大城市群，仍有较大的上升空间。为此，推动成渝科创走廊的建设，需要在重大科技基础设施方面补齐短板，促进生产要素的畅通和加快高校的集聚，在核能、航空航天、智能制造和电子信息等方面，集中布局建设若干重大科技基础设施和一批科教基础设施。同时，引导地方、科研机构和企业等多方合作，构建具有学科内涵关联、空间分布集聚的原始创新集群，进一步激发成渝地区的创新潜能。

表 3－3　　成渝国家创新平台情况

平台类型	名称	依托单位	批复时间
国家产业创新中心	国家精准医学产业创新中心	四川大学华西医院	2022 年
国家技术创新中心	国家川藏铁路技术创新中心	国铁集团	2021 年
	国家生猪技术创新中心	重庆市畜牧科学院	2021 年
国家制造业创新中心	国家地方共建硅基混合集成创新中心	联合微电子中心	2021 年
	国家超高清视频创新中心	成都索贝、四川长虹、四川九洲、峨影集团等 12 家企业	2022 年

三、信息网络基础设施

加强信息网络基础设施建设，强化信息资源深度整合，夯实数字经济发展底座，不断塑造发展的新动能，为成渝科创走廊的建设打造强有力的势能。发达的信息通信网络有利于地区之间的频繁合作与交流，实现高效协同与创新。目前，成渝地区正持续提升 5G 和千兆光网供给能力，不断拓展 5G 和千兆光网应用深度广度，推动成渝“千兆城市群”的建设。然而，在成渝地区互联互通的过程中，仍然存在着空间受限与数据孤岛的挑战。在数字化的背景下，伴随着行业标准持续完善，产业链加速延伸，利用大数据和信息化手段可以有效防范由于信息壁垒所带来的风险，从而推动大数据共享中心的建设，深入完善科创走廊的建设。

第二节　政策导向

成渝科创走廊的建设离不开政策支持。为促进创新，支持新兴产业，吸引高素质的高技术人才，政府采取了相应的措施，优化科创走廊的资源配置，加速创新要素的流通。同时，积极引导社会资本进入，搭建公共服务平台，共同打造科技走廊。

一、顶层设计为科创走廊建设绘制蓝图

国家层面的政策支持，有助于成渝地区提升区域协同创新水平，打造出更多具有里程碑意义的成果。自2020年1月3日党中央做出“推动成渝地区双城经济圈建设，在西部形成高质量发展的重要增长极”的重要部署以来，成渝地区认真贯彻落实这一决策部署，双城经济圈建设乘势而上，成效良好。中共中央、国务院印发《成渝地区双城经济圈建设规划纲要》，专门部署“共建具有全国影响力的科技创新中心”重大战略任务，明确提出强化创新链产业链协同、推动区域协同创新等提升协同创新的重点举措，其中，科技创新协同能力至关重要。因此，成渝科创走廊建设应运而生。从成渝科创走廊建设上升至国家战略后，成渝地区关于跨区域创新合作的协议逐渐增多，政策倾向也由各自的创新发展逐渐向协同发展靠近。因此，应不断完善顶层设计建设，以政策支持推动成渝科创走廊的发展。

二、区域政府制度为成渝科创走廊建设明确方向

政府是科创走廊发展的能动性要素，是创新目标的制定者、创新环境的维护者和创新氛围的塑造者。2020年，成渝两地共同出台《进一步深化成渝科技创新合作增强协同创新发展能力共建具有全国影响力的科技创新中心框架协议》，2021年，两地科技局签订《加强双核创新联动推进共建具有全国影响力的科技创新中心合作协议》。这不仅推动形成了区域科技创新平台共建、资源共享、成果共享的发展局面，还为加快建设成渝地区成为具有全国影响力的科技创新中心打下了坚实的基础。另外，科创走廊是科技成果转化的承担载体和成渝科技创新中心的核心承载区。为提高科技成果转化的成效，成渝地区通过体制机制改革，完善科技金融、成果转化服务平台等措施，不断发挥市场在科技成果转化链条上的驱动作用，建

立以需求为导向的成果产出机制，让更多的科技成果从实验室快速通往市场。从成果转化支持政策来看，成都围绕职务科技成果“先赋权、后转化”改革出台了系列政策措施，而重庆近年对科技成果转化的政策支持力度也明显加大，出台了多项重量级政策（见表3－4）。

表3－4　　成渝科技创新中心关于科技成果转化的政策

地区	发布时间	政策名称
成都	2014	《成都市促进国内外高校院所在蓉协同创新若干政策措施》
	2016	《促进国内外高校院所科技成果在蓉转移转化若干政策措施》
	2020	《成都市深化职务科技成果权属改革促进科技成果在蓉转化实施方案》
	2023	《成都市进一步推动科技成果转化有利有效的若干政策措施》（送审稿）
重庆	2020	《重庆市促进科技成果转化条例》
	2021	《重庆市进一步促进科技成果转化的实施细则》
	2022	《关于支持西部（重庆）科学城高质量发展的意见》
		《支持重庆国际生物城建设生物科技成果转移转化示范地若干措施》

政府在推动区域协同创新过程中，不可避免地会产生利益冲突、各自为政等问题。同时也存在政策制定时偏向自身地区的发展，导致区域间政策梯度差异明显，使得区域协同效率低下。因此，在贯彻中央政策和执行具体方案时，要结合地区经济发展与创新资源配置情况，使转移激励创造要素的整合功能和统筹协同力量的带动功能得到最大程度的发挥，以协商共建的形式建立地方性政策制度，减少制度差异带来的利益冲突，打破行政壁垒的阻隔，充分调动科创走廊内各市场主体的积极性，实现协同效率高效化。

第三节　人才储备

人才是发展科创走廊的第一资源。究其根本，就是因为人是社会生产力中最重要最活跃的因素，是科学技术第一生产力的承载者。人才因素始终贯穿科技创新活动全部过程，直接参与新知识、新技术以及新产品创造的每个环节。因此，建设科创走廊首先要构建人才高地。成渝科创走廊的发展需要各种类型的人才支持，包括科研人员、技术人员、管理人员和产业工人等。如若缺乏相关人才，科创走廊的发展将会受到一系列严重的限制。不断完善人才储备的相关措施，如提高教育质量、吸引海外人才回流、建立人才库、发挥高校的支撑作用等，对于提升科创走廊的竞争力至关重要。

一、科技人才是创新发展的源头活水

创新型科技人才无疑是成渝科创走廊建设的主力军。目前，成渝地区科技创新型人才结构性短缺，科技人才队伍的规模与结构不匹配问题尤为突出，主要表现为关键技术领域、重点学科领域的领军人才不多。以两院院士为例，在川两院院士为65位，在渝两院院士为18位，成渝地区顶尖人才队伍规模落后于国内多个省份。首先，加快成渝科创走廊的建设与发展需要大量的创新型人才。由于科技创新人员自身具备较高的专业化技术水平和创新能力，可以持续提出可实施的创新点，实现技术迭代与转型升级。其次，其较高的创业意识及创新能力、强大的市场敏感性有助于他们发现和把握市场机会，进而利于改善科创走廊的创新创业环境。最后，创新型科技人才能够促进走廊内部人才资源的共享效率，推动人才流动与更新。借助自身的学术网络和资源状况，完善科技人才之间及与人才与科研机构间的协同合作。

二、高校为科创走廊发展提供智力支撑

高校是培养人才和科技创新的重要场所。科创走廊的可持续发展离不开高校的不断创新与人才输出。第一，高校具有丰富的科研资源，强化产学研合作有利于推动科技创新与成果转化，增加人才储备。第二，依托高校积极推进科技人才培养和科学研究，形成一种高附加值、高知识密集度的新型产业群，提高科创走廊的产业集聚效应。第三，高校引导学生主动参与政策创新、产业应用等方面的实践创新，促进成渝地区的国际交流与合作，营造开放、包容、创新的人才与科研生态。通过教育培养输出人才，实现知识与科技成果的输出，是高校服务社会实现城市发展的最基本

路径。高校通过人才培养、科学研究、技术转让等方式成功将学术性知识和研究创新从实验室带入市场，将抽象的理论用于解决社会的现实问题，极大推动区域内经济的发展。

以高等学校 R&D 人员人数作为衡量成渝地区高校科研人才的指标（见图 3－1）。由图 3－1 可以看出，成渝地区十分重视高校培养人才的作用机制，逐年增强了高校的科研投入。因此，为促进科创走廊的建设与发展，应集聚各类创新型人才，推动和引导高校搭建海外人才引进信息平台，营造开放包容的大学创新环境、集聚领军人才，引导和支持高校组建更多的跨学科、跨领域高层次人才科研团队，聚焦前沿科技创新领域和科技产业发展尚待解决的问题，进行高水平的协同创新。同时，进一步深化高校面向科创走廊建设的人才培养机制改革。

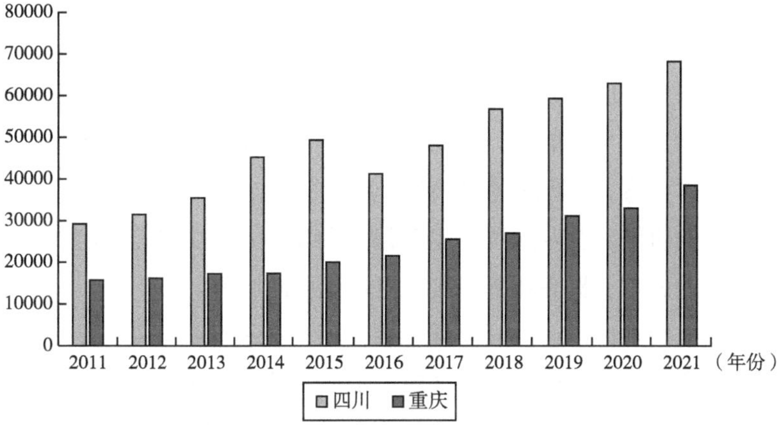

图 3－1 川渝地区 2011～2021 年高等学校 R&D 人员（人）

第四节 区域协作

成渝科创走廊的发展需要与沿线城市和地区达成深度合作。区域协作能够有效整合各地区的资源，推动走廊内部企业和创新机构的深入合作，拓展市场空间，加速科技成果的转化和应用，构建良好的科技创新生态圈。目前，成渝区域协同发展问题尚且突出，区域内产业同构和恶性竞争，要素流动与共享程度不够，产业链、创新链、供应链融合对接不充分等系列问题均不利于科创走廊的建立与发展。由此，通过强化科技创新、产业协同和环境保护等方面的协作，可以实现资源共享、成本降低及效率提高，进而推动科创走廊的发展。

一、产业协同

高效分工、优势互补、良性互动的产业协同发展能够有效促进科创走廊建设与发展。企业作为产业协同的主要推动者，通过促进产业跨地域的分工合作，在市场资源配置的决定性作用下，形成创新—产业—价值三链的深度融合发展。

第一，产业协同通过整合各方资源，优化产业结构，实现产业链的优化和升级，提高资源利用率，促进优势的互相补充与交融。第二，对于科技创新和新技术的应用，产业协同可以加强技术创新能力，提高产业核心技术的研发能力和生产能力，共同开发新领域、新技术与新产品等，实现产业间的合作共赢，推动高新技术产业的发展，为市场创造新价值。第三，通过产业协同，企业间可以完善信息共享、成本共担、利益共享等模式，降低企业成本、提高效率，实现更加优质的服务。

现阶段成渝地区产业协同发展存在一系列瓶颈障碍。第一，成渝地区产业同质化竞争现象广泛存在，区域产业治理失序，城市之间的合作浮于表面。这是由于成渝地区产业合作机制欠缺，未能在跨域层面的产业协同上进行有效布局，难以达成企业间的横向联系。例如，从产业结构来看，成都的电子信息业、医药研发业处于产业领跑位置，以技术密集型产业、高技术产业为主，具有较强的电子信息产业研发技术；而重庆仍以劳动密集型的传统制造为主，产品技术含量和附加值不高。尽管成渝地区的核心支撑产业结构上各有所长，但目前未能发挥各自的区位优势进而形成良好的产业协同效应，在科创方面缺乏位于产业链高端、具有国际竞争力的引领型龙头企业。第二，成渝地区产业链、供应链协同规划滞后。当前地区间的产业合作多限于要素合作和项目合作，上下游产品配套和供应链过于专注本地区域，缺乏产业链优势环节合作。由此，推进成渝科创走廊的建设与发展，应加快建立规划协调与政策协同机制，创新跨区域利益分享机制，促进各类要素跨区域自由流动，切实提升走廊内产业协同发展水平。

二、产学研协同

产学研协同是一种新型技术创新模式，涉及的主要主体为政府、企业与高校科研院所，在总体上表现为教育、科研与生产三者在功能和资源上的交互、创新和集成化，是人才培养、科技发展和产业优化功能的协同与合作。产学研协同作为优化创新资源配置和促进区域创新的有效方式，对创新水平的提升产生了有利的影响。科创走廊产业发展以创新型的高新技术产业为主，这需要高校、企业、研究机构及科创平台等创新主体共同作用，形成科技创新合力。例如，在高校层面，2020 年，四川大学和重庆大学牵头成渝 20 所高校组建“成渝高校联盟”；2022 年 6 月“成渝地区双城经济圈大学科技园协同创新战略联盟”成立后，重庆市政府高度重视“成渝地区双城经济圈大学科技园”建设工作，不断加强顶层设计，已经帮助 405 家企业毕业，转移转化科技成果 156 项。可见，成渝以高校作为支撑，不断深化科技产学研协同。

具体而言，产学研协同对科创走廊的发展产生了一定的积极影响。第一，促进科技成果的转化。产学研协同将学术界的研究成果转化为实际应用，推动科技创新成果由实验室走向市场，激发科技创新的活力和辐射效应。第二，推动科技成果的商业化应用。产学研合作网络的构建以科技、产业、资本、市场、人才等多方面资源的融合，加速了科技成果的转化和商业化应用。通过“技术获取—技术转化—技术商业化”的链条打破科技成果“箱子化”形式，更大程度上提升创新能力。第三，培养创新创业人才，推动科创走廊发展。产学研协同为科创走廊培养高素质的创新人才和创业型人才提供了良好的平台和机会。通过与产业界的合作，学术界可以更好地了解市场需求和行业动态，为人才培养提供实践机会；而产业界可以从学术界引进新鲜的人才和创新思维，推动企业创新能力的提升。第四，加强科创走廊的创新生态。通过联合产业、学界和科研机构的资源，建立产学研创新生态系统，增强了开放性、合作性、创新性，建立了共同成长的制度机制。例如，打通科技成果与市场的渠道，让成果及时得以推广，增强成渝地区的科创实力。因此，产学研协同能为科技研究、技术创新、产业发展的交融带来更深入的发展，为区域发展吸引和培养更多的科技人才，成为科创走廊发展的有效路径。

三、营商环境一体化

营商环境是市场主体在准入、退出市场经营过程中涉及的政务、市场、法制、人文环境等有关外部因素和条件的总和。跨区域的营商环境的优化有利于要素自由、合理流动，建设跨区域统一大市场，有利于促进要素的高效配置和区域整体效率的提升。从实际来看，成渝地区在相关创新规则、管理和制度标准等方面参差不齐，尚未形成一个统一的模式，部分事项无法跨区域办理的情况依旧存在，这既不利于行政效能的提高，又增加了企业发展的经济成本与时间成本。由此看来，营商环境一体化建设对科创走廊的建设也至关重要。

第一，营商环境一体化能够降低企业相关的行政成本。通过整合和优化行政服务，简化审批程序和办事流程，提高办事效率，减少企业和创新者的时间和精力成本。同时，统一政策法规的制定和执行，为科创走廊提供稳定和规范的运行环境。不同行政区划间的制度差异和政策矛盾会给企业和创业者带来不必要的困扰和成本，一体化的营商环境有助于打破地域壁垒，提升科创走廊的整体竞争力。第二，优质的营商环境可以吸引更多的投资和人才进入科创走廊，推动科技创新和产业发展。投资者和创业者会更倾向于选择在营商环境良好、政策支持明确的地区进行投资和创业。第三，良好的营商环境为企业提供了更好的市场准入、政策支持、资金支持等方面的条件，提供了更多的创新机会和发展空间。通过提供更加便利和优惠的政策和服务，激发企业的创新活力，加快科技成果转化和商业化进程。第四，营商环境的改善有助于优化科技成果转化的流程和机制，提高转化的效率和速度。政府加大对科技成果转化的支持力度，创造有利于科技成果转化和商业化的环境和机制，推动科创走廊的科技成果转化和产业化进程。因此，政府及相关部门应不断优化成渝地区的营商环境，营商环境优化一小步，巴蜀大地前进一大步。

第五节 科技创新

科技创新是推进成渝科创走廊建设与发展的根本保证。科创走廊依托科技创新，推动高新技术产业的发展，促进整体产业结构的升级。掌握具有自主知识产权的科学技术有利于增强科创走廊的核心竞争力，推动产业链向高端延伸。同时，通过区域科技协作，可以提高成渝地区的整体科技创新效率，进而推动科创走廊的快速发展和升级。随着成渝地区双城经济圈建设的不断深化，城市间的联系越发紧密。但各城市发展进程的差异化，使得各地区在科技创新方面各具特点及优势，科技协同创新能力不足、整体科技成果转化水平较低。科技创新效率能够反映各城市科技创新发展水平，下文通过分析影响科技创新效率的因素可为合理配置创新资源提供更多的参考依据，进而促进科创走廊的发展。

一、研究设计

（1）数据来源

本研究基于 EPS（Express Professional Superior）数据库、中国研究数据服务平台（CNRDS）构建了 2011～2021 年成渝地区 19 个地级市平衡面板数据。具体城市为重庆市、成都市、乐山市、内江市、南充市、宜宾市、巴中市、广元市、广安市、德阳市、攀枝花市、泸州市、眉山市、绵阳市、自贡市、资阳市、达州市、遂宁市、雅安市。其中，由于重庆部分区县相关数据无法获取，故将重庆作为一个研究整体。

（2）评价指标体系构建

成渝地区科技创新能力评价指标体系的构建主要参考《中国区域创新能力报告》及现有相关研究成果，在此基础上，建立包含科技创新基础、科技创新投入和创新成果产出 3 个二级指标和 9 个三级指标的科技创新能力评价指标体系（见表 3－5）。其中，在科技创新基础方面，地区人均生产总值可反映城市的基本发展水平，普通高等学校是创新人才发挥创新能力的重要平台，地方财政科技支出是进行科技创新活动的基础保障，外商直接投资鼓励国内企业与外国企业合作，共同开展研究和创新项目，这种跨区域合作有助于汇集不同国家和地区的专业知识，加速科研成果的产出，从而扩大开放水平。更多的城市道路面积可以提高城市内部不同地区之间的可及性。这可以鼓励不同地区间的互相交流、合作和分享知识，从而促进创新。在科技创新投入方面，R&D 人员折合全时当量反映投入科技创新活动的人力规模，R&D 经费内部支出反映 R&D 活动的规模。在创新成果产出方面，专利申请量反映城市科技创新活动的活跃程度，当年获得的发明数量反映城市研究领域的科技创新水平，有效专利发明数量反映城市科研产出的质量。

表 3-5　成渝地区双城经济圈科技创新能力综合评价指标体系

一级指标	二级指标	三级指标	信息熵值	信息效用值	权重系数
创新能力（A）	科技创新基础（B1）	普通高等学校数量（所，C1）	0.72	0.28	10.81%
		地区人均生产总值（元，C2）	0.87	0.13	5.11%
		地方财政科技支出（亿元，C3）	0.66	0.34	13.44%
		外商直接投资额实际使用额（万美元，C4）	0.73	0.27	10.70%
		人均城市道路面积（平方米，C5）	0.89	0.11	4.46%
	科技创新投入（B2）	R&D 人员折合全时当量（人年，C6）	0.68	0.32	12.37%
		科学技术内部支出（亿元，C7）	0.67	0.33	12.97%
	科技创新成果（B3）	当年申请的发明数量（项，C8）	0.62	0.38	14.91%
		当年获得的发明数量（项，C9）	0.61	0.39	15.24%

二、研究方法

（1）熵权 TOPSIS 模型

熵权 TOPSIS 模型是一种充分利用原始数据信息，客观进行权重赋值，计算评价对象之间的差距，并进行排序的综合排序，以此作为评价各对象能力创新水平高低的依据的综合统计分析方法。本研究采用2011～2021年成渝地区19个地市的相关数据对其科技创新能力进行评价研究。

（2）指标权重的确定

指标权重是指在相同目标约束下，各指标的重要性关系。在多指标综合评价中，权重具有举足轻重的作用。本研究采用熵权系数法对成渝科技创新能力综合评价指标赋予权重，其主要步骤如下：

①数据标准化处理：由于各指标的量纲、数量级及指标的正负取向均有差异，需对初始数据做标准化处理。针对正负2类指标，其标准化处理的方法如下：

对于正作用指标：

$$X'_{ij}=\frac{X_{ij}-\min X_j}{\max X_j-\min X_j}\# \qquad (3-1)$$

对于负作用指标：

$$X'_{ij}=\frac{\max X_j-X_{ij}}{\max X_j-\min X_j}\# \qquad (3-2)$$

②计算第i年第j项指标值的比重：$Y_{ij}=\frac{X'_{ij}}{\sum_{i=1}^{m}X'_{ij}}\#$ （3－3）

③指标信息熵的计算：$e_j=-k\sum_{i=1}^{m}(Y_{ij}-\ln Y_{ij})\#$ （3－4）

其中，令 $k=\frac{1}{\ln nm}$，则有 $0\leqslant e_j\leqslant 1$，且当 $Y_{ij}=0$ 时，令 $Y_{ij}\times\ln Y_{ij}$；

④信息熵冗余度的计算：$d_j=1-e_j\#$ （3－5）

⑤指标权重的确定：

$$w_j=\frac{d_j}{\sum_{j=1}^{n}d_j}\# \qquad (3-6)$$

式中：X'_{ij} 和 X_{ij} 分别为第i年第j项单项指标标准化后的值和原始值。$\mathrm{Max}X_j$ 和 $\min X_j$ 分别为所有年份中第j项单项指标的最大值和最小值。m为评价年数，n为指标数。

（3）创新能力指数的合成

按照上述方法确定指标权重，分别计算各单项指标的权重。根据所构建的成渝地区科技创新能力评价指标体系和方法，采用加权函数得到成渝地区科技创新能力各子系统以及科技创新能力系统的发展指数及其变化趋势。其计算公式为：

$$S=\sum_{i=1}^{3}\sum_{j=1}^{n}(X'_{ij}\cdot w_i)\ \# \qquad (3-7)$$

式中：X'_{ij}为创新能力指标对应的各单项指标的标准化值，$\sum_{j=1}^{n}(X'_{ij}\cdot w_i)$为各创新能力指数的评价值，S 为创新能力指数的综合评价值。

三、空间相关性

空间相关性是指某些变量间在同一个分布区内的观测值之间潜在的相互依赖性。由于受空间上的相互作用和空间扩散的影响，地区数据之间不再是相互独立的，而是存在着显著的相关性，也即是说某位置上的数据与其他位置上的数据间的相互依赖程度，称之为空间依赖（spatial dependence）。空间相关性从整体角度出发，称为全局空间相关性；从局部出发，称为局部空间相关性。

（1）全局空间自相关

全局空间相关性是指在整个研究范围内指定的属性是否具有相关性。用以反映区域间相互作用，以及空间上的相关性。一般情况下，以 Moran's I（莫兰指数）度量空间自相关的全局指标。具体的计算公式为：

$$I=\frac{\sum_{i=1}^{n}\sum_{j=1}^{n}\omega_{ij}(x_i-\bar{x})(x_j-\bar{x})}{s^2\sum_{i=1}^{n}\sum_{j=1}^{n}\omega_{ij}}\ \# \qquad (3-8)$$

其中，I 是全局空间 Moran 指数，$s^2=\frac{1}{n}\sum_{i=1}^{n}(x_i-\bar{x})^2$，$\bar{x}=\frac{1}{n}\sum_{i=1}^{n}x_i$。其中，$x_i$ 表示第 i 地区样本观测值，本研究定义为成渝地区各地级市创新能力年平均值，n 为地区数，ω_{ij} 空间权重矩阵。I 指数取值范围为（-1，1），大于 0 说明地区间存在空间正相关；而小于 0，则说明地区间存在空间负相关；当等于 0 时，则说明呈随机分布，不存在空间自相关性。

空间权重矩阵表明了变量之间的相互依赖关系以及程度，是进行空间计量的必要前提。通常使用权重矩阵 W 来表示，数学形式如下：

$$W=\begin{pmatrix} w_{11} & \cdots & w_{1n} \\ \vdots & \ddots & \vdots \\ w_{n1} & \cdots & w_{nn} \end{pmatrix}\# \tag{3-9}$$

在当前研究领域中，较为常用的空间权重矩阵主要包括经济权重矩阵、地理权重矩阵和经济地理权重矩阵。经济权重矩阵用于考察地区间经济发展水平的差异对于地区间的影响；地理权重矩阵反映了不相邻地区之间距离的影响作用；经济地理权重矩阵则综合考察了经济发展水平和不相邻地区之间距离对于地区间的影响。三种矩阵的具体构建方式如下所示：

对于经济权重矩阵 W_1，本研究选择成渝地区各城市人均 GDP 差值的绝对值来衡量，以此构造经济权重矩阵，矩阵的主对角线元素为 0，非主对角线元素为 $E_{ij}=\frac{1}{|Y_i-Y_j|}$，其中 Y_i 为地区在研究期间的实际人均 GDP 的均值。

$$W_{ij}=\begin{cases} E_{ij}, & \text{i 和 j 空间相邻} \\ 0 & \text{i 和 j 空间不相邻} \end{cases}\# \tag{3-10}$$

对于地理权重矩阵 W_2，本研究选择基于地区经纬度计算。其中，d 为各地区核心城市之间的经纬度之差的倒数值。

$$W_{ij}=\begin{cases} \frac{1}{d} & \text{i 和 j 空间相邻} \\ 0 & \text{i 和 j 空间不相邻} \end{cases}\# \tag{3-11}$$

对于经济地理权重矩阵 W_3，本研究基于经济权重 W_1 和地理权重矩阵 W_2 来构建，具体表现为；

$$W_{ij}=\begin{cases} W_1\times W_2 & \text{i 和 j 空间相邻} \\ 0 & \text{i 和 j 空间不相邻} \end{cases}\# \tag{3-12}$$

空间计量经济距离权重矩阵、地理距离权重矩阵和经济地理权重矩阵是地理信息系统（GIS）和空间统计分析中常用的权重矩阵类型，它们在空间分析中有不同的应用和适用性。具体来说，经济距离权重矩阵是基于经济指标的计算，用于衡量不同经济体之间的距离。它可以用于比较不同经济体之间的差异和相似性，具有较强的实际应用背景。地理距离权重矩阵基于地理空间上的距离和相似性，使用观测点之间的实际距离，通常采用欧氏距离或其他距离进行度量，以此构建权重矩阵。此方法考虑了地理空间上的物理距离，更适用于描述地理邻近性。经济距离权重矩阵不仅考虑了地理距离，而且考虑了经济联系的强度，如交通连接和市场联系。其在分析地区间相互作用、资源分配和市场分析等方面具有广泛应用。

根据本研究的特点和需要，本研究使用经济地理权重矩阵对成渝地区的科技创新能力进行度量。

（2）局部空间自相关

局部空间相关性是指在特定的局部地点指定的属性是否具有相关性，以衡量局部地区是否存在相似或不同的观测值聚集在一起的情况，可表示每个城市空间区域关联全局总趋势的依赖度。本研究拟选用区域 i 的局部 Moran 指数，也称为 LISA 指数，来测度区域 i 与其相邻区域之间的相关性。具体的公式表达式为：

$$I_i = \frac{(x_i - \bar{x})}{s^2} \sum_{i \neq j} \omega_{ij}(x_j - \bar{x}) \# \qquad (3-13)$$

其中，I_i 为局部 Moran 指数，x_1，s^2，$\bar{x}$，ω_{ij} 与上节表示涵义相同。当 I_i 大于 0 时，表示高值被高值所包围，低值被低值所包围，分别记为高 - 高（H - H）、低 - 低（L - L）；当 I_i 小于 0 时，表示高值被低值所包围或者低值被高值所包围，分别记为高 - 低（H - L）、低 - 高（L - H），其值可用 Moran 散点图或 Lisa 散点图表示。

（3）障碍度模型

科技创新能力评价是一个复杂的过程，各因素对创新的影响程度大小不一。为确定影响成渝地区创新能力的主要因素，采用因子贡献度（F）、指标偏离度（D）和障碍度（h，H）3 个指标对科技创新能力的障碍因素进行诊断分析。其中，F 为各单项因素对科技创新能力的影响程度，即各单项指标对于总目标的权重；D 表示各单项指标与科技创新能力发展目标之间的差距，即各单项指标的标准化值与 100% 之差；h 和 H 分别表示各单项指标和各科技创新能力二级指标对总的科技创新能力指数影响程度的大小，它是科技创新能力障碍因素诊断的目标和结果。各指标的计算公式如下：

$$D_j = 1 - X_{ij}' \quad h_j = D_j \times \frac{F_j}{\sum_{j=1}^{n}(F_j \times D_j)} \quad H_j = \sum h_{ij} \# \tag{3-14}$$

四、结果与分析

（1）成渝地区各城市科技创新能力

表3－6为2011年、2016年和2021年成渝地区19个地级市科技创新能力指数及其对应年份下的排名结果。总体看来，成渝地区的科技创新能力呈现稳定增长的总趋势。成都市与重庆市的增长幅度远大于成渝地区的其他城市。其中，成都市的科技创新能力指数由2011年的0.27808上升至2021年的0.82299。这充分说明成都市政府对科技创新的重视程度以及产学研协同创新的功效突出。重庆市作为成渝地区发展的另一核心城市，其科技创新能力指数由2011年的0.31254上升至2021年的0.70817，与成都市共同支撑着区域科技创新活动。而从具体排名的变化情况来看，成都市和重庆市在第一、第二间呈现小幅的变化，在2016年后，成都市的科技创新能力超过重庆市，位列成渝地区的第一。此外，绵阳市、德阳市、达州市及巴中市的科技创新能力指数排名无明显变化，眉山市、雅安市、遂宁市的科技创新能力指数排名有明显的上升，说明当地科技创新取得了良好有效的成果。而攀枝花市、乐山市及资阳市科技创新能力指数的排名出现明显的下降，说明其在科技创新方面的投入不足且成效不显著。总的来说，目前成渝地区的科技创新协同能力不足，各城市的科技创新能力参差不齐，科技创新资源要素流动不佳，科技成果区域共享局面尚未形成。而如何促进地区科技创新的协同发展，这对成渝科创走廊的建设与发展至关重要。

表3－6　成渝地区2011年、2016年及2022年科技创新能力指数及排名

城市	2011年	2016年	2022年	排名
成都市	0.27808	0.51909	0.82299	2/1/1
重庆市	0.31254	0.49651	0.70817	1/2/2

续表

城市	2011 年	2016 年	2022 年	排名
绵阳市	0. 07622	0. 11626	0. 18157	3/3/3
德阳市	0. 04623	0. 07149	0. 11903	4/4/4
眉山市	0. 02461	0. 03758	0. 08313	6/11/11
雅安市	0. 01938	0. 03239	0. 08095	12/13/13
宜宾市	0. 02537	0. 03883	0. 07403	7/9/9
遂宁市	0. 01600	0. 04439	0. 06643	15/5/5
泸州市	0. 02466	0. 03964	0. 06428	8/8/8
乐山市	0. 02916	0. 03964	0. 06351	5/77
自贡市	0. 02453	0. 04356	0. 06096	9/6/6
南充市	0. 02101	0. 03199	0. 05662	10/14/14
内江市	0. 01830	0. 02886	0. 05472	13/15/15
广安市	0. 01539	0. 03776	0. 05205	16/10/10
资阳市	0. 02093	0. 03596	0. 04897	11/12/12
广元市	0. 01546	0. 02586	0. 04588	15/16/16
达州市	0. 01121	0. 01731	0. 04301	17/17/17

(2) 成渝地区科技创新能力空间集聚特征

①成渝地区各城市科技创新能力全局空间相关性

根据上述对全局空间相关性的定义及计算公式，本研究借助 Stata 16. 0 软件计算成渝地区各地级市创新能力的全局空间 Moran’s I 指数，如表 3 -7 所示。

表 3 -7　　成渝经济地理权重矩阵的 Moran’s I

年份	地理权重			经济权重			经济地理权重		
	莫兰指数	z 值	p 值	莫兰指数	z 值	p 值	莫兰指数	z 值	p 值
2011	-0. 032	0. 604	0. 546	-0. 328	-6. 998	0. 000	-0. 329	-5. 346	0. 000
2012	-0. 033	0. 584	0. 559	-0. 317	-6. 702	0. 000	-0. 326	-5. 286	0. 000
2013	-0. 037	0. 496	0. 620	-0. 339	-7. 261	0. 000	-0. 351	-5. 806	0. 000
2014	-0. 036	0. 507	0. 612	-0. 314	-6. 622	0. 000	-0. 327	-5. 340	0. 000
2015	-0. 042	0. 349	0. 727	-0. 301	-6. 291	0. 000	-0. 328	-5. 380	0. 000
2016	-0. 027	0. 749	0. 454	-0. 320	-6. 776	0. 000	-0. 332	-5. 413	0. 000
2017	-0. 034	0. 566	0. 571	-0. 304	-6. 385	0. 000	-0. 332	-5. 481	0. 000

续表

年份	地理权重			经济权重			经济地理权重		
	莫兰指数	z 值	p 值	莫兰指数	z 值	p 值	莫兰指数	z 值	p 值
2018	-0.047	0.238	0.812	-0.298	-6.226	0.000	-0.344	-5.677	0.000
2019	-0.045	0.282	0.778	-0.296	-6.162	0.000	-0.321	-5.198	0.000
2020	-0.047	0.215	0.830	-0.284	-5.870	0.000	-0.317	-5.136	0.000
2021	-0.053	0.060	0.952	-0.269	-5.480	0.000	-0.312	-5.041	0.000
2022	-0.059	0.01	0.98	-0.254	-5.09	0.000	-0.307	-5.146	0.000

表3-7列示了，地理权重、经济权重、经济地理权重下成渝地区2011~2021年创新能力的莫兰指数。地理权重矩阵下：2011~2021年，成渝地区莫兰指数分别为负值，且在1%，5%，10%水平上不显著；经济权重矩阵下：2011~2021年，成渝地区莫兰指数都呈现负相关性，且相对具有较高的z值和显著的p值。这表明成渝地区的创新能力在经济权重下存在明显的空间负相关性，且这一趋势在这段时间内没有明显改变。经济地理权重矩阵下：莫兰指数在这个10年的时间段内保持了负值。且在统计上是显著的（p=0.000），这表示负空间自相关性不是由偶然引起的。尽管莫兰指数的总体趋势是负的，但在10年内它有一些波动，在2013年，莫兰指数达到了-0.351，在2011~2021年为最低点，而在2018年，莫兰指数达到了-0.344，接近最低点。然而，这些变化相对较小，整体上，成渝地区的创新能力呈现出相对稳定的负空间自相关性。

成渝地区创新能力的全局空间Moran’I指数在经济距离空间权重矩阵和经济地理距离空间权重矩阵下显著为负，表明成渝地区创新能力存在空间上的负相关性，相邻地区出现溢出效应。在经济距离空间权重矩阵下2011~2021年成渝地区各城市的Moran’I指数均小于0，Z值均小于-2.58，P值均通过1%的显著性水平检验。其中，Moran’I指数在2019年设立成渝地区双城经济圈后，成渝地区相邻各地市的科技创新能力差异有了逐步缩小的趋势。总体来说，成渝地区的科技创新能力呈现一定程度的空间负相关，各城市的科技创新能力分布极为离散，科技创新能力不平衡不充分的发展问题显著，中心城市极化效应仍在强化。

②成渝地区各地级市创新能力局部空间相关性

Moran’I适用于了解成渝各地市创新能力的空间关联情况，其功能存在一定的局限性。要想更为直观地展示成渝地区局部空间相关性，需要根据Moran’I的求解结果绘制出相应的莫兰散点图。首先，莫兰散点图的原点代表当年的全局莫兰指数，图中样本点离原点距离的远近代表了聚集显著性的高低，离原点的距离越远，显著性水平越好，离原点的距离越近，则显著性水平越差。其次，莫兰散点图中共存在四个象限，用来标识样本之间的空间关系。第一象限表示某个样本及其周围的其他样本都是高值，第二象限表示某个样本本身是低值，而它周围的其他样本都是高值，第三象限表示某个样本及其周围的其他样本都是低值，第四象限表示某个样本本身是高值，而它周围的其他样本都是低值，即第一、第三象限表示正的空间自相关性，而第二、第四象限表示负的空间自相关性。如果样本的观测值均匀分布于四个象限，则表示研究地区之间不存在空间自相关性。

由于文章篇幅限制，本研究借助Stata 16.0软件，选取2011年、2014年、2017年和2020年四个时间截面，绘制出各年份成渝地区各地市的莫兰散点图（见图3－2）。其中，散点图的横轴表示科技创新能力指数，纵轴表示科技创新能力指数的空间滞后项。该散点图以科技创新能力均值为轴中心，将图划分为四个象限，第一象限表示高－高的正相关，第三象限则代表低－低的正相关。由表3－7可知，Moran’I为负值，因此本研究将表示正相关的第一象限和第三象限定义为非典型观测区。图3－2显示，研究年份内成渝地区绝大多数地市均处在负相关区域内，极少数处在非典型区域，说明成渝地区各地市科技创新能力存在显著的空间负相关性，即空间溢出效应。且此空间负相关性具有长期稳定性。

通过对成渝地区科技创新能力的全局空间自相关和局部空间自相关分析发现，各地市间的科技创新能力受到空间地理的影响，存在一定的空间依赖性。鉴于此，可以运用全局空间Moran指数和局域空间自相关的莫兰散点图两个工具对问题进行验证。结果显示，成渝地区创新能力存在着显著的空间溢出效应。其中，全局空间Moran指数在各年份上均显著为负且数值具有一定的稳定性，这表明成渝地区科技创新能力存在显著的空间负

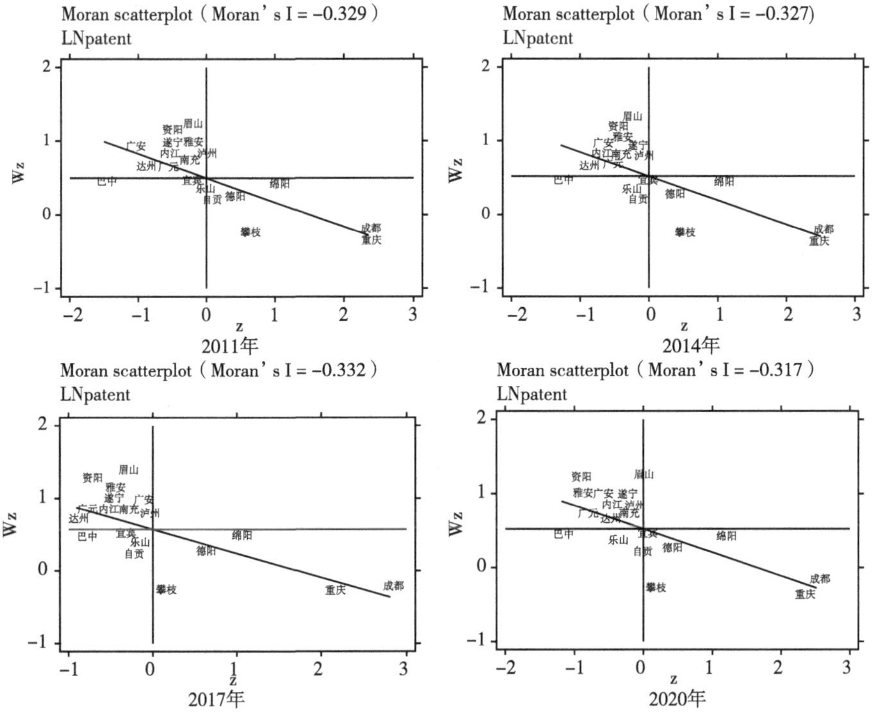

图 3-2　2011、2014、2017、2020 年成渝地区双城经济圈科技创新能力 Moran 散点图

相关性，即相邻地市的科技创新能力存在较大的差异，科技创新能力不平衡发展的问题极为突出。而通过对比 2011 年、2014 年、2017 年及 2020 年成渝地区科技创新能力的 Moran 散点图可知，成渝地区绝大多数地市处在负相关区域内，极少数处在非典型区域。这表明成渝地区各地市的科技创新能力差异问题突出，这在于科技创新要素配置不均衡，科技成果的转化仍主要集中在成都市和重庆市，中心城市对相邻地区的带动作用不明显，虹吸效应显著。

（3）成渝地区科技创新能力障碍因素分析

①成渝地区科技创新能力二级指标障碍因素分析

为进一步分析造成各城市科技创新能力差异的原因，采用障碍度模型对影响 2011～2021 年成渝地区各城市科技创新能力提升二、三级指标的年均障碍度进行测算。从二级指标障碍度来看（见表 3-8），科技创新基础障碍度排名前五的城市分别是绵阳市、巴中市、达州市、宜宾市和内江市；科技创新投入障碍度排名前五的城市分别为攀枝花市、眉山市、雅安市、资阳市和广安市；科技创新成果障碍度排名前五的城市分别为攀枝花市、眉山市、巴中市、广元市和南充市。成都市和重庆市作为成渝地区科技创新发展的核心城市，科技创新优势十分突出，但二者科技创新基础方面的不足成为了影响其科技创新能力的主要障碍，未来应进一步增强科技创新基础方面的投入，以政策扶持为导向，政府方面加大科研投入，企业、高校、科研院所共同构建良好的创新协同环境，进而落实科技成果的转化。其中，重庆创新成果产出不足，障碍度为 39.98%。科技创新能力一般的城市有绵阳市、巴中市和达州市，这 3 座城市在科技创新基础上存有较大的欠缺，应加大对科技创新基础的建设投入，打造良好的创新生态环境。总体来说，成渝地区各地市的二级指标障碍度在大体上呈现均衡的趋势，均表现为科技创新基础（B1）>创新成果产出（B3）>科技创新投入（B2）。由此看来，成渝地区的科技创新能力整体上体现为投入产出不足，基础建设需进一步增强。

表 3－8　成渝地区双城经济圈各地市科技创新能力二级指标障碍度

城市	障碍度		
	科技创新基础（B1）	科技创新投入（B2）	创新成果产出（B3）
重庆市	0.4047	0.1956	0.3997
成都市	0.4167	0.2559	0.3274
乐山市	0.4270	0.2601	0.3129
内江市	0.4321	0.2580	0.3099
南充市	0.4304	0.2583	0.3112
宜宾市	0.4331	0.2541	0.3128
广元市	0.4317	0.2591	0.3092
广安市	0.4270	0.2615	0.3115
德阳市	0.4268	0.2526	0.3206
泸州市	0.4285	0.2593	0.3122
眉山市	0.4244	0.2623	0.3133
绵阳市	0.4456	0.2295	0.3248
自贡市	0.4284	0.2597	0.3120

续表

城市	障碍度		
	科技创新基础（B1）	科技创新投入（B2）	创新成果产出（B3）
资阳市	0.4273	0.2615	0.3112
达州市	0.4360	0.2564	0.3076
遂宁市	0.4258	0.2612	0.3129
雅安市	0.4257	0.2617	0.3126

②成渝地区科技创新能力三级指标障碍因素分析

从三级指标障碍度排序上看，各地市为进一步提升其科技创新能力需考虑9个指标（见表3－9）。使用障碍度模型评估了成渝地区在九个不同科技创新指标上的障碍程度。数据涵盖了普通高等学校数量、地区人均生产总值、地方财政科技支出、外商直接投资额实际使用额、人均城市道路面积、R&D人员折合全时当量、R&D经费内部支出、当年申请的发明数量和当年获得的发明数量。这九个指标在2011～2021年间科技创新能力三级指标障碍度中的三项指标障碍度从高到低依次为当年获得的发明数量（C9）>当年申请的发明数量（C8）>地方财政科技支出（C3）>R&D经费内部支出（C7）>R&D人员折合全时当量（C6）>外商直接投资额实际使用额（C4）>普通高等学校数量（C1）>人均城市道路面积（C5）>地区人均生产总值（C2）。其中，当年获得的发明数量（C9）、当年申请的发明数量（C8）、地方财政科技支出（C3）是制约成渝地区科技创新提升的主要障碍因子。

表3－9　成渝地区双城经济圈各地市科技创新能力三级指标障碍度

城市	障碍度								
	C1	C2	C3	C4	C5	C6	C7	C8	C9
重庆市	0.019	0.048	0.196	0.068	0.074	0.078	0.118	0.190	0.210
成都市	0.050	0.029	0.191	0.065	0.082	0.131	0.125	0.158	0.169
乐山市	0.110	0.033	0.140	0.110	0.034	0.127	0.133	0.155	0.158
内江市	0.108	0.039	0.138	0.109	0.038	0.126	0.132	0.153	0.157
南充市	0.106	0.043	0.139	0.109	0.034	0.126	0.133	0.154	0.158
宜宾市	0.111	0.035	0.138	0.110	0.038	0.123	0.131	0.154	0.158
广元市	0.109	0.042	0.138	0.109	0.033	0.126	0.133	0.153	0.156

续表

城市	障碍度								
	C1	C2	C3	C4	C5	C6	C7	C8	C9
广安市	0. 112	0. 040	0. 139	0. 110	0. 026	0. 127	0. 134	0. 154	0. 158
德阳市	0. 107	0. 030	0. 144	0. 114	0. 032	0. 123	0. 129	0. 158	0. 163
泸州市	0. 105	0. 038	0. 138	0. 110	0. 037	0. 126	0. 133	0. 154	0. 158
眉山市	0. 110	0. 038	0. 140	0. 105	0. 031	0. 128	0. 135	0. 155	0. 159
绵阳市	0. 107	0. 038	0. 146	0. 120	0. 035	0. 114	0. 116	0. 161	0. 164
自贡市	0. 111	0. 034	0. 139	0. 111	0. 034	0. 126	0. 134	0. 154	0. 158
资阳市	0. 111	0. 039	0. 138	0. 109	0. 029	0. 128	0. 134	0. 154	0. 157
达州市	0. 109	0. 042	0. 137	0. 108	0. 040	0. 125	0. 131	0. 152	0. 156
遂宁市	0. 113	0. 040	0. 140	0. 109	0. 024	0. 127	0. 134	0. 155	0. 158
雅安市	0. 111	0. 038	0. 139	0. 110	0. 028	0. 128	0. 134	0. 155	0. 158
均值	0. 102	0. 037	0. 145	0. 106	0. 038	0. 123	0. 131	0. 157	0. 161

重庆市和成都市作为成渝地区的核心城市在中国西部地区科技创新地发挥着重要的火车头作用。重庆市的科技创新能力在各项指标中，地方财政科技支出（C3）、当年申请的发明数量（C8）、当年获得的发明数量（C9）上表现相对较差，这些因素对其科技创新能力的提升起到了消极作用。然而，C1（普通高等学校数量）也对科技创新能力产生一定影响，障碍较小。而成都市的障碍因子和重庆市出奇的一致，而在普通高等学校数量（C1），地区人均生产总值（C2）方面对其科技创新能力有积极影响。说明两地同质化严重。从表3－9中可以看出成渝地区其他的城市障碍因素和重庆市和成都市类似。

根据前文分析可发现，目前成渝地区的科技创新协同能力不足，科技创新主力仍为成都市和重庆市，不论是政府投入、R&D人员数量还是专利成果产出等，成都市和重庆市的优势都极为突出。而其他的地市科技创新能力仍存在一定的上升空间。这表明成渝地区的创新要素流动性不佳、创新资源配置不平衡以及创新成果难以共享等问题突出，而成渝科创走廊涵盖12个高新区，主要承载着创新成果转化、高新技术产业化的功能，区域科技协同创新对走廊的发展产生极大的影响。第一，推动科技成果转化。科技创新可促进科创走廊内的研究机构、高校和企业之间的合作交流，形成多方合力，加速科技成果的转化和应用。通过联合攻关、技术共享等方式，实现科技创新与经济发展的有机衔接。第二，促进创新人才的培养和流动。科技创新鼓励科创走廊内的科研人员、技术人才在不同的企业和机构展开合作，促进知识的充分共享，进一步推动科技创新的深化与发展。第三，提高创新资源配置效率。科技创新可以整合科创走廊内的创新资源，包括科研设施、技术专利等，通过加强产学研协同，优化创新要素的配置和利用效率。

第四章　成渝地区双城经济圈中心城市辐射带动能力评价方法与测算

第一章已对经济圈概念、相关理论和建设意义进行了说明，同时还对我国四大经济圈，特别是成渝地区双城经济圈的发展概况和现状进行了梳理与分析。本章将着重对成渝地区双城经济圈中心城市的辐射带动能力进行测算和分析：首先，基于研究的科学性、系统性、可获得性和有代表性原则来选取反映中心城市的辐射带动能力的指标，主要涉及经济发展、产业发展、科技创新、基础设施、改革开放和生态宜居 6 个方面共 18 个指标；其次，在构建的城市的辐射带动能力的指标体系上，利用熵值法计算成渝地区双城经济圈中心城市的辐射带动能力；在此基础上，将断裂点模型和威尔逊模型相结合来测度成渝地区双城经济圈中心城市的辐射范围；最后，在分析了人才流、资金流、物资流、信息流的基础上，考虑中心城辐射带动能力的关键影响要素。通过本章对中心城市的辐射带动能力的测算和分析，为后文我国主要经济圈中心城市的辐射带动能力比较分析奠定基础。

第一节　中心城市辐射带动能力评价方法

一、中心城市辐射能力概述

（一）中心城市

随着全球化和城市化的加速推进，中心城市在区域乃至全球经济发展中的地位日益凸显。然而，由于研究领域和认知的差异，关于中心城市的内涵和外延一直存在多种解读。

1. 中心城市的内涵

一是综合实力和发展水平。中心城市首先应具备较高的综合实力和发展水平，这包括经济实力、科技创新能力、文化软实力等多个方面。这些实力使得中心城市能够在区域内乃至全球范围内保持领先地位，成为推动区域经济发展的重要引擎。二是中心地位与辐射作用。中心城市在所属区域内处于中心地位，能够对周边地区产生显著的辐射和带动作用。这种辐射作用不仅体现在经济方面，还包括科技、文化、教育等多个领域。中心城市通过自身的发展和创新，带动周边地区的产业升级和经济发展，形成区域经济发展的良性循环。三是自组织能力和高级循环系统。中心城市具有较强的自组织能力，能够形成多产业的“高级循环系统”。这一系统涵盖了产业链上下游的各个环节，以及与之相关的服务和支持体系。这种高级循环系统使得中心城市在资源配置、技术创新和产业升级等方面具有明显优势，从而保持其领先地位。四是城市功能和基础设施优势。中心城市在区域内具有城市功能和基础设施优势，包括交通、通信、能源、环保等方面。这些优势使得中心城市能够更好地满足区域内外的需求，提高城市的竞争力和吸引力。

2. 中心城市的外延

一是地域范围。中心城市的地域范围不仅包括城市本身，还包括周边地区以及与之相关的产业链和生态系统。这种地域范围的扩大使得中心城市能够更好地发挥其在区域经济发展中的引领作用，推动整个地区的经济繁荣。二是功能领域。中心城市的功能领域不仅限于经济领域，还包括科技、文化、教育等多个领域。这些领域的发展使得中心城市成为区域内外的交流和合作中心，推动区域内的知识创新和技术进步。三是辐射范围。中心城市的辐射范围不仅限于周边地区，还可能跨越国界，影响全球范围内的经济发展。这种全球性的辐射作用使得中心城市成为全球经济发展的重要节点和纽带。四是发展阶段。中心城市的发展是一个动态的过程，其外延也随着城市的发展而不断扩大。在城市化初期，中心城市的辐射范围可能仅限于周边地区；随着城市化的推进和全球化的加速，中心城市的辐射范围将逐渐扩大至全球范围。

（二）中心城市辐射能力

在当今日益全球化的世界中，城市作为人类活动的重要节点，其功能和影响力日益凸显。其中，中心城市更是扮演着举足轻重的角色。辐射原意是物理学中描述能量传递的概念，但在经济学领域，它获得了新的生命，成为描述中心城市如何对其周边地区产生影响和带动的有力工具。这一概念的提出，不仅为我们理解城市间的相互作用提供了新的视角，也为推动区域经济的均衡发展提供了重要的理论依据。

1. 中心城市辐射能力的概念界定

中心城市的辐射能力，简而言之，是指中心城市凭借其强大的综合实力，通过各种方式和渠道，对周边城市和地区产生的积极影响和带动作用。这里的“综合实力”不仅包括经济实力，还包括科技创新能力、文化资源、人才储备等多方面的优势。而“辐射”则是一种动态的过程，它涵盖了信息、技术、资本、人才等各种要素的流动和扩散。具体来说，中心城市的辐射能力主要体现在以下 4 个方面：一是经济辐射。中心城市通过向周边城市提供商品、服务、资本等经济资源，促进周边城市的经济发展。同时，中心城市的产业集聚效应和规模效应也能够吸引更多的资源和要素向中心城市集中，形成良性循环。二是科技辐射。中心城市通常拥有较为先进的科技水平和强大的创新能力。这些城市通过向周边城市推广先进的科技成果和技术经验，推动周边城市的科技创新和产业升级。同时，中心城市还能够吸引更多的科研机构和人才向此聚集，形成科技创新的高地。三是文化辐射。中心城市往往拥有较为丰富的文化底蕴和独特的文化魅力。这些城市通过向周边城市传播本地文化、交流文化成果、举办文化活动等方式，推动文化的多元化和全球化发展。同时，中心城市的文化辐射还能够增强周边城市的文化认同感和归属感，促进区域文化的繁荣。四是社会辐射。中心城市在社会发展方面也具有较强的辐射能力。它们通过向周边城市提供公共服务、改善民生条件、促进社会和谐等方式，推动周边城市的社会进步和文明发展。同时，中心城市还能够吸引更多的社会资源和人才向此聚集，形成社会发展的重要支撑。

2. 中心城市辐射能力的作用

中心城市的辐射能力在推动区域经济发展中发挥着至关重要的作用。具体来说，其作用主要体现在以下 4 个方面：第一，促进区域经济的均衡发展。中心城市的辐射能力有助于打破地区间的发展壁垒，推动资源要素在区域间的自由流动和优化配置。通过向周边城市提供经济、科技、文化等方面的支持和帮助，中心城市能够带动周边城市的经济发展和社会进步，缩小地区间的发展差距，促进区域经济的均衡发展。第二，提升整体竞争力。中心城市的辐射能力有助于提升整个区域的竞争力。通过发挥中心城市的引领和带动作用，形成区域内的产业协作和供应链体系，提升整个区域的产业水平和竞争力。同时，中心城市的辐射还能够促进区域内的科技创新和人才培养，为整个区域的发展提供强大的动力和支持。第三，推动全球化和区域一体化进程。在全球化和区域一体化的背景下，中心城市的辐射能力有助于加强城市间的联系和合作，推动全球化和区域一体化进程。中心城市通过向全球输出其优势资源和经验，吸引更多的外资和人才向此聚集，提升整个区域在全球经济中的地位和影响力。同时，中心城市的辐射还能够促进区域内的互联互通和资源共享，推动整个区域的共同发展和繁荣。第四，增强城市间的协同效应。中心城市的辐射能力有助于增强城市间的协同效应。通过与其他城市的合作和交流，中心城市能够更好地发挥其在区域内的引领作用，推动整个区域的发展。同时，中心城市还能够吸引更多的资源和要素向此聚集，形成更加紧密的合作关系和协作网络，为整个区域的发展提供更加强大的支持。在中心城市辐射能力的作用下，我们可以进一步将中心城市分为国家中心城市和地区性中心城市两类来探讨其辐射作用。

国家中心城市是指居于国家城镇体系顶端、在全国范围发挥引领、辐射、集散功能的城市。它们通常拥有较为完善的产业体系、先进的科技水平和强大的创新能力，能够引领全国经济的发展方向。同时，国家中心城市还能够通过其强大的综合服务能力、物流枢纽功能和开放高地功能等，推动全国经济的繁荣和发展。在辐射方式上，国家中心城市通常采用点辐射、线辐射和面辐射相结合的方式，对全国范围内的城市和地区产生广泛的影响和带动作用。地区性中心城市则主要体现在该城市与其他相关城市和区域间的竞争关系上。在辐射方式上，地区性中心城市通常采用线辐射和面辐射相结合的方式，对周边城市和地区产生积极的影响和带动作用。

（三）中心城市辐射能力评价

中心城市辐射能力的评价是评估一个城市对周边地区影响力和带动能力的重要标准。这一评价不仅关注中心城市自身的综合实力和发展水平，更侧重于其如何通过技术、资金、人才、市场、知识和理念等生产要素的转移和扩散，对周边地区产生深远影响。

首先，中心城市辐射能力的大小是以其与周边地区的联系为媒介的。这种联系表现为中心城市与周边地区之间的经济、文化、社会等多方面的交流和合作。当中心城市与周边地区的联系越紧密，其辐射能力就越强。其次，中心城市辐射能力的体现主要通过速度和强度两个方面。速度方面，距离中心城市越近的地区，由于地理位置的优势，更容易快速接受到中心城市的经济辐射。强度方面，与中心城市联系越紧密的地区，其接受到的经济辐射就越强，从而能够更快地实现经济发展和社会进步。在区域发展中，中心城市扮演着至关重要的角色。它们不仅通过自身的发展带动周边地区的经济增长，还通过技术转移、资金流动、人才培养等方式，推动整个区域的产业结构升级和经济转型。因此，中心城市的辐射能力对于区域的发展进步具有决定性的影响。具体到成渝地区双城经济圈，中心城市辐射带动能力是指成都和重庆这两个中心城市，通过向成渝地区双城经济圈中的其他区域转移和扩散技术、资金、人才、市场、知识、理念等生产要素，推动整个经济圈的协同发展。这种辐射带动能力不仅体现在经济层面，还体现在政治、文化等多个方面。为了全面评价成渝地区双城经济圈中心城市辐射带动能力的大小，我们需要从多个维度进行综合衡量。一是要关注中心城市的经济发展情况，包括 GDP 总量、产业结构、企业规模与效益等指标；二是要关注中心城市的产业发展水平，包括产业集聚程度、产业链完善程度以及产业创新能力等；三是要关注中心城市的科技创新能力，包括科技投入、科技成果产出以及科技创新能力等；四是还要关注中心城市的基础设施建设、改革开放程度和生态宜居水平等方面。通过综合以上 4 个方面的指标进行评价，我们可以更加全面、客观地了解成渝地区双城经济圈中心城市辐射带动能力的大小及其在不同方面的表现。这将有助于我们更好地把握中心城市在区域发展中的引领作用，为推动成渝地区双城经济圈的协同发展提供有力支持。

二、中心辐射能力评价方法

针对中心辐射能力的评价方法包括熵值法和层次分析法，由于层次分析法主观性较强，所以在此选择熵值法对成渝中心双城经济圈中心城市辐射带动能力进行测算与评价。

熵是利用概率论来确定信息不确定性的一个度量单位。设有 n 个评价对象，m 项评价指标，形成原始指标数据矩阵 $X=(X_{ij})_{n*m}$，对于某项指标 X_j，不同评价对象的指标值差距越大，则该指标在综合评价中所起的作用越大。对于给定的方案和属性，熵值法可以用来确定出各个属性的客观权重。

熵值法进行综合评价的步骤如下：

步骤一：根据评价对象的有关数据信息构建评价矩阵。

当评价指标个数 m，评价对象（方案）的个数为 n 时得到初始决策矩阵为 A：

$$A=(a_{ij})_{m\times n}=\begin{bmatrix} a_{11} & a_{12} & \cdots & a_{1n} \\ a_{21} & a_{22} & \cdots & a_{2n} \\ \cdots & \cdots & \cdots & \cdots \\ a_{m1} & a_{m2} & \cdots & a_{mn} \end{bmatrix} \tag{1}$$

其中，a_{ij}（$i=1, 2, \cdots, m$；$j=1, 2, \cdots, n$）是第 j 个评价对象的第 i 个指标的数值。

步骤二：对初始决策矩阵 A 进行无量钢化处理，将其转化为标准矩阵 $(b_{ij})_{m\times n}$。

$$b_{ij}=\frac{a_{ij}-a_{\min}}{a_{\max}-a_{\min}} \tag{2}$$

此时，得到标准化矩阵：

$$(b_{ij})_{m\times n}=\begin{bmatrix} b_{11} & b_{12} & \cdots & b_{1n} \\ b_{21} & b_{22} & \cdots & b_{2n} \\ \cdots & \cdots & \cdots & \cdots \\ b_{m1} & b_{m2} & \cdots & b_{mn} \end{bmatrix}$$

步骤三：熵权法确定指标的熵值。

$$e_i=-k\sum_{j=1}^{n}b_{ij}\ln b_{ij}\text{，}(i=1,2,\cdots,m;\ j=1,2,\cdots,n) \tag{3}$$

其中 $k=\frac{1}{\ln n}$；j=1，2，…，n，且当 $b_{ij}=0$ 时，$b_{ij}\ln b_{ij}=0$。

步骤四：评价指标熵权 w_i 的确定。

$$w_i=\frac{1-e_i}{\sum_{i=1}^{m}1-e_i}\quad i=1,2,\cdots,m \tag{4}$$

步骤五：构建加权规范化矩阵 R。

$$R=(r_{ij})_{m\times n}=(\omega_{ij}b_{ij})_{m\times n} \tag{5}$$

步骤六：确定正理想解 S+和负理想解 S-。

ri+=（maxri1，maxri2，…，maxrin），i=1，2，…，m

Ri-=（minri1，minri2，…，minrin），i=1，2，…，m

其中，$S^+=(r_i^+)_{m\times1}$，$S^-=(r_i^-)_{m\times1}$

步骤七：计算各评价对象到正/负理想解的欧式空间距离。

到正理想解的距离为：$$d_j^+=\sqrt{\sum_{i=1}^{m}(r_{ij}-r_i^+)^2} \tag{6}$$

到负理想解的距离为：$$d_j^-=\sqrt{\sum_{i=1}^{m}(r_{ij}-r_i^-)^2} \tag{7}$$

步骤八：计算各研究对象与理想解的相对接近度 vj。

按照相对接近度的大小评价研究对象的优劣，越接近即相对接近度越大，则该研究对象越优。依此计算出各个评价对象的综合评价值。计算公式为：

$$v_j=\frac{d_j^-}{d_j^-+d_j^+}\text{，}j=1,2,\cdots,n \tag{8}$$

三、中心城市辐射范围分析模型

（一）断裂点模型

断裂点模型（Break - Even Point Model）在区域间作用中，主要是用来分析城市或地区间的相互影响力，特别是在确定两个或多个城市间的影响范围或界限时。该模型基于城市或地区对周边地区的吸引力与它们的规模成正比，与它们之间的距离的平方成反比的原则。断裂点模型的基本假设是，两个城市间的相互作用力在某一特定点达到平衡，这个点被称为断裂点。在这个点上，两个城市对周边地区的吸引力相等。因此，断裂点可以被视为两个城市影响区域的分界点。在实际应用中，断裂点模型可以用于城市规划、区域发展策略制定、商业布局分析等领域。例如，在制定区域发展策略时，可以使用断裂点模型来确定各城市或地区在区域发展中的相对地位和作用，以及它们之间的合作与竞争关系。在商业布局分析中，断裂点模型可以帮助企业确定在不同地区的销售潜力和市场布局策略。需要注意的是，断裂点模型是一种简化的理论模型，其应用受到多种因素的限制。在实际应用中，需要综合考虑多种因素，如地形、交通、人口分布、政策等，以更准确地分析城市或地区间的相互作用和影响力。本研究借鉴 P. D. Converse（1949）与赖利（W. J. Reilly）的“零售引力规律”构造断裂点模型反映 i，j 城市的引力范围：$d_i = \frac{D_{ij}}{1 + \sqrt{E_j/E_i}}$，其中 d_i 为断裂点到 i 城市的距离；D_{ij}为 i、j 两个城市的距离。

（二）威尔逊（Wilson）模型

威尔逊（Wilson）模型是地理学、区域经济学以及城市规划等领域中常用的一个空间相互作用模型，它主要用于分析城市间、区域间的经济联系和辐射效应。与断裂点理论相比，威尔逊模型更加细致地考虑了距离衰减效应，通过引入衰减因子 β 来反映这种衰减情况，从而更准确地刻画了中心城市对其他城市的辐射范围。首先是威尔逊模型的数学表达式。在模型中，T_{ij}表示中心城市 i 对其他城市 j 的辐射力，它取决于 4 个主要因素：

中心城市 i 的集聚度综合值 O_i、其他城市 j 的集聚度综合值 D_j、两地之间的交通距离 r_{ij} 以及衰减因子 β。其中，O_i 和 D_j 反映了各自城市的经济发展水平和资源集聚能力，而 r_{ij} 则代表了中心城市 i 向城市 j 传递资源所需克服的地理障碍。衰减因子 β 是一个重要的参数，它决定了辐射力随距离衰减的速度。当 β 值较大时，表示中心城市 i 的辐射力在短距离内就会迅速减弱；而当 β 值较小时，辐射力在较远的距离上仍能保持一定的强度。在实际应用中，我们通常需要对模型中的参数进行估计。对于中心城市 i 的集聚度综合值 O_i 和其他城市 j 的集聚度综合值 D_j，可以通过收集相关的经济统计数据来进行量化分析。而对于两地之间的交通距离 r_{ij}，则可以通过地理信息系统（GIS）等工具来获取准确的地理信息数据。衰减因子 β 的确定则需要根据具体的研究对象和区域特点来进行估算。一种常用的方法是通过历史数据或专家经验来设定一个合理的取值范围，然后通过模型拟合来确定最优的 β 值。在确定了模型参数之后，我们就可以利用威尔逊模型来计算中心城市 i 对其他城市 j 的辐射力了。具体来说，就是根据模型表达式 $T_{ij}=KO_iD_j\exp(-\beta r_{ij})$，将已知的 O_i、D_j、r_{ij} 和 β 值代入公式中进行计算。通过比较不同城市之间的辐射力大小，我们可以清晰地看出中心城市 i 在区域经济发展中的核心地位和辐射带动作用。此外，威尔逊模型还可以用于分析中心城市 i 吸引的资源总量以及被辐射城市 j 从中心城市 i 获得的资源比例。具体来说，就是根据模型表达式 $T_{ij}=D_j\exp(-\beta r_{ij})$，将已知的 D_j、r_{ij} 和 β 值代入公式中进行计算，得出中心城市 i 对其他城市 j 的辐射程度。然后，通过比较不同城市之间的辐射程度大小，我们可以了解到哪些城市是中心城市 i 的主要辐射对象，以及这些城市在获取资源方面相对于其他城市的优势。这些信息对于制定区域发展战略和政策具有重要的指导意义。

四、中心城市辐射强度分析模型

城市要素流的动态性主要体现在联系强度与作用方向两个方面。本研究采用资金流模型、人口流动模型、信息流模型来衡量城市间各要素的相互联系程度。

（一）城市要素流相互作用模型

1. 资金流模型

资金流是城市经济联系的主要表现形式，城际资金流量存量规模能很好反映资金流向、区际对外交易潜力及吸引资金能力等空间差异。参考经济流改进模型（林勋媛、胡月明、王广兴和樊舒迪，2020），选取投资总额为资金规模指标，构建资金流的公式如下：

$$F_{ij} = \frac{M_i \times M_j}{L_{ij}^2}$$

$$F_i = \sum_j F_{ij}$$

式中，F_{ij}表示城市 i 与城市 j 之间的资金联系强度；M_i 和 M_j 分别为城市 i 和城市 j 的投资总额；L_{ij}是城市 i 与城市 j 市政府所在地之间驾车路线的最短距离；F_i 为城市 i 的资金流总量。

2. 人口流模型

人口流动模型是研究和预测人口迁移和分布变化的重要工具，对于制定人口政策、规划城市发展和公共资源配置具有关键作用。基于区位熵理论，我们可以建立一个反映人口流动与经济活动相互关系的人口流动模型。

首先，选择区位商作为中心城市要素流度量指标，引入劳动区位熵：

$$Q_{it} = \frac{e_{ij}/e_i}{E_j/E}$$

其中，e_{ij}为 i 城市 j 部门从业人员数，e_i 为 i 城市从业人员数，E_j 为都市圈 j 部门从业人员数，E 为都市圈总从业人员数。城市对外基本产品服务输出与自身劳动生产率有关，选取劳动生产率 k 进行订正（承良、朱俊林和徐亮，2004；刘承良和朱俊林，2005）得：

$$LQ_{it} = k\frac{e_{ij}/e_i}{E_j/E}$$

若 $LQ_{ij} \leqslant 1$，则 i 城市 j 部门不存在外向功能，取 $E_{ij} = 0$；

若 $LQ_{ij} > 1$，则 i 城市 j 部门存在外向功能，i 城市 j 部门即为专业化部门，可以为外界提供产品与服务。因此 $E_{ij} = e_{ij} - e_i\ (E_j/E)$，i 城市所有部

门的外向功能总量 E_i 为：

$$E_i = \sum_{j=1}^{n} E_{ij}$$

令城市功能效率 N_i 用人均 GDP 表示，即 $N_i = GDP_i/e_i$（刘承良、李江敏和张红，2007）。综上公式，都市圈 i 城市经济社会要素流强度 F_i 为：

$$F_i = N_i E_i = \frac{GDP_i}{e_i} E_i = GDP_i \frac{E_i}{e_i} = k_i GDP_i$$

式中：k_i 为 i 城市外向功能总量占都市圈所有城市总功能量的比重，反映 i 城市总功能量的圈域外向程度差异，称之为城市流倾向度（朱英明，2004）。

3. 信息流模型

在信息时代的浪潮下，城市的增长逻辑正在经历着前所未有的变革。传统的商品交换枢纽地位逐渐让位于信息交流的中心，这一转变在塑造城市未来的面貌中起着至关重要的作用。信息中心性，作为新时代的城市标识，不仅成为衡量城市发展水平的新尺度，更是决定城市中心等级高低的关键因素。随着信息技术的迅猛发展，空间信息联系在城市体系经济联系中的地位日益凸显，成为了连接城市之间的重要纽带。为了深入探究城市间信息联系的特点和强度，我们借鉴了 P. J. Taylor 等学者在世界城市网络研究方面的理论框架和相关文献（熊丽芳，甑峰，王波等，2013；宗会明，郝灵莎和戴技才，2022），试图通过构建两两城市之间的百度搜索指数矩阵，运用信息流模型来分析城市间的信息联系强度。这一方法的独特之处在于，它利用互联网用户的搜索行为作为数据基础，能够较为准确地反映出城市间的信息交流活跃度和关注度。

首先，我们需要构建百度指数矩阵。百度指数作为衡量互联网用户搜索行为的重要指标，能够直接反映出网民对某个城市或话题的关注度。我们利用两个城市之间的用户搜索指数分别构成百度指数矩阵，以此为基础计算两城市之间的信息流强度。具体的计算公式如下：

$$S_i = A_B \times B_A$$

其中，S_i 为城市 A 与城市 B 之间的信息流强度；A_B 为处于城市 A 的网民对城市 B 的用户搜索指数日均值；B_A 为处于城市 B 的网民对城市 A 的用户搜索指数日均值。通过这一计算方式，我们可以较为准确地量化出城市间信息交流的强度和方向。

其次，我们进一步计算城市的信息流总量。信息流总量用 Q 表示，表示城市 A 与成渝地区双城经济圈中其他城市的信息流量之和。这一指标能够反映出城市在区域信息网络中的活跃度和影响力。具体的计算公式如下：

$$Q_A = S_1 + S_2 + S_3 + \cdots + S_i$$

其中，Q_A为城市 A 在成渝双城经济圈内信息流量总量；S_i 为城市 A 与成渝地区双城经济圈内各城市之间的信息流强度。通过计算每个城市的信息流总量，我们可以对成渝地区双城经济圈内的城市进行排名和比较，从而揭示出不同城市在区域信息网络中的地位和影响力。

为了进一步揭示城市在区域信息网络中的相对地位，我们引入了相对信息流强度的概念。相对信息流强度表示某城市在成渝地区双城经济圈的城市信息总量的相对占比，能够反映出该城市在区域信息网络中的相对地位。具体的计算公式如下：

$$R_A = Q_A / T$$

其中，R_A 为城市 A 相对关注度；Q_A 为城市 A 在成渝地区双城经济圈中信息流总量；T 为成渝地区双城经济圈中最大流量总量。通过计算相对信息流强度，我们可以更加直观地了解不同城市在区域信息网络中的相对地位和发展潜力。

最后，我们运用社会网络分析法来计算城市的中心度。中心度是衡量某个城市在一定地域范围内与其他城市之间的联系及影响力大小的重要指标，能够较为准确地反映出节点在网络中的重要程度。中心度包含点入度和点出度两个部分，点入度表示区域内其他城市对某个城市的影响程度，点出度表示某个城市对区域范围内其他城市的影响程度。通过计算每个城市的点入度和点出度，我们可以揭示出不同城市在成渝地区双城经济圈网络中的地位和作用。

具体公式如下：

$$A_{in} = \sum_{i=1}^{n} D_{iA}$$

$$A_{out} = \sum_{i=1}^{n} D_{Ai}$$

其中，n 为范围内城市数量；A_{in} 为成渝双城经济圈内其他城市对城市 A 的影响程度；D_{iA} 为城市 i 对城市 A 的影响程度；A_{out} 为城市 A 对成渝双城经济圈内其他城市的影响程度；D_{Ai} 为城市 A 对城市 i 的影响程度。

（二）要素流的作用方向

通过经济联系隶属度公式来分析城市经济流的主要作用方向，将此公式拓展到交通流、人口流以及信息流分析中，以测度各要素流的作用方向。公式为：

$$W = \frac{Y_{ij}}{Y_i}$$

式中，Y_{ij} 为城市 i 与城市 j 之间的要素流联系强度；Y_i 表示城市 i 的要素流总量；W 表示两城市的要素流联系强度占城市 i 要素流总量的比例，值越大表示城市 i 与城市 j 之间的要素联系强度在城市 i 要素流中的重要性越大。

第二节　中心城市辐射能力综合指标构建

一、指标体系构建原则与依据

（一）指标构建原则

在探讨成渝地区双城经济圈中心城市辐射带动能力时，构建一个科学、系统、可获得且具有代表性的量化指标体系显得尤为重要。这一指标体系的建立不仅是反映中心城市辐射带动能力测度的核心，更是确保测度结果可信度和有效性的关键因素。以下是对构建这一指标体系所应遵循原则的详细阐述。

1. 科学性原则

科学性原则是构建指标体系的首要原则。在成渝地区双城经济圈中心城市辐射带动能力的评价中，指标体系的构建必须严格遵循双城经济圈的发展规律，采用科学的方法和手段，确保指标的选择和权重的确定都有科学依据。同时，这一指标体系应能够结合定量与定性调查，从多个角度和层面来客观、真实地反映中心城市辐射带动能力的变化程度。在选择指标时，应避免指标过大或过小，以免对评价结果的准确性造成不利影响。具体而言，科学性原则要求我们在构建指标体系时，首先，要对成渝地区双城经济圈的发展情况进行深入了解，明确中心城市在区域经济发展中的地位和作用。其次，要结合国内外关于中心城市辐射带动能力评价的相关研究，借鉴其成功的经验和做法，选择适合本地区的评价指标。最后，要采用科学的统计方法和模型，对指标数据进行处理和分析，确保评价结果的客观性和准确性。

2. 系统性原则

这一原则要求我们在选择指标时，要充分考虑中心城市的经济、社会、文化等多个方面，确保指标体系能够全面反映中心城市的辐射带动能力。同时，各指标之间要相互协调、相互补充，形成一个有机整体，以便从多方面尽可能客观地表现中心城市的辐射带动能力。首先，在具体操作中，系统性原则要求我们首先要明确指标体系的结构和层次，确保各个层次之间的指标能够相互呼应、相互支撑。其次，在选择指标时，要注重指标之间的内在联系和逻辑关系，确保整个指标体系的完整性和系统性。最后，在构建指标体系时，要注重与其他相关领域的协调配合，确保整个评价工作的顺利进行。

3. 可获得性原则

在构建指标体系时，数据的可获得性是一个非常重要的因素。由于区域中心城市的经济辐射是一个复杂的系统，涉及到多个领域和方面，因此，在构建经济辐射水平测度指标体系时，必须确保所选指标的数据能够获得。这一原则要求我们在选择指标时，要充分考虑数据的来源和获取途径，确保数据的可靠性和有效性。同时，对于无法直接获得的数据，要采用科学的方法进行估算和预测，以确保评价结果的准确性和可信度。首先，在具体操作中，可获得性原则要求我们首先要明确数据的来源和获取途径，确保数据的可靠性和有效性。其次，要注重数据的更新和维护，确保数据的时效性和准确性。最后，在构建指标体系时，要注重数据的整合和共享，避免数据的重复收集和浪费。

4. 代表性原则

在构建指标体系时，由于表示城市综合经济辐射力发展状况的指标众多，我们无法将所有指标都纳入评价范围。因此，在选择指标时，必须注重代表性原则。这一原则要求我们在选择指标时，要选取能够反映成渝地区双城经济圈中心城市辐射带动能力主要特征和关键因素的指标，确保这些指标具有一定的代表性和典型性。同时，这些被选取的指标应能够真实有效地反映中心城市的辐射带动能力水平，使评价结果具有较高的可信度和有效性。首先，在具体操作中，代表性原则要求我们首先要明确评价的目的和重点，明确哪些指标是评价中心城市辐射带动能力的主要指标。其次，在选择指标时，要注重指标的代表性和典型性，确保所选指标能够真实反映中心城市的辐射带动能力水平。最后，在构建指标体系时，要注重指标的优化和整合，避免指标之间的重复和冗余。

（二）指标构建依据

2021 年 10 月，中共中央、国务院印发了《成渝地区双城经济圈建设规划纲要》（以下简称《纲要》），明确了成渝地区双城经济圈建设的内容，并从党的领导、组织实施、配套政策体系、合作机制等方面指明了推进规划实施的保障性举措。随着《纲要》的深入实施，成渝地区正逐渐展露成为全国乃至全球重要经济中心的潜力。在这一过程中，中心城市作为区域发展的核心和引擎，其辐射能力的大小直接决定了整个经济圈的发展速度和质量。因此，构建一个科学合理的成渝地区中心城市辐射能力指标体系，不仅有助于全面评估中心城市的发展现状，更能为未来的政策制定和战略规划提供有力的数据支撑。成渝地区中心城市辐射能力指标体系的构建，对于推动双城经济圈的高质量发展具有至关重要的作用。首先，该体系能够全面反映中心城市在经济、科技、社会、文化等多个领域的综合影响力，从而帮助决策者准确把握中心城市的辐射范围和强度。其次，通过对比分析不同领域的辐射能力，可以识别出中心城市发展的优势领域和短板，为制定针对性的发展策略提供依据。最后，该体系还能够为成渝地区双城经济圈的协同发展提供指导，促进区域内部的资源共享和优势互补。

指标体系构建的依据主要包括以下内容：一是经济发展现状。成渝地区中心城市辐射能力指标体系的首要依据是当地的经济发展现状。这包括经济增长速度、产业结构优化程度、经济开放度等多个方面。只有充分了解中心城市的经济发展状况，才能准确评估其辐射能力的大小和潜力。二是科技创新实力。科技创新是推动中心城市发展的重要动力，也是提升辐射能力的关键因素。因此，在构建指标体系时，必须充分考虑科技创新实力的影响。这包括科研投入、科研成果产出、科技创新能力等多个方面。通过评估这些指标，可以了解中心城市在科技创新方面的优势和短板，为制定科技创新政策提供参考。三是社会发展水平。社会发展水平是衡量中心城市辐射能力的重要标准之一。一个社会发达、公共服务完善的中心城市，往往能够吸引更多的资源和人才，进而提升其辐射能力。因此，在构建指标体系时，需要关注社会发展水平的相关指标，如公共服务水平、社会保障体系、人口吸引力等。这些指标能够反映中心城市在社会发展方面的优势和潜力，为制定社会发展政策提供指导。四是生态环境质量。随着环保意识的不断提高，生态环境质量已经成为评估中心城市辐射能力的重要因素之一。一个生态宜居、环境优美的中心城市，往往能够吸引更多的游客和投资者，进而提升其辐射能力。因此，在构建指标体系时，需要关注生态环境质量的相关指标，如空气质量、水质状况、绿化覆盖率等。这些指标能够反映中心城市在生态环境方面的优势和潜力，为制定生态环境保护政策提供指导。五是战略规划与政策导向。除了上述因素外，成渝地区中心城市辐射能力指标体系的构建还需要考虑国家的战略规划与政策导向。例如，国家对成渝地区双城经济圈的战略定位、发展目标等都会影响到中心城市辐射能力的评估结果。因此，在构建指标体系时，需要紧密结合国家的战略规划和政策导向，确保评估结果的准确性和实用性。

二、指标体系设计思路

在构建成渝地区双城经济圈中心城市经济聚集度评价指标体系时，我们需要遵循一系列基本原则，包括科学性、系统性、可获得性和代表性。这些原则确保了评价体系的准确性和实用性。基于中心城市辐射理论，我们可以从辐射源和辐射流两个维度出发，深入剖析和量化经济聚集度。首先，辐射源作为经济聚集的核心，代表了成渝地区双城经济圈中心城市的自身经济聚集能力。这种能力不仅直接决定了其经济辐射力的大小，也是推动周边地区经济发展的重要力量。在评价辐射源时，我们需要考虑经济发展、产业发展、科技创新、基础设施和生态宜居等多个方面，以全面反映中心城市的综合实力。其次，辐射流代表了区域中心城市对外经济联系的能力，即中心城市对外的辐射通道。这个维度的评价指标主要包括对外开放等方面，体现了中心城市与外部环境的互动程度和影响力。一个强有力的辐射流能够带动周边地区的综合发展，提升整个经济圈的竞争力。

在构建评价体系时，我们参考了相关学者对经济辐射水平的研究，并结合了成渝双城经济圈的实际情况。通过对成渝双城经济圈内所有城市及各区域中心城市范围内的 46 个城市（区县）进行样本分析，我们能够将中心城市的辐射带动能力分为经济综合实力和对外联系强度两个角度进行深入研究。这将有助于我们更准确地把握成渝地区双城经济圈的发展动态，为制定相关政策提供科学依据。

三、指标体系的结构框架及说明

2021 年发布的《成渝地区双城经济圈建设规划纲要》明确指出要构建全国具有影响力的重要经济中心，须依托综合交通枢纽和立体开放通道，在提高全球资源配置能力和整体经济效率、培育具有竞争力的现代产业体系、发展特色多元消费业态、打造西部金融中心、建设全国重要的先进制造业基地和现代服务业高地等方面下足功夫。基于上述发展目标，结合指标体系建立的原则，本研究从经济发展、产业发展、科技创新、基础设施、对外开放和生态宜居 6 个方面构建了如下指标体系来反映双城经济圈重要经济中心辐射力的情况，如表 4－1 所示。

表4-1 成渝地区双城经济圈中心城市辐射带动能力评价指标体系

一级指标	二级指标	三级指标
中心城市辐射带动能力	经济发展	地区生产总值（万元）X_1
		固定资产投资总额（亿元）X_2
		城镇非私营单位从业人员期末人数（万人）X_3
		城镇居民人均可支配收入（元）X_4
		社会消费品零售总额（亿元）X_5
		财政收入（亿元）X_6
	产业发展	第二产业产值占GDP比重（%）X_7
		第三产业产值占GDP比重（%）X_8
		第一产业产值占GDP比重（%）X_9
		城镇化率（%）X_{10}
	科技创新	科学技术支出（万元）X_{11}
		专利授权量（项目）X_{12}
		发明专利授权量（件）X_{13}
	对外开放	货物出口额（万元）X_{14}
		货物进口额（万元）X_{15}
		实际利用外资数额（亿美元）X_{16}
	基础设施	地区客运总量（万人公里）X_{17}
		地区货运总量（万吨公里）X_{18}
		邮政业务总量 X_{19}
	生态宜居	能源消费总量（万吨标准煤）X_{20}
		环境空气质量优良天数比例（%）X_{21}
		建成区绿化覆盖率（%）X_{22}

具体指标说明如下：

第一，经济发展。经济发展是衡量一个国家或地区综合实力和潜力的关键指标。它涵盖了发展的规模、速度和所达到的水准，对于提升中心城市的辐射带动能力至关重要。在评估经济发展水平时，常用的指标包括GDP、人均GDP、GNP、国民收入、经济增长速度等，这些指标能够全面反映一个地区的经济活力和潜力。为了具体衡量经济发展水平，我们需要选择具有代表性和可得性的数据指标。在本研究中，我们选取了6个关键指标：地区生产总值（万元），用于衡量总体经济规模；固定资产投资总额（亿元），反映投资对经济增长的拉动作用；年末就业人数（万人），体现劳动力市场的活跃程度；城镇居民人均可支配收入（元），代表居民的生活水平和购买力；社会消费品零售总额（万元），展示消费市场的活跃度和内需情况；以及财政收入（亿元），反映地方政府的经济实力和调控能力。

第二，产业发展。产业结构的调整与经济增长之间存在着不可分割的紧密联系，它们相互依存、相互促进。产业结构的合理布局和持续优化，能够为经济增长提供坚实的基础和广阔的空间。在评估一个地区的产业发展状况时，选择适当的指标至关重要。本研究为了全面反映地区的产业发展情况，选取了4个关键指标进行分析：第二产业产值占GDP比重（%）、第三产业产值占GDP比重（%）、第一产业产值占GDP比重（%）以及城镇化率（%）。首先，第二产业产值占GDP比重反映了工业制造业等实体经济在地区经济中的发展程度。这一指标的增长往往与技术创新、产业升级和工业化进程密切相关，是推动经济增长的重要动力。其次，第三产业产值占GDP比重则体现了服务业的发展水平。随着经济的不断发展，服务业在国民经济中的地位日益提升，其比重增加意味着地区经济结构的优化和升级，对经济增长的贡献也日益显著。第一产业产值占GDP比重虽然在经济总量的比重中可能逐渐降低，但仍然是国民经济的基础，对保障粮食安全和农村经济发展具有重要意义。最后，城镇化率作为反映地区城镇化水平和人口集聚程度的指标，与产业发展密切相关。城镇化的推进能够带动基础设施建设和人口集聚，进一步促进产业发展，形成经济增长的新动力。

第三，科技创新能力。科技创新能力对于一个地区在某一领域内的持续发展和竞争力至关重要。这种能力直接关联到地区内高校、科研院所和研究院的数量及其发展水平，这些因素共同构成了科技创新能力的基础。其中，专业知识水平、科研结构、研发设备以及经济实力等因素都是衡量科技创新能力的关键要素。为了全面且准确地反映一个地区的科技创新能力，本研究选取了3个具有代表性的指标体系：R&D经费支出（亿元）、专利授权量（项目）以及发明专利授权量（件）。首先，R&D经费支出是衡量一个地区对科研和创新投入的直接体现。充足的经费能够确保科研项目的顺利进行，吸引更多的优秀人才参与科研工作，从而推动科技创新能力的不断提升。其次，专利授权量是评估一个地区科技创新成果的重要指标。专利的数量和质量直接反映了地区在某一领域内的创新能力和技术水平。一个地区拥有更多的专利授权，意味着其在该领域内拥有更多的技术优势和竞争优势。最后，发明专利授权量作为专利授权量中的一个重要组成部分，更是衡量一个地区科技创新能力的核心指标。发明专利通常涉及到更为核心和前沿的技术领域，其授权量的多少能够直接反映一个地区在技术创新方面的实力和水平。

第四，对外开放。对外开放水平是一个城市或国家融入全球经济体系、参与国际竞争的重要指标。进出口贸易作为对外开放的重要表现形式，直接反映了城市或国家与外部世界的经济联系和贸易往来。因此，为了全面、准确地评估各个城市的对外开放程度，本研究选取了出口总额（万美元）、进口总额（万美元）以及实际利用外资数额（亿美元）这3个关键指标。首先，出口总额是一个城市或国家向国际市场销售商品和服务的能力的体现。它不仅能够直接带来外汇收入，推动经济增长，还能通过与国际市场的互动，促进技术进步和产业升级。因此，出口总额的大小是衡量一个城市或国家对外开放程度的重要指标之一。其次，进口总额反映了一个城市或国家从国际市场购买商品和服务的需求。进口不仅可以满足国内消费者对多样化、高品质商品的需求，还能通过引进先进技术和管理经验，推动本国产业结构的优化和升级。同时，进口也是实现国际贸易平衡、维护国家经济安全的重要手段。最后，实际利用外资数额是衡量一个城市或国家吸引外资能力的重要指标。外资的流入不仅可以带来资金和技术支持，推动当地经济的发展和产业升级，还能通过与国际资本的合作，提升本国企业的国际竞争力。因此，实际利用外资数额的大小也是评估城市对外开放程度的重要依据。

第五，基础设施。基础设施作为中心城市发展的基石，其完善程度直接决定了中心城市经济辐射力的发挥效果。基础设施不仅为城市内部的经济发展提供支持，更是连接中心城市与周边区域的重要通道，对提升中心城市的辐射带动作用具有重要意义。在评估中心城市的交通通达能力时，考虑到当前区域基建建设的实际情况，本研究选取了 3 个关键指标：地区客运总量（万人公里）、地区货运总量（万吨公里）和邮电业务总量。首先，地区客运总量反映了中心城市在人员流动方面的通达能力。一个高效的客运系统能够确保人员流动的顺畅，促进中心城市与周边地区的人员交流，为经济发展提供人力资源支持。其次，地区货运总量是衡量中心城市在物资流通方面能力的重要指标。货运的通畅对于保障产业链供应链稳定、促进商品流通和贸易往来至关重要。一个高效的货运系统能够确保物资的快速流动，提升中心城市的物流效率和辐射能力。最后，邮电业务总量则代表了中心城市在信息通信方面的通达能力。随着信息化时代的到来，信息通信对于城市发展的重要性日益凸显。一个完善的邮电系统能够确保信息的快速传递和处理，为城市经济发展提供有力支持。

第六，生态宜居。生态宜居型城市是人与自然和谐相处，能够满足居民物质和精神生活需求，适宜人类工作、生活和居住的城市，故本研究选取能源消费总量（万吨标准煤）、环境空气质量优良天数比例和森林覆盖率中心城市辐射带动能力（%）3 个指标来代表成渝地区城市的生态宜居水平。

第三节　数据来源及处理

《成渝经济区地区规划》和《成渝地区双城经济圈建设规划纲要(2021)》（以下统称《纲要》）明确界定了成渝地区双城经济圈的地理范围。该区域总面积约为 18.5 万平方公里，覆盖了重庆市的多个区县和四川省的部分城市。具体而言，规划范围涵盖了重庆市的中心城区以及包括万州、涪陵、綦江等在内的 27 个区县（不包括开州和云阳的部分地区），同时也包含了四川省的成都、自贡、泸州等 15 个市（特定县份如北川县、平武县、万源市、天全县、宝兴县除外）。为便于讨论，本研究未将开州和云阳的部分地区纳入统计范围。此外，根据《纲要》的定位，万州被确立为渝东北的中心城市，黔江为渝东南的中心城市，绵阳和乐山共同构成成都平原的中心城市，南充是川东北的中心城市，而泸州和宜宾则是川南地区的中心城市。这些中心城市各自辐射的区域也有明确划分，如渝东北区域包含11个区县，渝东南区域涵盖"一区五县"，成都平原则包括了多个城市和区县，川东北和川南区域也各有其包含的地级市。本研究所使用的数据主要来源于《重庆统计年鉴》和《四川统计年鉴》，对于部分缺失的数据，则根据各城市的统计公报进行了补充。

第四节 中心城市辐射力分析

一、中心城市辐射力测算

本文基于熵值法测算中心城市辐射能力。首先对一级指标进行评价，本文以2021－2022年，四川省统计局发布的《四川统计年鉴》和重庆市统计局发布的《重庆统计年鉴》为数据，对成渝地区双城经济圈中心城辐射力进行评价分析，分析步骤如下：

步骤一：通过年鉴中获得成渝地区双城经济圈的评价初始化数据，将所有二级指标的原始数据根据公式（2）进行标准化处理。

步骤二：利用熵值法计算各个三级指标的权重，见公式（4）。结果如表4－2所示：

表4－2 熵值法计算权重结果汇总

二级指标	三级指标	信息熵值 e	信息效用值 d	权重系数 w
经济发展	地区生产总值（万元）X1	0.8414	0.1586	3.70%
	固定资产投资（亿元）X2	0.8865	0.1135	2.65%
	城镇非私营单位从业人员期末人数（万人）X3	0.8118	0.1882	4.39%
	城镇居民人均可支配收入（元）X4	0.9991	0.0009	0.02%
	社会零售总额（亿元）X5	0.8337	0.1663	3.88%
	财政收入（亿元）X6	0.8151	0.1849	4.32%

续表

二级指标	三级指标	信息熵值 e	信息效用值 d	权重系数 w
产业发展	第二产业产值占 GDP 比重（%） X7	0.9958	0.0042	0.10%
	第三产业产值占 GDP 比重（%） X8	0.9971	0.0029	0.07%
	第一产业产值占 GDP 比重（%） X9	0.981	0.019	0.44%
	城镇化率（%） X10	0.9955	0.0045	0.11%
科技创新	科学技术支出（万元） X11	0.5896	0.4104	9.58%
	专利授权量（项目） X12	0.6759	0.3241	7.57%
	发明（件） X13	0.565	0.435	10.16%
改革开放	货物出口额（万元） X14	0.5232	0.4768	11.13%
	货物进口额（万元） X15	0.4995	0.5005	11.68%
	实际利用外资数额（亿美元） X16	0.5573	0.4427	10.34%
基础设施	地区客运总量（万人公里） X17	0.8239	0.1761	4.11%
	地区货运总量（万吨公里） X18	0.7831	0.2169	5.06%
	邮政业务总量 X19	0.7297	0.2703	6.31%
生态宜居	能源消费总量（万吨标准煤） X20	0.8133	0.1867	4.36%
	环境空气质量优良天数比例（%） X21	0.9994	0.0006	0.01%
	建成区绿化覆盖率（%） X22	0.9997	0.0003	0.01%

步骤三：根据公式（5）计算可得加权规范化矩阵，然后利用公式（6）和（7）进行计算各一级指标值到正理想解及负理想解距离。结果如表4-3所示：

表4-3　　正负理想解结果汇总

二级指标	三级指标	正理想解 A	负理想解 A-
经济发展	地区生产总值（万元）	7708479.539	93201.6
	固定资产投资（亿元）	308.534	8.824
	非私营单位从业人员期末人数（万人）	25.152	0.646
	城镇居民人均可支配收入（元）	11.427	8.17
	社会零售总额（亿元）	359.286	11.208
	财政收入（亿元）	76.1	2.177

续表

二级指标	三级指标	正理想解 A	负理想解 A－
产业发展	第二产业产值占 GDP 比重（%）	0.05	0.029
	第三产业产值占 GDP 比重（%）	0.045	0.026
	第一产业产值占 GDP 比重（%）	0.091	0.013
	城镇化率（%）	0.084	0.04
科技创新	科学技术支出（万元）	179458.425	560.174
	专利授权量（项目）	6690.24	7.718
	发明（件）	1986.549	0.203
改革开放	货物出口额（万元）	5838183.456	8086.923
	货物进口额（万元）	3950216.876	840.577
	实际利用外资数额（亿美元）	7.455	0.012
基础设施	地区客运总量（万人公里）	1054.574	28.576
	地区货运总量（万吨公里）	6135.816	100.302
	邮政业务总量	129095.599	2563.93
生态宜居	能源消费总量（万吨标准煤）	98.727	2.329
	环境空气质量优良天数比例（%）	0.013	0.01
	建成区绿化覆盖率（%）	0.004	0.003

根据统计基础数据和上述计算权重值，根据公式（8）计算，最终得到成渝地区双城经济圈中心城市辐射带动能力：

表 4－4　　成渝地区双城经济圈中心城市辐射带动能力

	2021 综合得分	2022 综合得分
重庆	0.72	0.81
成都	0.72	0.83
自贡	0.02	0.02
泸州	0.04	0.05
德阳	0.04	0.04
绵阳	0.06	0.08
遂宁	0.02	0.03
内江	0.02	0.02

续表

	2021 综合得分	2022 综合得分
乐山	0.03	0.03
南充	0.03	0.04
眉山	0.03	0.03
宜宾	0.04	0.06
广安	0.01	0.04
达州	0.02	0.04
雅安	0.01	0.02
资阳	0.01	0.01

根据表14的结果利用 Arcgis 做出了图4－1、图4－2。通过结果可知，成渝地区双城经济圈中心城市辐射带动能力存在明显的省域差异，且差异日益加剧。从成渝地区双城经济圈整体范围来看，2021年—2022年，仅有重庆和成都的辐射带动能力水平较高，属于高度集聚水平，其余各市均处在较低水平；其中德阳、宜宾和南充和泸州市的辐射水平有明显改善，其余各市均维持在原等级水平。同时利用 ArcGIS 软件中自然断点法对成渝地区双城经济圈中心城市信息流流强度值数据进行可视化处理，将成渝地区双城经济圈中心城市分为了5个层级，颜色越深代表城市层级越高，反之

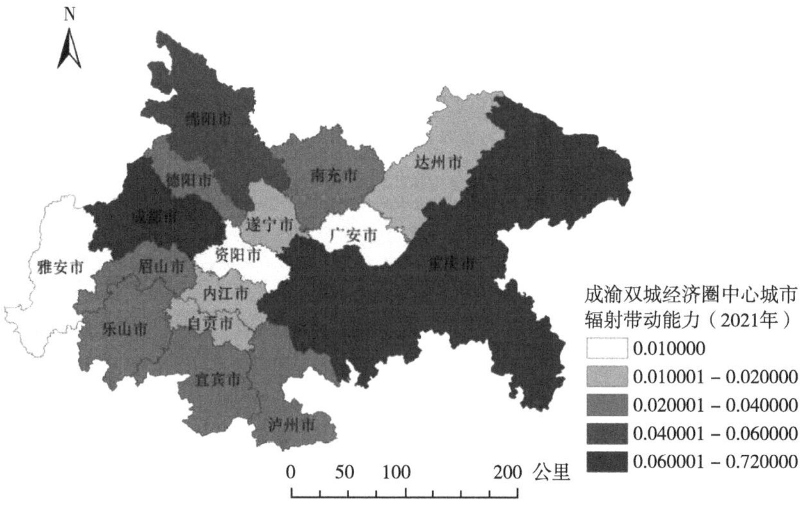

图4－1 2021年成渝地区双城经济圈中心城市辐射带动能力

层级越低。由图可知，区域形成了“2+3+5+5+1”结构，成都与重庆处于资源集中的大城市，使其长期处于领先优势，同时与中部的其他区域之间存在明显差异。这样的区域不平衡，与成渝地区双城经济圈长期以来形成的地区经济发展的水平差异基本吻合。

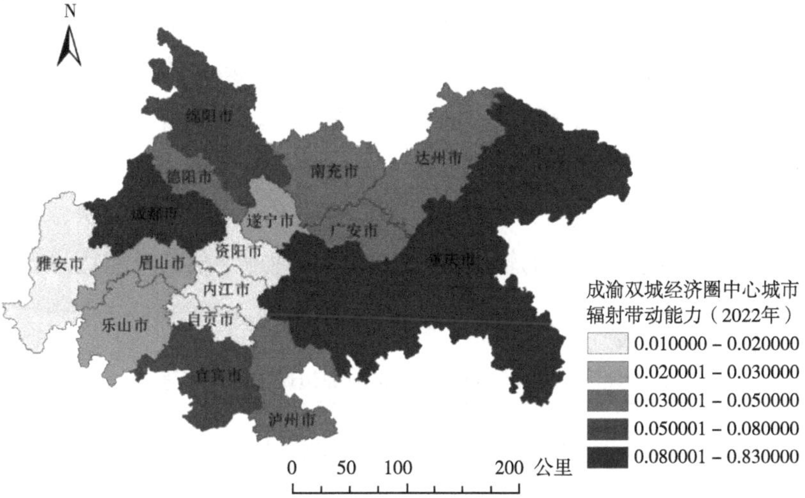

图 4-2　2022 年成渝地区双城经济圈中心城市辐射带动能力

二、中心城市辐射范围分析

根据前期对成渝双城经济圈中心辐射带动能力水平可知，重庆与成都在该区域中，都具有较高的集聚度，具有一定的辐射带动作用，而具体的辐射范围将根据距离衰减规律，采用断裂点理论公式和威尔逊模型进行计算。

（一）中心城市辐射断裂点

根据断裂点模型 $d_i = \dfrac{D_{ij}}{1 + \sqrt{E_j/E_i}}$，分别测算重庆与成都在相应的区域中辐射力，其中成都与达州市、广安市和泸州市之间的断裂点位置最大，计算可知断裂点距离的距离分别为：179.15km、133.25km、124.34km，断裂点公式在测算中心城市的辐射范围时，确实以零售引力模型为基础，它考虑了两个中心城市如何分割它们之间的市场。然而，这一模型在实际应用中存在一些局限性。

首先，随着距离的增加，中心城市的辐射能力会逐渐减弱。事实上，存在一个临界值，即辐射半径，超出这个半径后，中心城市对更远地区的辐射能力将显著降低或几乎不再具有辐射能力。然而，断裂点公式在计算时并未充分考虑到这一临界值，这可能导致对中心城市辐射范围的评估不够准确。为了更准确地评估中心城市的辐射范围，我们需要结合临界值对断裂点公式进行修正。这可以通过引入一个衰减函数来实现，该函数可以根据距离的增加来逐渐降低中心城市的辐射能力。通过这种方法，我们可以更准确地确定中心城市的辐射半径，并更合理地评估其对周边地区的辐射能力，见表4－5。

表4－5　成渝地区双城经济圈中心城市与周边城市的联系强度

中心城市	中心城市与周边城市的联系强度（直线距离 km）								
成都	达州市	广安市	泸州市	重庆市	宜宾市	南充市	自贡市	遂宁市	内江市
	179.15	133.25	124.34	120.67	112.37	106.21	81.91	79.22	78.39
	雅安市	乐山市	绵阳市	资阳市	德阳市	眉山市			
	63.95	63.26	61.33	39.44	36.63	31.60			
重庆	雅安市	乐山市	绵阳市	德阳市	眉山市	成都市	宜宾市	达州市	资阳市
	191.82	150.55	150.38	148.13	147.34	121.93	113.50	110.58	108.25
	南充市	内江市	遂宁市	泸州市	广安市				
	81.88	80.13	79.25	73.68	55.28				

（二）中心城市辐射半径

为了更准确地反映重庆中心城市和四川中心城市的辐射能力，我们利用威尔模型计算了它们的衰减因子 β。在计算过程中，我们充分考虑了中心城市与其他城市之间的地理位置关系以及中心城市的集聚度大小。为了确保计算结果与实际情况尽可能吻合，我们首先确定了辐射区域，确保该区域内中心城市的集聚度得分最高，从而确保中心城市对外具有强大的辐射或吸引能力。接着，我们计算了中心城市与其他城市之间的集聚度，并最终取这些集聚度的平均值来得到各中心城市的衰减因子 β。经过计算，我们得出巫溪与万州、丰都、武隆、忠县、开州、云阳、奉节、巫山、石柱之间的衰减因子平均值为 0.0013；同样地，渝北区与巴南、江津之间的衰减因子平均值为 0.0013。

另外，中心城市辐射力受阈值（θ）的限制，有 $\theta = O_i \exp(-\beta r_{ij})$，得出辐射半径计算式为：$r = \ln(O_i/\theta)/\beta$。实际上，威尔逊模型根据距离的衰减指数和给定的阈值来确定辐射范围的半径，隐含着当中心城市的辐射能力较弱时，即使在断裂点内，中心城市对其的辐射能力仍可能为 0。根据各中心城市的衰减因子和辐射半径的计算式子，参照表 4-6 中成渝双城经济圈所有城市的集聚度综合值，取中心城市的辐射极限值 θ = 0.048；计算可知辐射半径的直线半径都提升。

表 4-6　　成渝地区双城经济圈主要中心城市辐射半径

年份	重庆	成都
2021	128645	78291
2022	124867	77707

（三）结果分析

辐射断裂点和半径的对比分析，能有效反映中心城市的吸引力、辐射介质等情况，当中心城市的辐射能力强、辐射效果明显时，断裂点和辐射范围的吻合度高；如果中心城市规模较小或辐射介质较差时，可能出现较大的差异。根据二个中心城市的断裂点位置和辐射半径，绘出成渝双城经济圈中心城市辐射半径图（图 4-3、图 4-4、图 4-5），图中可以看出，成渝双城经济圈中成都与重庆的辐射半径能覆盖其间的周边城市，但距离中心城市发展较远的郊区的城市的联系度较弱。例如，重庆的辐射范围覆盖了大部分重庆区域，但是其辐射作用有限，开州和云阳处于中心城市辐射范围的边缘，未获得明显的辐射收益，因此这两个区县的集聚水平偏低。

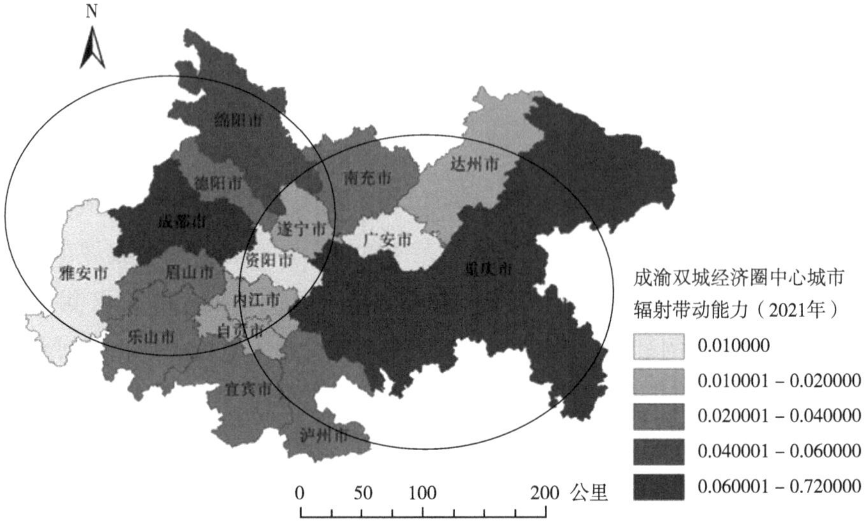

图 4－3　2021 年成渝地区双城经济圈中心城市辐射半径图

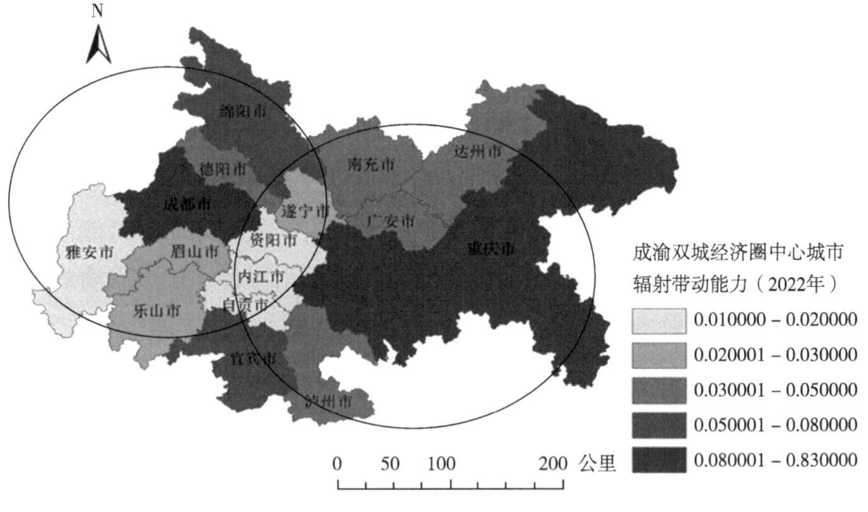

图 4－4　2022 年成渝地区双城经济圈中心城市辐射半径图

三、中心城市主要辐射要素流强度分析

（一）人才辐射流测算结果与评价

1. 总体情况

本研究以两城市间的年末就业人数均值和人均 GDP 差值为引力变量，测算出 2022 年成渝地区双城经济圈中心城市人才流（PF）辐射结果（共计 594 个城市组合）。如图 4－5 所示，中心城市之间的人才流辐射总体表现较弱。人才流强度极强（PF＞5）、较强（1＜PF＜5）、一般（0.5＜PF＜1）、较弱（0.1＜PF＜0.5）、极弱（0＜PF＜0.1）的城市组合分别为 6 个、67 个、83 个、200 个和 205 个，人才流强度达到较强及以上程度的城市组合数量约占总数的 12%。总体看来，成渝地区双城经济圈中心城市人才流辐射强度不大，而且人才流动的不均衡现象突出。

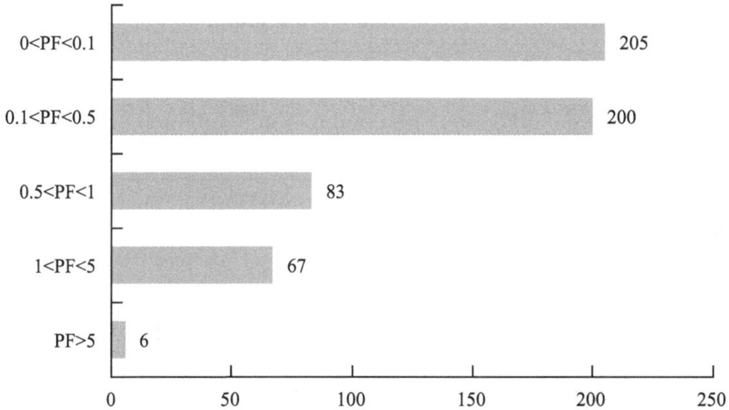

图 4－5 2022 年成渝地区双城经济圈中心城市人才流强度分布情况

如表 4－7 所示，从成渝地区双城经济圈内的重庆部分来看，重庆中心城区对周围地区的人才流辐射整体较强，特别是对綦江、合川、南川、璧山、长寿以及江津等地区，人才流强度均超过 1，处于较强的层级。而表 4－7 中的其他地区则由于区位劣势，未能与重庆中心城区产生较好的辐射联系，从而导致人才流辐射较低。

表4－7　　2022年重庆中心城区人才流辐射情况

城市	人才流强度	排名
重庆中心城区－綦江	1.7287	1
重庆中心城区－合川	1.7279	2
重庆中心城区－南川	1.1573	3
重庆中心城区－璧山	1.0771	4
重庆中心城区－长寿	1.0434	5
重庆中心城区－江津	1.0217	6
重庆中心城区－丰都	0.7434	7
重庆中心城区－涪陵	0.6347	8
重庆中心城区－垫江	0.5602	9
重庆中心城区－潼南	0.5068	10
重庆中心城区－万州	0.4659	11
重庆中心城区－黔江	0.4278	12
重庆中心城区－忠县	0.3155	13
重庆中心城区－永川	0.3048	14
重庆中心城区－梁平	0.2929	15
重庆中心城区－荣昌	0.2868	16
重庆中心城区－大足	0.2758	17
重庆中心城区－铜梁	0.1557	18

2. 分层情况

具体看来，如表4－8所示，成渝地区双城经济圈中心城市的人才流强度极强的城市组合分别是荣昌－内江、荣昌－泸州、荣昌－自贡、成都－眉山、潼南－遂宁、成都－资阳。荣昌区由于地理位置和经济极差的影响，与内江、自贡和泸州发生极强的人才流动，受到这三个城市的人才流辐射。而资阳和眉山则与成都市建立起极强的人才流辐射联系。

表4－8　　人才流强度PF＞5的城市组合

城市	人才流强度	排名
荣昌－内江	12.6025	1
荣昌－泸州	11.2977	2

续表

城市	人才流强度	排名
荣昌－自贡	8.5377	3
成都－眉山	7.7129	4
潼南－遂宁	6.8779	5
成都－资阳	6.2629	6

表4－9展示了成渝地区中心城市人才流强度达到较强（1＜PF＜5）水平的前二十强城市组合。值得一提的是，铜梁、璧山、长寿、合川都与四川广安建立起了较强的人才流动通道，重庆中心城区也对广安产生了较大的人才流辐射。这也从另一角度论证了将广安纳入重庆都市圈的合理性与科学性。

表4－9　　人才流强度1＜PF＜5前二十强

城市	人才流强度	排名
自贡－内江	4.0438	1
铜梁－遂宁	3.6868	2
丰都－涪陵	3.1945	3
成都－德阳	3.1859	4
铜梁－广安	2.9415	5
大足－内江	2.8375	6
璧山－广安	2.6649	7
荣昌－资阳	2.6427	8
璧山－遂宁	2.5780	9
荣昌－遂宁	2.5230	10
长寿－广安	2.5210	11
永川－泸州	2.4675	12
永川－内江	2.4480	13
璧山－泸州	2.3379	14
德阳－绵阳	2.2293	15
乐山－眉山	2.2286	16
大足－遂宁	2.2158	17

续表

城市	人才流强度	排名
合川 – 广安	2.1896	18
重庆中心城区 – 广安	2.1504	19
合川 – 铜梁	2.1097	20

（二）资金辐射流测算结果

1. 总体情况

本研究以两城市间的年末固定资产投资额均值与金融机构人民币贷款余额差值为引力变量，测算出2022年成渝地区双城经济圈中心城市资金流（CF）辐射结果（共计594个城市组合）。如图4－6所示，中心城市之间的资金流辐射总体表现较弱。资金流强度极强（PF＞5）、较强（1＜PF＜5）、一般（0.5＜PF＜1）、较弱（0.1＜PF＜0.5）、极弱（0＜PF＜0.1）的城市组合分别为8个、31个、15个、54个和451个，人才流强度达到较强及以上程度的城市组合数量约占总数的6.6%。整体看来，成渝地区中心城市的资金流联系不紧密，绝大多数地区受到区域中心城市的资金流辐射有限。

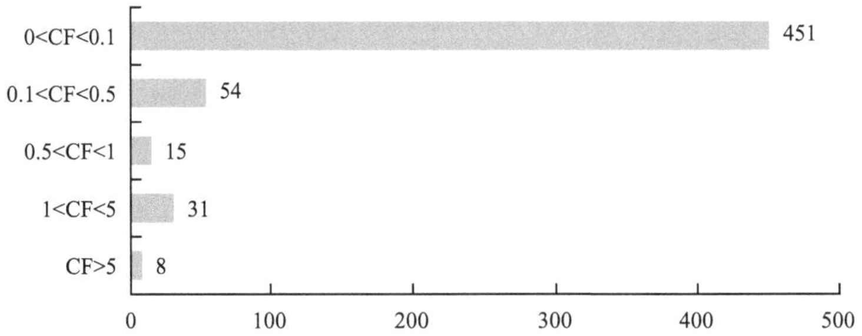

图4－6　2022年成渝地区双城经济圈中心城市资金流强度分布情况

如表4－10所示，从成渝地区双城经济圈内的重庆部分来看，重庆中心城区对周围地区的资金流辐射整体较强，特别是对璧山、江津、合川、铜梁、长寿、綦江、永川、南川、涪陵、大足、潼南、丰都、垫江、荣昌等地区，资金流辐射强度均超过1，处于较强的层级。

表 4－10　　2022 年重庆中心城区资金流辐射情况

城市	资金流强度	排名
重庆－璧山	7.1659	1
重庆－江津	4.8326	2
重庆－合川	3.9058	3
重庆－铜梁	3.6785	4
重庆－长寿	3.4164	5
重庆－綦江	3.3139	6
重庆－永川	3.1735	7
重庆－南川	2.1235	8
重庆－涪陵	1.9587	9
重庆－大足	1.7756	10
重庆－潼南	1.2782	11
重庆－丰都	1.2504	12
重庆－垫江	1.2477	13
重庆－荣昌	1.2326	14
重庆－梁平	0.9329	15
重庆－万州	0.8862	16
重庆－黔江	0.5820	17
重庆－忠县	0.5215	18

2. 分层情况

具体看来，如表 4－11 所示，成渝地区双城经济圈中心城市的资金流强度极强的城市组合分别是成都－德阳、成都－眉山、成都－资阳、成都－自贡、成都－绵阳、重庆中心城区－璧山、成都－乐山、成都－雅安，资金流强度超过了 5，表现出极强的资金辐射效应。成都市利用自身的经济发展优势对周围地区产生了较强的资金溢出和辐射效应，而璧山区则凭借“西向”的发展契机，接受了来自重庆中心城区极强的资金流辐射。

表 4－11　　2022 年资金流强度 CF >5 的城市组合

城市	资金流强度	排名
成都－德阳	19.9088	1
成都－眉山	17.9936	2

续表

城市	资金流强度	排名
成都－资阳	10.9751	3
成都－自贡	7.4856	4
成都－绵阳	7.3946	5
重庆中心城区－璧山	7.1659	6
成都－乐山	5.1719	7
成都－雅安	5.0266	8

表4－12展示了成渝地区中心城市资金流强度达到较强（$1<CF<5$）水平的前二十强城市组合。其中，重庆中心城区－江津的资金流强度达到了4.8326，在资金流强度$1<CF<5$的层级排名第一，这主要得益于重庆市同城化进程的推进，作为同城化发展先行区，江津受到了重庆中心城区较大的资金流辐射。

表4－12　2022年资金流强度$1<CF<5$前二十强

城市	资金流强度	排名
重庆中心城区－江津	4.8326	1
成都－遂宁	4.2965	2
潼南－成都	4.1796	3
荣昌－成都	4.0244	4
重庆中心城区－合川	3.9058	5
成都－内江	3.8636	6
重庆中心城区－铜梁	3.6785	7
重庆中心城区－长寿	3.4164	8
重庆中心城区－綦江	3.3139	9
重庆中心城区－永川	3.1735	10
成都－泸州	2.7187	11
重庆中心城区－广安	2.5646	12
大足－成都	2.3119	13
铜梁－成都	2.2177	14
重庆中心城区－南川	2.1235	15

续表

城市	资金流强度	排名
重庆中心城区－涪陵	1.9587	16
成都－南充	1.8019	17
重庆中心城区－大足	1.7756	18
璧山－成都	1.7458	19
成都－宜宾	1.5357	20

（三）物资辐射流测算结果

1. 总体情况

本研究以两城市间的公路通车里程均值与年末货运量差值为引力变量，测算出 2022 年成渝地区双城经济圈中心城市物资流（GF）辐射结果（共计 594 个城市组合）。如图 4－7 所示，中心城市之间的物资流辐射总体表现较弱。物资流强度极强（GF > 10）、较强（1 < GF < 10）、一般（0.5 < GF < 1）、较弱（0.1 < GF < 0.5）、极弱（0 < GF < 0.1）的城市组合分别为 14 个、72 个、57 个、205 个和 214 个，物资流强度达到较强及以上程度的城市组合数量约占总量的 14%。整体看来，成渝地区中心城市的物资流强度较强，得益于较为完备基础设施建设，大多数地区都能受到区域中心城市的物资流辐射。

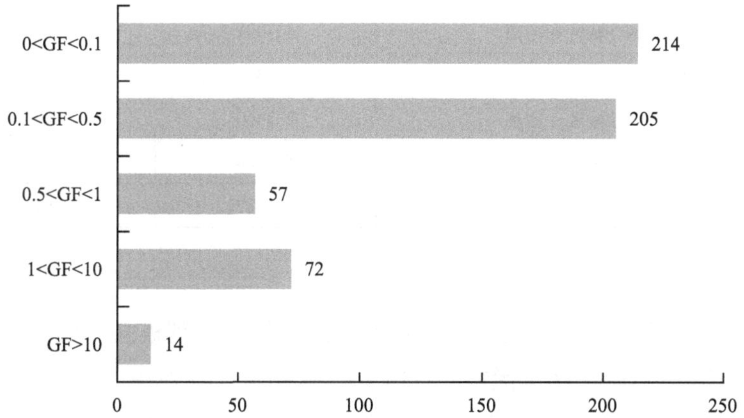

图 4－7　2022 年成渝地区双城经济圈中心城市物资流强度分布情况

如表4－13所示，从成渝地区双城经济圈内的重庆部分来看，重庆中心城区对周围地区的物资流辐射很强，特别是对璧山、江津、铜梁、合川、綦江、永川、长寿、南川、大足等地区，物资流辐射强度均超过10，处于极强的层级。重庆中心城区对璧山、江津、长寿、南川等主城新区产生了极强的物资流辐射，有利于推动主城新区扩容提质，有利于打造中心城区功能疏解承接地。

表4－13　2022年重庆中心城区物资流辐射情况

城市	物资流强度	排名
重庆中心城区－璧山	38.3976	1
重庆中心城区－江津	23.1419	2
重庆中心城区－铜梁	19.9353	3
重庆中心城区－合川	19.8699	4
重庆中心城区－綦江	16.9370	5
重庆中心城区－永川	16.2152	6
重庆中心城区－长寿	15.1316	7
重庆中心城区－南川	11.6624	8
重庆中心城区－大足	10.4355	9
重庆中心城区－潼南	7.1035	10
重庆中心城区－荣昌	6.7884	11
重庆中心城区－垫江	5.1003	12
重庆中心城区－涪陵	4.7922	13
重庆中心城区－丰都	4.7091	14
重庆中心城区－梁平	2.9491	15
重庆中心城区－忠县	2.3460	16
重庆中心城区－黔江	1.6564	17
重庆中心城区－万州	1.1887	18

2. 分层情况

表4－14展示了成渝地区中心城市物资流强度达到极强（GF>10）水平的城市组合。除了区位优势的影响，基础设施，特别是口岸物流的发展也对物资流辐射产生重要影响，例如，丰都与涪陵凭借口岸物流的合作，产生了高达18.5190的物资流辐射。

表 4-14　　2022 年物资流强度 GF > 10 的城市组合

城市	物资流强度	排名
重庆中心城区-璧山	38.3976	1
重庆中心城区-江津	23.1419	2
重庆中心城区-铜梁	19.9353	3
重庆中心城区-合川	19.8699	4
丰都-涪陵	18.5190	5
重庆中心城区-綦江	16.9370	6
涪陵-长寿	16.5551	7
重庆中心城区-永川	16.2152	8
重庆中心城区-长寿	15.1316	9
成都-眉山	12.5357	10
重庆中心城区-南川	11.6624	11
重庆中心城区-大足	10.4355	12
成都-资阳	10.1428	13
重庆中心城区-广安	10.0337	14

表 4-15 展示了成渝地区中心城市物资流强度达到较强（1 < GF < 10）水平的前二十强城市组合。成都-德阳以 8.3577 的强度排名第一，重庆中心城区的物资流辐射力在前十强中占据绝对优势。

表 4-15　　2022 年物资流强度 1 < GF < 10 前二十强

城市	物资流强度	排名
成都-德阳	8.3577	1
重庆中心城区-潼南	7.1035	2
重庆中心城区-荣昌	6.7884	3
重庆中心城区-垫江	5.1003	4
重庆中心城区-涪陵	4.7922	5
重庆中心城区-丰都	4.7091	6
重庆中心城区-遂宁	4.6134	7
万州-梁平	4.5234	8
重庆中心城区-南充	4.1312	9
成都-雅安	4.0331	10

续表

城市	物资流强度	排名
成都－雅安	3.8897	11
重庆中心城区－内江	3.8496	12
成都－绵阳	3.8439	13
涪陵－南川	3.5868	14
重庆中心城区－泸州	3.3744	15
南充－广安	3.3484	16
垫江－涪陵	3.1033	17
遂宁－南充	2.9491	18
重庆中心城区－梁平	2.9186	19
重庆中心城区－资阳	2.9042	20

（四）信息辐射流测算结果

1. 总体情况

本研究以两城市互相的百度日均搜索量为引力变量，测算出2022年成渝地区双城经济圈中心城市信息流（IF）辐射结果（共计520个城市组合）。如图4－8所示，中心城市之间的物资流辐射总体表现较弱。信息流强度极强（GF > 100000）、较强（50000 < GF < 100000）、一般（10000 < GF < 50000）、较弱（0 < GF < 10000）的城市组合分别为25个、22个、106和366个，信息流强度达到较强及以上程度的城市组合数量约占总量的9%。

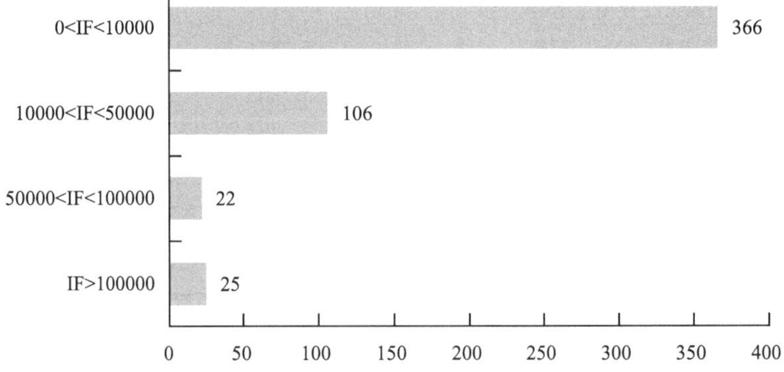

图4－8　2022年成渝地区双城经济圈中心城市信息流强度分布情况

如表4－16所示，从成渝地区双城经济圈内的重庆部分来看，重庆中心城区对周围地区的信息流辐射极强，由于信息流动的自由度高，重庆中心城区发出的信息辐射在空间上较为均衡。

表4－16　　2022年重庆中心城区信息流辐射情况

城市	信息流强度	排名
重庆中心城区－江津	430000	1
重庆中心城区－合川	422000	2
重庆中心城区－綦江	409000	3
重庆中心城区－永川	408000	4
重庆中心城区－荣昌	380000	5
重庆中心城区－璧山	370000	6
重庆中心城区－铜梁	354000	7
重庆中心城区－潼南	333000	8
重庆中心城区－大足	314000	9
重庆中心城区－南川	303000	10
重庆中心城区－长寿	230000	11

2. 分层情况

表4－17展示了成渝地区中心城市信息流强度达到极强（IF＞100000）水平的城市组合，表4－18展示了成渝地区中心城市信息流强度达到较强（50000＜IF＜100000）水平的前二十强城市组合。结果表明，信息流可以很好的突破地理条件的限制，产生较好的辐射效应，但同时也与地区经济发展水平高度相关。利用好信息流的前向功能与溢出效应，可以强化人才流、资金流、物资流的辐射效应。

表4－17　　2022年信息流IF＞100000的城市组合

城市	信息流强度	排名
重庆中心城区－成都	671000	1
重庆中心城区－江津	430000	2
重庆中心城区－合川	422000	3
重庆中心城区－綦江	409000	4

续表

城市	信息流强度	排名
重庆中心城区－永川	408000	5
重庆中心城区－荣昌	380000	6
重庆中心城区－璧山	370000	7
重庆中心城区－铜梁	354000	8
重庆中心城区－潼南	333000	9
重庆中心城区－大足	314000	10
重庆中心城区－南川	303000	11
重庆中心城区－涪陵	265000	12
重庆中心城区－万州	256000	13
重庆中心城区－长寿	230000	14
重庆中心城区－黔江	188000	15
重庆中心城区－忠县	173500	16
重庆中心城区－丰都	165000	17
重庆中心城区－垫江	157000	18
成都－宜宾	134000	19
成都－绵阳	133600	20
重庆中心城区－梁平	130000	21
成都－眉山	114200	22
成都－泸州	110200	23
成都－达州	107000	24

表 4－18　2022 年信息流 50000 < IF < 100000 前二十强

城市	信息流强度	排名
成都－南充	99200	1
成都－遂宁	98400	2
成都－乐山	96200	3
成都－雅安	96200	4
成都－德阳	88600	5
成都－资阳	85000	6
重庆中心城区－达州	81900	7

续表

城市	信息流强度	排名
成都 - 内江	80600	8
成都 - 自贡	80400	9
重庆中心城区 - 广安	79500	10
成都 - 广安	79400	11
重庆中心城区 - 泸州	79200	12
重庆中心城区 - 宜宾	77100	13
重庆中心城区 - 遂宁	70200	14
重庆中心城区 - 内江	65700	15
重庆中心城区 - 绵阳	63300	16
德阳 - 绵阳	62400	17
重庆中心城区 - 眉山	56700	18
重庆中心城区 - 乐山	56400	19
重庆中心城区 - 自贡	55800	20

第五章 我国主要经济圈（群）中心城市辐射带动能力比较分析

第一节 中心城市规模与层级比较分析

随着全球化的深入发展和城市化进程的加速，中心城市在推动区域经济增长中扮演着至关重要的角色。中心城市规模，作为一个多维度的概念，涵盖了经济规模、人口规模和空间规模等多个方面，其合理与否直接影响到城市群的经济发展态势。本研究旨在深入探讨中心城市规模与城市群经济增长之间的内在联系，以及如何通过优化中心城市规模来促进城市群经济的整体增长。

中心城市规模是一个综合性的概念，它不仅是指城市的人口数量或经济总量，更包括城市在空间布局、产业结构、人口结构等多方面的特征。具体来说，中心城市规模可以分为以下 3 个方面：一是经济规模：经济规模是指中心城市的经济发展水平和规模。一个城市的经济规模越大，其吸引和集聚资源的能力就越强，从而能够带动周边地区的经济发展。经济规模的提升不仅体现在 GDP 总量的增长上，更体现在产业结构的优化、科技创新能力的提升以及企业竞争力的增强等方面。二是人口规模：人口规模是中心城市规模的另一个重要方面。人口数量的增加意味着城市劳动力资源的丰富和消费市场的扩大，这对于促进城市经济增长具有重要意义。同时，人口规模的扩大也需要相应的城市基础设施和公共服务的完善来支撑。三是空间规模：空间规模是指中心城市在空间上的布局和扩展情况。一个合理的空间规模能够使城市资源得到优化配置，提高城市运行效率。同时，随着城市空间的扩展，城市的辐射范围和影响力也会相应增强。

中心城市规模与城市群经济增长之间存在着密切的联系。一方面，中心城市作为城市群的核心和龙头，其规模的大小直接影响到城市群的整体发展水平；另一方面，城市群的经济增长也需要中心城市的带动和引领。具体来说：中心城市作为城市群的龙头和核心，其经济规模和人口规模的扩大能够产生强大的集聚效应和辐射效应。集聚效应能够吸引更多的资源和要素向中心城市集聚，形成规模经济和范围经济效应；辐射效应则能够将中心城市的先进技术和管理经验向周边城市扩散，带动整个城市群的经济发展。城市群的经济增长需要中心城市的带动和引领，但同时也对中心城市规模提出了要求。一方面，城市群经济增长需要中心城市具有强大的经济实力和产业基础，以支撑整个城市群的产业发展；另一方面，城市群经济增长也需要中心城市在空间上形成合理的布局和扩展，以更好地发挥中心城市的辐射作用。

一、国内三大经济圈中心城市规模层级与空间分布

随着中国经济的高速发展，城市化进程如同燎原之火，迅速蔓延至全国各地。在这股浪潮中，三大城市群——长三角、京津冀和粤港澳，以其独特的地理位置、资源优势和政策支持，逐渐崭露头角，成为推动中国经济发展的重要引擎。回顾2000～2016年的这段时间，我们不难发现，这三大城市群的经济实力持续增强，其对全国经济总量的贡献也愈加显著。据统计，这十六年间，三大城市群占全国经济总量的平均比重高达37.8%，这一数字足以证明它们在中国经济版图中的重要地位。具体来看，2005年是一个值得铭记的年份。在这一年，三大城市群的经济占比达到了历史最高点，高达40.41%。这一成就的取得，既离不开国家对区域发展的战略部署，也离不开各城市群的自我创新和突破。然而，在随后的几年里，这一占比有所起伏，但总体上仍保持在较高水平。到2016年，三大城市群的经济贡献依然显著，占据全国经济总量的38.48%，其对于全国经济发展的引领作用持续显著。深入剖析各城市群的经济实力与演变态势，我们不难发现，长三角城市群在其中表现尤为突出，其经济实力与发展潜力均令人瞩目，成为了推动全国经济增长的重要力量。这个位于我国东部沿海的城市群，以其得天独厚的地理位置和资源优势，逐渐发展成为我国乃至全

球的经济中心之一。其经济规模最大，平均占比为19.76%，最高时更是达到了20.80%。这一成就的取得，与长三角城市群涉及的城市范围广、产业基础雄厚、创新能力突出等因素密不可分。京津冀城市群作为我国的政治、文化和科技创新中心，其经济规模也位居前列。这个位于我国北部的城市群，凭借其独特的区位优势和政策支持，逐渐发展成为北方地区的经济龙头。在深入探讨其经济实力时，京津冀城市群作为重要的一环，其在全国经济总量中的平均比重达到了显著的9.20%。值得注意的是，在2016年这一占比更是略有提升，达到了9.38%，这一数据突显了其在国家经济体系中的稳固地位。粤港澳城市群则以其开放的经济环境和灵活的市场机制，成为我国经济最发达、最具活力的地区之一。这个位于我国南部沿海的城市群，与香港、澳门等地区紧密相连，共同构建了一个国际化、现代化的经济体系。粤港澳城市群的经济规模与京津冀城市群相当，其在2016年的经济占比达到了9.12%，而平均占比则为8.85%。进一步观察三大城市群的经济占比变动趋势，我们不难发现一个共同的现象，即这些城市群的经济占比均呈现出略微下降的趋势。在三大城市群中，京津冀城市群和粤港澳城市群的占比波动尤为显著。这种波动可能源于多方面因素的综合影响，包括国家层面区域发展政策的调整、全球经济形势的变迁以及内部产业结构的调整等。这种动态变化不仅反映了城市群自身发展的复杂性，也揭示了区域经济格局演变的多元性和不确定性。然而，尽管面临诸多挑战和不确定性，这三大城市群依然是中国经济发展的重要支撑和引擎。

（一）京津冀地区中心城市规模层级与空间分布

京津冀城市群，作为中国北方地区的重要城市群，其发展历程、经济格局、交通联系以及城市间的互动关系都备受关注。从“京津唐”到“环渤海经济圈”，再到“首都经济圈”和“京津冀协同发展”的提出，这一区域的发展经历了多次重要转型和升级。京津冀城市群的发展历程可以追溯到上世纪80年代。当时，随着改革开放的深入，北京、天津和唐山等地区的经济得到了快速发展，初步形成了“京津唐”经济区的概念。进入21世纪，随着全球化的加速和区域一体化的推进，京津冀地区的发展迎来了新的机遇。2004 年，国家提出了“环渤海经济圈”的概念，旨在加强这一地区的经济合作和协同发展。随后，“十一五”规划启动京津冀都市圈规划编制，为京津冀地区的发展提供了更加明确的指导和支持。到了“十二五”规划期间，国家提出了“首都经济圈”的概念，进一步明确了京津冀地区在国家发展中的重要地位和作用。2018 年 11 月，随着京津冀协同发展战略的深入实施，京津冀城市群基本确定为北京、天津和河北省全境，国土面积达到 21.8 万平方公里。

京津冀城市群的经济格局以北京和天津为双核心，带动周边地区的发展。作为中国的首都，北京的显著优势贯穿于政治、文化、国际交流和科技创新等诸多领域。北京的经济社会发展各项指标均全国领先，尤其是以高新技术产业和现代服务业为代表的现代服务业在北京的经济发展中占据了重要地位。此外，北京还是京津冀地区的交通中心、信息中心和创新中心，对周边地区的发展起到了重要的辐射和带动作用。在京津冀城市群的构成中，天津作为其另一个核心城市，近年来在经济领域取得了瞩目的成就。该城市在多个关键产业领域，如电子信息、汽车产业、冶金、化工、生物技术与现代医药、新能源及环保等，均实现了显著的产业规模扩张和技术提升。这些产业的发展不仅提升了天津自身的经济实力，也为整个京津冀地区的经济发展注入了强劲动力。同时，天津还积极承接北京的产业转移和人口疏解任务，为京津冀协同发展作出了积极贡献。除了北京和天津外，河北省的石家庄、唐山等城市也在京津冀城市群中发挥着重要作用。这些城市在各自的产业领域具有一定的竞争优势和发展潜力，同时也积极加强与北京和天津的合作与交流，共同推动京津冀城市群的协同发展。京津冀城市群的交通联系十分密切，形成了较为完善的交通网络体系。北京作为区域的重要辐射中心，其交通联系量在京津冀地区中占据绝对优势地位。聚焦于城市间交通联系量，可以看出京津与京石之间的交通互动尤为显著。特别是京津之间的交通联系，其密集度显著超越了城市群内的平均水平，达到了平均值的数倍之多。这主要得益于两地之间的地理邻近性和经济互补性。这一发现不仅凸显了北京与天津两大核心城市之间的紧密经济和社会联系，也进一步验证了这两个城市在区域交通网络中的核心地位。同时，随着高速铁路、高速公路等交通基础设施的不断完善，京津冀城市群内部的交通联系也将更加便捷和高效。京津冀城市群的城市间互动关系主要体现在经济、文化、科技等多个方面。在经济方面，北京和天津作为核心城市，通过产业转移、投资合作等方式加强与周边城市的联系和合作。同时，这些城市也积极承接北京和天津的产业转移和人口疏解任务，为京津冀协同发展提供了有力支持。在文化方面，京津冀城市群拥有丰富的历史文化遗产和人文资源，这些资源为城市间的文化交流与合作提供了广阔的空间和舞台。在科技方面，北京作为科技创新中心，积极与周边城市开展科技合作与交流，共同推动科技创新和产业升级。

（二）长三角地区中心城市规模层级与空间分布

长三角地区，作为当前中国最大的经济核心区域，被世界广泛认可为六大城市带之一，它涵盖了江苏、浙江和上海两省一市的行政范围，共同进行区域规划，以上海市为整体发展的核心，各城市间既相互合作又存在竞争。长三角经济圈以其卓越的综合实力和巨大的增长潜能，已然成为中国经济版图中最为瞩目的区域之一。在城镇化进程方面，长三角地区已步入相对成熟阶段，城市群规模庞大且高度整合。截至2012年，长三角地区的城镇化率已攀升至66%，平均每万平方公里的城镇数量超过百个，这一数值显著超出全国平均水平的五倍以上。该地区多数城市沿江、沿线（主要指铁路交通干线）布局，形成了分工明确、互联互通的城市走廊，进一步强化了长三角经济圈内部的紧密联系和协同发展。这种城市布局模式有效地促进了区域内的经济交流和合作，使得上海市的经济辐射效应得以充分发挥，形成了有效的接力传递态势和“轴辐射”模式，极大地扩大了上海市的经济辐射范围。上海市作为长三角的中心城市，其辐射作用显著。上海通过向周边地区释放大量物流、资金流和技术流，带动了周边城市的经济发展。这种辐射作用不仅提升了长三角地区的整体经济实力，也加强了区域内各城市之间的联系和合作。例如，苏州市、无锡市、杭州市、宁波市等城市的人均GDP均达到3000美元以上，南京市的GDP增长更是高达12.8%，这些成就都离不开上海市的辐射带动。相较于京津冀城市群，长三角城市群的城市规模分布呈现出更为均衡的态势，各城市之间的规模差距较小。在长三角城市群中，上海市作为经济中心，其经济规模虽为最大，但经济占比仅为22.66%，这一比例远低于北京市在京津冀城市群中的主导地位。此外，作为第二梯队的南京市、杭州市和苏州市，其经济占比也呈现出一种均衡状态，分别占据8.45%、7.91%和6.44%的份额，三者的GDP占比总和与上海市相近。在2%～5%经济占比的区间内，则集中了一批如常州、宁波、无锡等城市，这些城市主要坐落于江苏省和浙江省，对长三角地区的经济发展贡献显著。这些城市在长三角城市群中扮演着不可或缺的角色，共同推动了整个区域的经济发展。从长期的变化趋势来看，2000～2016年，作为中心城市的上海市，其经济占比呈现出逐渐下降的趋势。这一变化反映了长三角城市群中其他城市的快速崛起和成长，表明了长三角城市群的城市规模结构正在趋于合理，各城市之间的经济差距正在逐渐缩小，进而形成一个更为均衡、多极化的经济发展格局。此外，南京市、杭州市、苏州市等城市的经济占比的稳步提升，进一步证实了长三角城市群的城市规模结构正逐步向更加合理的方向演进。这一趋势表明，区域内部的经济活力正在向多中心化发展，有助于促进区域经济的均衡增长和综合竞争力的提升。综上所述，长三角地区作为中国最大的经济核心区域，其城镇化发展成熟，城市群规模宏大，各城市间既相互合作又存在竞争。上海市作为中心城市，其辐射作用显著，带动了周边城市的经济发展。同时，长三角城市群的城市规模分布有序，各城市之间的经济差距不大，这为其未来的可持续发展奠定了坚实基础。

（三）粤港澳地区中心城市规模层级与空间分布

粤港澳大湾区，作为我国开放水平首屈一指、经济动能充沛的区域典范，近年来在全球经济舞台上扮演着举足轻重的角色。相较于知名的世界三大湾区纽约湾区、旧金山湾区和东京湾区，粤港澳大湾区不仅在经济体量上占据优势，更在开放度和交通物流方面展现出强大的竞争力。首先，从经济体量的角度看，粤港澳大湾区的经济实力不容小觑。以广州为例，这座粤港澳地区的中心城市，在2021年的人均GDP达到了惊人的15.04万元，相较于2020年，其增长率高达12.25%，这一数字不仅体现了广州自身经济实力的强劲增长，也映射出整个粤港澳大湾区经济的蓬勃发展态势。在粤港澳大湾区的城市群结构中，我们不难发现其独特的双核心城市发展模式。与京津冀城市群相类似，粤港澳大湾区的城市规模结构也呈现出以两个核心城市为引领的发展态势。广州市和深圳市作为粤港澳大湾区的两大核心城市，其经济占比在 2016 年分别达到了 28.81% 和 28.73%，两个城市的经济规模几乎相当，共同推动了整个大湾区的经济发展。除了广州和深圳，粤港澳大湾区还包括了许多其他经济活力旺盛的城市。具体而言，佛山市和东莞市在粤港澳大湾区的经济体系中，正逐渐展现出其独特的增长动力和经济实力。这两座城市的经济规模不仅实现了显著的增长，而且在区域经济发展中所占的份额也分别达到 12.72% 和 10.06%，彰显出它们在区域经济发展中的不可忽视的地位和贡献。尽管这两座城市的经济实力与广州和深圳有一定差距，但其在粤港澳大湾区的发展中同样扮演着举足轻重的角色。相比之下，珠海市、中山市和江门市等城市的经济规模则相对较小，但也在各自的领域内发挥着不可或缺的作用。

值得注意的是，针对于粤港澳大湾区，在对其各城市的经济规模差距进行深入探讨时，发现广州市与深圳市的差距并不显著。这两个城市不仅都是大湾区内的经济中心，而且其经济规模相当，均展现出巨大的体量。与广州市相比，佛山市和东莞市虽然也拥有可观的经济规模，但差距相对明显。具体来说，广州市的经济规模分别是佛山市和东莞市的 2.26 倍和 2.86 倍。这一差距虽然与长三角城市群中上海市与南京等城市的经济规模差距相当，但当我们放眼全国，尤其是与京津冀城市群相比，这种差距明显较小。京津冀城市群内部城市间的经济规模差异较大，而粤港澳大湾区则呈现出更为均衡的发展态势。这一数据从一个侧面反映出粤港澳大湾区各城市间经济发展的均衡性和协调性。从变化趋势来看，粤港澳大湾区的城市规模在近年来也发生了一些显著的变化。以广州市为例，这座城市在 2000 ~ 2016 年的城市规模几乎保持不变，这反映出广州市在保持经济稳定增长的同时，也在努力优化城市结构和提升城市品质。另外，在探讨深圳市的城市规模时，发现其虽然呈现出逐步扩大的趋势，但总体而言，其变化幅度并不显著。这一现象可能与深圳市的经济发展策略有关，即注重内涵式发展而非单纯追求规模扩张。在对比分析下，佛山市与东莞市的城市规模增长展现出更为显著的态势。具体而言，佛山市的城市规模从2000年的2.12%显著攀升至当前的12.72%，而东莞市则从6.51%的基数增长至当前的10.06%，这两座城市的经济实力在这段时期内实现了显著的跃升。这种变化不仅体现了这两座城市在粤港澳大湾区中的崛起，也反映出整个大湾区在推动区域协调发展方面所取得的成果。

二、成渝地区双城经济圈中心城市规模层级与空间分布

成渝地区双城经济圈引领西部经济发展。2022年，成渝地区双城经济圈经济总量约占全国总量的6.27%。成渝地区双城经济圈以成渝双核为引领，2021年重庆、成都分别实现2.79万亿元、1.99万亿元的生产总值；从经济增速看，四川、重庆、成都GDP保持快速的增长，2021年GDP实际增长8.2%、8.3%、8.6%，均高于全国和西部地区增速。2022年，重庆实现地区生产总值（GDP）29129.03亿元，比上年增长2.6%，成都实现地区生产总值（GDP）20817.5亿元，比上年增长2.8%。

川渝地区的城镇化进程显著加速，形成了鲜明的地域特征。具体而言，在2021年，成都和重庆的城镇化率分别达到了79.48%和70.32%，在2022年，成都和重庆的城镇化率分别是79.89%和70.96%，这一数据表明了两地的城镇化率在不断增长，且显著超越了全国的平均水平，显示出这两座核心城市在推动区域城镇化发展方面的引领作用。然而，尽管拥有如此强劲的双核驱动，2022年四川常住人口城镇化率为58.4%。这一数据表明，与2012年的43.4%相比，四川的城镇化水平在过去十年间有了显著的提升，但仍未能达到全国的平均水平，这一现象反映了四川省在城镇化进程中存在的区域不均衡性，以及进一步推进全面城镇化的潜力和挑战。然而，以提升幅度来看，川渝地区城镇化进度正以高于全国平均水平发展，未来随着成渝地区双城经济圈的一体化建设，四川和重庆的城镇化率将得到进一步提升，促进重庆、成都两大都市圈相向协同发展。

成渝地区双城经济圈核心城市虹吸效应明显，成渝双城成为西部地区人口聚集的一极。随着成渝地区双城经济圈城镇化推进和积极承接东部产

业西移，成渝地区双城经济圈基础设施及公共服务持续改善，经济对人口吸纳的能力逐渐增强，2010 年至 2021 年成都和重庆常住人口增量达到 714.40 万人、327.43 万人，核心双城消费能力领跑全国。在多年来的经济发展过程中，成渝地区双城经济圈城镇居民的可支配收入均保持了高于全国的增速。具体而言，2022 年，四川省城镇居民人均可支配收入：43233 元，较上年名义增长 4.3%；重庆市城镇居民人均可支配收入：45509 元，增长 4.6%。尽管这两项指标均显示出显著的经济活力，但与全国平均水平相比，仍有进一步的增长空间。值得一提的是，可支配收入的快速增长有力推动了巴蜀地区的消费总量持续提升，自 2012 年以来，成渝地区双城经济圈的社会消费品零售增速长期维持在全国平均增速之上，这一趋势不仅体现了区域经济的强劲势头，也为未来的消费市场拓展提供了坚实基础。

产业结构不断优化，高技术产业支撑工业高质量发展。从产业结构上看，过去十多年，川渝两地第三产业 GDP 占比提升显著，2022 年，重庆市的第一产业实现增加值 2012.05 亿元，增长 4%；第二产业实现增加值 11693.86 亿元，增长 3.3%；第三产业实现增加值 15423.12 亿元，增长 1.9%；成都市的第一产业增加值 588.4 亿元，增长 3.8%；第二产业增加值 6404.1 亿元，增长 5.5%；第三产业增加值 13825.0 亿元，增长 1.5%，两个城市在三次产业的发展上均有所差异，但都保持了稳定的增长态势。与此同时，成渝地区双城经济圈的高技术产业对工业高质量发展的支撑效应正在逐步显现，2020 年四川省高新技术产业总体规模突破 2 万亿元，在此基础上 2021 年规模以上工业中高新技术产业营业收入达到 1.83 万亿元，同比增长 26.6%，在规上工业营业收入中的占比从 2015 年的 27.1% 上升至 39.6%。

对外贸易发展势头依然良好。2018 年以来，四川、重庆的进出口金额增速均保持在 10% 水平之上，2022 年四川的进出口金额是 10076.7 亿元，首次突破一万亿大关，规模位列全国第 8，同比增长 6.1%。其中，成都市外贸进出口占四川进出口总值的 82.8%，达 8346.4 亿元，继续发挥外贸支撑作用。重庆进出口总额达 8158.35 亿元，创下历史新高，较上年增长 2%，占西部地区进出口总额的 21.1%。从贸易伙伴来看，川渝地区由于其优越的地理位置，成为了对东盟等“一带一路”国家贸易的重要枢纽。2021 年四川省对东盟出口贸易规模达 1319 亿元人民币，占全省出口总贸易规模的 23%，是四川省第一大贸易伙伴；重庆对东盟出口规模为 471 亿元人民币，占全市出口总贸易规模的 9%。从对外贸易的产品构成来看，川渝的对外出口产品主要集中于自动数据处理设备及其部件、集成电路等电子产品，未来有望在高新技术领助力内陆开放经济发展。

表 5－1　　2022 年成渝地区双城经济圈内各城市辐射力排名

	2021 年辐射力	排名		2022 年辐射力	排名
成都	0.72	1	成都	0.83	1
重庆	0.72	2	重庆	0.81	2
绵阳	0.06	3	绵阳	0.08	3
宜宾	0.04	4	宜宾	0.06	4
德阳	0.04	5	泸州	0.05	5
泸州	0.04	6	德阳	0.04	6
南充	0.03	7	南充	0.04	7
乐山	0.03	8	达州	0.04	8
眉山	0.03	9	广安	0.04	9
遂宁	0.02	10	眉山	0.03	10
达州	0.02	11	乐山	0.03	11
内江	0.02	12	遂宁	0.03	12
自贡	0.02	13	内江	0.02	13
广安	0.01	14	自贡	0.02	14
雅安	0.01	15	雅安	0.02	15
资阳	0.01	16	资阳	0.01	16

成渝地区双城经济圈作为中国西部的重要发展区域，其内部各城市的发展质量呈现出了显著的空间格局特征。这一格局的形成不仅反映了地理、历史和经济等多重因素的影响，也揭示了城市间相互作用与协同发展的复杂性。首先，从整个经济圈的宏观视角来看，成都和重庆主城区作为两大核心城市，其发展质量显著优于其他城市。这两大城市不仅在经济总量上占据领先地位，更在科技创新、文化教育、国际交往等方面具备强大

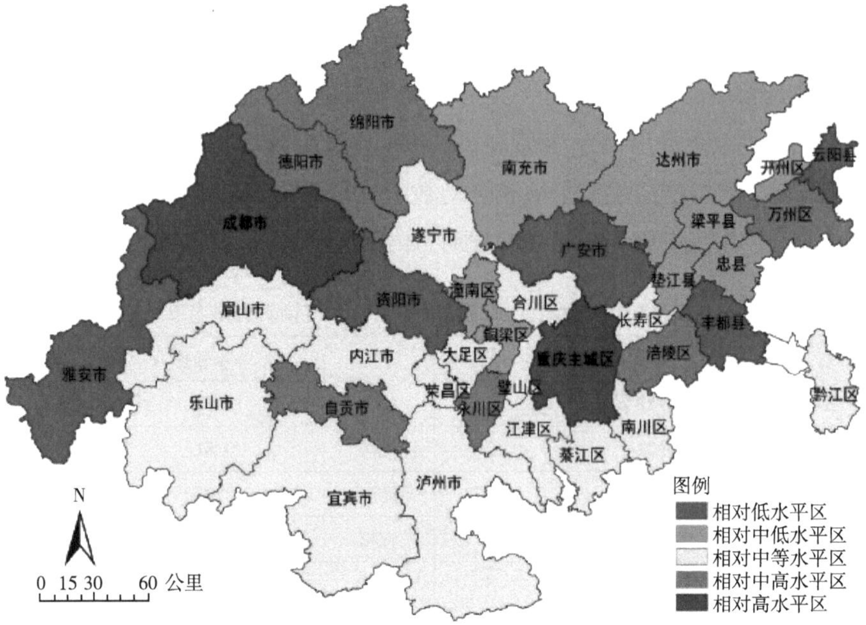

图 5－1　成渝地区双城经济圈各城市发展质量格局

的辐射力和影响力。具体而言，成都以其深厚的历史文化底蕴、强大的科技创新能力、宜居的生活环境，吸引了大量的人才和资本聚集，成为西部地区的重要中心城市。而重庆则依托其独特的地理优势和产业基础，在交通物流、装备制造、金融服务等领域形成了较强的竞争力。在两大核心城市的带动下，成渝地区双城经济圈内部形成了一批发展质量相对较高的次中心城市。这些城市在地理位置上紧邻核心城市，能够充分吸收和借鉴核心城市的优势资源和技术，通过溢出效应实现自身的快速发展。以德阳、绵阳、自贡为例，这些城市在承接成都产业转移、参与成都都市圈建设等方面取得了显著成效，成为成渝地区双城经济圈的重要支撑力量。同时，以重庆主城为核心的涪陵、永川、万州等城市也在交通物流、旅游服务等领域展现出较强的发展潜力。

然而，在成渝地区双城经济圈内部，一些城市的发展质量相对滞后，这些城市普遍位于经济圈的中部或边缘地带。其发展滞后主要归因于地理位置的偏远、资源禀赋的不足以及产业结构的局限等多重因素的制约。特别是雅安、云阳、广安等城市，它们多处于核心组团之外的经济圈边缘或省际接壤的边界区域，这导致它们的经济发展相对缓慢。这些城市在基础设施建设、产业发展、公共服务等方面存在较大短板，需要加大投入力度，加强区域合作，实现协同发展。针对成渝地区双城经济圈内部城市发展质量的不均衡问题，需要采取一系列措施加以解决。首先，要加强核心城市与次中心城市的联系与合作，推动产业协同、资源共享和优势互补。其次，要加大对边缘地区和低质量发展城市的扶持力度，改善其基础设施和公共服务条件，提高其自我发展能力。同时，还要加强区域合作与交流，打破行政壁垒和市场分割，推动要素自由流动和优化配置。总的来说，基于空间布局视角，成渝地区双城经济圈内部的城市发展质量展现出一种层次化的特点，具体表现为以核心城市为引领的高质量发展区域，以及中部和边缘地带相对滞后的发展态势，形成了“核心高，中部、边缘低”的空间格局。要推动整个经济圈的协同发展，需要充分发挥核心城市的引领作用，加强次中心城市的建设和培育，同时加大对边缘地区和低质量发展城市的扶持力度，促进整个经济圈的均衡发展。

三、对比分析

京津冀城市群的双中心发展模式——北京和天津，凸显了这两个城市在区域内的核心地位。北京作为首都，其政治、文化和科技创新的优势显著；而天津作为北方的经济中心，其工业基础和港口优势不可忽视。粤港澳大湾区和成渝双城经济圈同样采取了双中心的发展模式。前者由香港、澳门和内地的广州、深圳等城市组成，后者则是以成都和重庆为核心。这些城市群的双中心模式有助于实现资源的优化配置和经济的协同发展。然而，长三角城市群则展现出了不同的面貌——“一中多副”的发展模式。上海作为长三角地区的中心城市，其经济规模庞大，影响力深远。同时，南京、杭州、苏州等副中心城市也在各自的领域内发挥着重要作用。这种发展模式使得长三角城市群的经济增长更为均衡，同时也为区域内的城市提供了更多的发展机遇。基于城市规模结构的角度看来，京津冀城市群内部存在着显著的差异性，这种差异性在各大城市群中表现得尤为突出。这主要是由于北京和天津作为核心城市的经济规模远大于其他城市，而周边城市的发展相对滞后。相比之下，粤港澳地区及成渝双城经济圈的内部城市规模结构较为均衡，但也存在一定差距。长三角城市群的内部城市规模结构最为合理，这得益于其“一中多副”的发展模式，使得各城市能够在各自的领域内发挥优势，实现经济的协同发展。

为了进一步区分各大城市群中心城市规模差异，我们可以借鉴赫芬达尔指数原理。这个指数通过计算城市群中各城市 GDP 占比的平方和来反映城市群经济的集中度以及城市间的规模差距。城市经济占比的提升往往伴随着 HHI 指数的上升，这一变化趋势反映了城市间经济规模差距的扩大。相反地，若 HHI 指数下降，则暗示着城市间的经济规模差距正在逐渐缩小。在京津冀城市群中，HHI 指数近年来呈现出快速上升的趋势。这主要是由于北京和天津的经济规模持续扩大，而周边城市的发展相对滞后。这种趋势使得城市间的差距逐渐扩大，可能会对区域内的经济协同发展产生一定的负面影响。然而，随着京津冀协同发展战略的深入推进，未来这种趋势有望得到缓解。在粤港澳大湾区中，HHI 指数的变化相对较为平缓。这主要得益于香港、澳门和内地的广州、深圳等城市之间的紧密合作和协同发展。尽管这些城市在经济规模上存在一定的差距，但它们之间的互补性和合作性使得整个区域的经济保持了相对稳定的发展态势。成渝双城经济圈在近年来也呈现出 HHI 指数上升的趋势。这主要得益于国家对成渝地区的政策支持和投入增加。随着成渝地区双城经济圈的不断发展壮大，未来这个区域有望成为西部地区的重要经济增长极。长三角城市群的 HHI 指数在近年来也呈现出上升的趋势。但与其他城市群相比，其上升速度相对较慢。这主要得益于长三角城市群内部各城市之间的紧密合作和协同发展。同时，上海作为中心城市的辐射带动作用也日益明显，为整个区域的经济增长提供了强有力的支撑。总体而言，四个城市群的 HHI 指数均显示出一种具有波动性的增长趋势，即体现为各城市群内部经济规模差异的逐渐扩大。但不同城市群之间以及同一城市群内部各城市之间在经济发展模式、内部城市规模结构以及中心城市规模差异等方面存在差异。

一是京津冀城市群。在 2000 ~ 2005 年，北京市的经济规模呈现出显著的上升趋势，成为推动整个城市群 HHI 指数上升的主要力量。这一时期，北京市凭借其独特的政治、文化和科技优势，吸引了大量的投资和人才，推动了经济的高速发展。而其他城市的经济规模则相对保持不变，形成了明显的“中心—外围”发展模式。然而，在 2005 ~ 2010 年，北京市和其他城市的经济规模均变动不大，导致城市群的 HHI 指数保持稳定。进入 2010 年之后，天津市的经济规模开始快速增长，成为新的增长极。与此同时，北京市的经济增长势头有所放缓，但仍然是城市群的重要中心。天津市的经济规模扩大，对城市群内部城市规模分布产生了重要影响，使得城市群内部的城市规模分布逐渐显露出断层的现象。截至 2016 年，北京市经济占比达到 36.77%，天津市的经济占比上升至 25.62%，而经济规模第三位的唐山市经济占比仅为 4.76%，这进一步证明了城市群内部城市规模分布的不均衡性。二是粤港澳大湾区。在 2000 ~ 2016 年，广州市的经济规模保持稳定，波动较小。而深圳市和东莞市的经济规模则呈现出较大的增长趋势。在 2000 ~ 2005 年，深圳市的经济规模从 22.14% 上升到 27.14%，东莞市的经济占比从 6.5% 上升到了 11.96%。这两个城市的快速发展，推动了整个城市群 HHI 指数的上升。在这一时期，深圳市和东莞市的经济规模上升，使得城市群内部的大中城市更加突出，形成了多中心的发展格局。进入 2010 年之后，多个城市开始主导 HHI 指数的上升，包括广州市、深圳市和佛山市等。在城市群发展的背景下，部分城市的迅猛增长促进了城市群内部城市规模的合理分布，并有助于副中心城市的崛起以及双中心发展模式的建立。截至 2016 年，深圳市的经济总量已与广州市持平，两市共同构成了粤港澳城市群的主要中心。与此同时，佛山市与东莞市则作为次级中心，也在区域发展中扮演着重要角色，支撑着区域经济的多元发展。这种多中心化的发展模式，不仅维持了粤港澳大湾区经济的快速增长，也促进了区域内部的均衡发展。三是长三角城市群。与京津冀和粤港澳大湾区相比，其核心城市——上海市的经济规模呈现逐年下降的趋势。与此同时，对于邻近的南京市、苏州市和杭州市来说，其经济规模却呈现出逐年增长的态势。这种经济规模的反向变动导致长三角城市群的 HHI 逐年上升，反映出南京市、苏州市和杭州市的经济规模增长对 HHI 指数的影响日益显著，揭示了这些城市在区域经济中的重要性正逐步增强。这种变化态势显著地揭示了一个重要趋势：长三角城市群正逐渐演进为一个以上海市为核心，同时以南京市、苏州市和杭州市为重要副中心的全新发展格局。这种多中心的发展格局有助于缓解上海市的城市压力，同时也能够促进周边城市的发展。2016 年，南京市、苏州市和杭州市三市的经济体量均取得了显著增长，其经济规模已经与上海市的经济体量相接近，甚至在某些领域达到了相当的水平。这进一步证明了长三角城市群多中心发展格局的形成。

在成渝地区双城经济圈中心城市层级规模方面。相较于国内其他三大增长极——长三角地区、粤港澳大湾区和京津冀地区，成渝地区的中心城市层级规模仍然存在较大差距，尤其是经济空间分布不均衡和各地区经济水平差距较大的问题亟待解决。成渝双城经济圈的核心城市主要以重庆主城区和成都为主。这两座城市作为区域发展的“双核”，不仅在经济体量、人口规模上占据绝对优势，还在产业布局、科技创新、基础设施建设等方面具有显著引领作用。特别是它们的 HHI（赫芬达尔—赫希曼指数）指数保持强势上升态势，显示出较高的产业集聚度和市场集中度。然而，这种“双核”驱动的发展格局也带来了一个问题，即其他区县、市州等地的发展相对滞后。虽然成都下辖中心城区及重庆都市圈内部中心城区等县市的 HHI 指数上升幅度较均匀，但其他地区在 2000～2020 年 HHI 指数的上升速度相对较慢，这反映出区域经济发展的不均衡性。从经济体量来看，成渝地区双城经济圈总面积达 18.5 万平方公里，汇集了近 1 亿的常住人口。2021 年其 GDP 总量约 7.4 万亿元，占全国 GDP 总量的 6.5%。虽然这一数字已经相当可观，但相较于其他几个主要城市群，其整体经济实力仍存在一定的差距。具体而言，与长三角地区高达 26.81% 的经济贡献率相比，成渝地区在区域经济中的权重显得较为逊色。同样，与粤港澳大湾区（内地九市）高达 73.57% 的经济贡献率相比，成渝地区亦表现出明显的差距。而京津冀地区，凭借北京、天津两大直辖市和河北省的协同发展，其 76.80% 的经济贡献率也显著领先于成渝地区。在人均 GDP 方面，成渝地区的表现同样不容乐观。2021 年成渝的人均 GDP 约为 7.55 万元/人，而粤港澳大湾区（内地九市）、长三角的人均 GDP 分别为 12.89 万元/人和 11.74 万元/人。这一数据反映出成渝地区在经济发展质量上还有待提升，尤其是要加快转变经济发展方式，提高经济增长的质量和效益。

在区域内部，成渝地区也面临着经济空间分布不均衡的问题。重庆主城区、成都市作为“双核”，其经济活力远超过其他地区。而川东北地区、渝东北地区和渝东南地区则是经济开发的低势能地区，这些地区的经济发展相对滞后，难以有效支撑整个区域的快速发展。从人口分布来看，成渝地区的人口主要集中在重庆主城区和成都市。这两座城市的常住人口均超过千万，是区域内的人口聚集中心。然而，像绵阳市等次级中心城市常住人口不足500万，城镇常住人口更是不足300万人。这种人口分布的不均衡性也限制了这些城市在区域发展中的潜力和作用。从经济总量来看，重庆主城区和成都市的GDP分别为2.15万亿元和1.99万亿元，对重庆市、四川省地区生产总值的贡献度分别达到77%和37%。相比之下，其他地区的GDP总量普遍较低，如北翼的绵阳—德阳区域、南翼的宜宾—泸州—永川—江津区域以及东北翼的万州—达州—开州区域等均未超过5000亿元。这表明成渝地区的经济发展主要集中在“双核”及周边地区而其他地区的经济活力相对较弱。为了解决这些问题促进成渝地区的均衡发展需要从多个方面入手包括加强区域合作推动产业协同发展优化人口布局提高城镇化水平等。只有这样才能充分发挥成渝地区的潜力推动整个区域的持续健康发展。

总言之，当我们深入探讨中国的主要城市群时，城市规模分布与结构的差异便显得尤为重要。在京津冀城市群中，我们观察到其内部城市规模差距尤为显著，且这一差距正随着时间的推移而逐渐扩大。这种日益加剧的不合理规模结构，凸显了区域内资源分配、城市规划与发展策略的挑战。为了促进该区域的均衡发展，需要采取更为精细和均衡的发展策略，确保各城市能够共同分享发展机遇。相比之下，粤港澳大湾区的城市规模差距虽然也在逐步扩大，但这一趋势的幅度相对较小。值得一提的是，该区域除了拥有广州市和深圳市这两个超大城市外，还涌现出了一批中大城市，使得城市分布相对更为合理。这种多极化的经济格局，有助于提升整个区域的综合竞争力，并为未来的可持续发展奠定了坚实基础。成渝双城经济圈则具有独特的双核结构。重庆主城与成都两大核心城市引领着周边城市的发展，但这种发展模式也导致了一个明显的趋势：离中心城区越远，城市发展规模越趋缓慢。为了打破这一局面，加强交通基础设施建设和优化区域发展策略显得尤为关键。而长三角城市群的城市规模和结构分布较为合理。该区域逐步形成了一个中心、多个副中心的发展格局，这种布局不仅有助于减轻单一中心城市的压力，还提高了整个区域的稳定性和韧性。

第二节　中心城市辐射范围比较分析

一、国内主要经济圈中心城市辐射范围

（一）京津冀中心城市辐射范围

京津冀城市群的中心城市主要包括北京和天津，这两个城市在区域发展中起到了核心的引领作用。采用几何间隔分级法将北京市城区与天津滨海新区辐射范围内城市分别划为三个等级。在北京市城区辐射圈内，与北京市城区紧密联系的城市有：大兴区、昌平区、通州区、房山区、顺义区、保定市城区、门头沟区、怀柔区、廊坊市城区、密云县、高碑店市、延庆县。以上大部分城市位于北京市城区周围，其中保定市城区、高碑店市与北京市城区联系比其周围城市联系密切，虽距离核心城市距离较远，但同属于紧密联系层，是京津冀城市群的重点发展区。属于次紧密联系层的有：平谷区、三河市、大厂回族自治县香河县、宝坻区、丰润区、丰南区、张家口市城区、宣化区、下花园区、承德市城区、滦平县、承德县、秦皇岛市城区、涞水县、易县、定兴县、徐水县、涿州市、固安县、雄县、霸州市、文安县、任丘市、大城县、肃宁县、定州市、泊头市，这些城市为京津冀城市群的主要发展区。辐射圈内的其他剩余城市均为京津冀城市群的辐射带动区。天津滨海新区辐射圈内，属紧密联系层的城市有：天津市城区、津南区、武清区、北辰区、西青区、东丽区、唐山市城区、沧州市城区，为京津冀城市群重点发展区。属于次紧密联系层的主要发展区的有：静海县、青县、黄骅市、宁河县、蓟县、迁安市、滦县、昌黎县、滦南县、黄骅市、东光县、吴桥县、衡水市城区。其他地区均为天津市滨海新区辐射带动区域。核心城市辐射圈外的其他城市就是京津冀城市

群核心城市的辐射外围区（见表5－2、图5－2）。

表5－2　　　　　京津冀城市群中心城市辐射范围

类别	辐射城市
中心城市	北京市城区、天津市滨海新区
重点辐射区	大兴区、昌平区、通州区、房山区、顺义区、门头沟区、怀柔区、密云县、延庆县、天津市城区、北辰区、武清区、东丽区、西青区、津南区、高碑店市、保定市城区、沧州市城区、唐山市城区、廊坊市城区
主要辐射区	平谷区、宝坻区、宁河县、静海县、蓟县、张家口市城区、宣化县、下花园区、秦皇岛市城区、昌黎县、滦县、迁安市、滦南县、丰润区、丰南区、承德市城区、承德县、滦平县、三河市、大厂回族自治县、香河县、固安县、霸州市、文安县、大城县、青县、任丘市、肃宁县、泊头市、东光县、黄骅市、吴桥县、衡水市城区、涞水县、易县、涿州市、定兴县、徐水县、容城县、雄县、定州市
辐射带动区	中心城市辐射勤圈内其他城市
辐射外围区	京津冀范围内其他城市

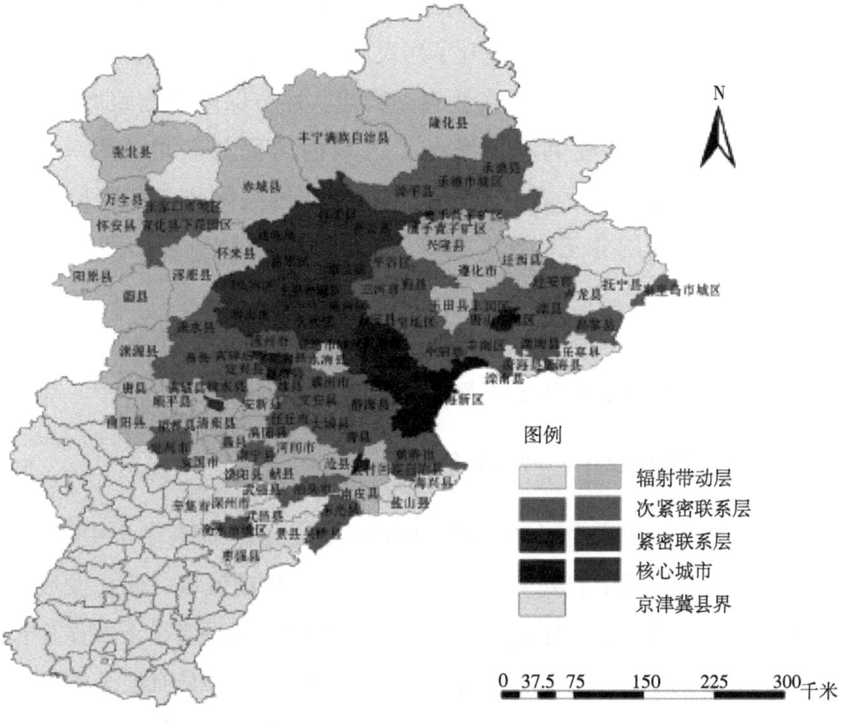

图5－2　京津冀中心城市辐射范围图

京津冀城市群的中心城市在区域发展中扮演了多重关键角色：

（1）经济发展的引领者。北京作为国家首都，天津作为直辖市，以及河北省的省会石家庄，这些城市在推动区域经济增长、提升区域经济整体实力方面发挥了重要作用。北京和天津的 GDP 增长对整个京津冀地区的经济规模扩大和质量提升起到了显著的推动作用。（2）非首都功能疏解的承接地。北京城市副中心和河北雄安新区的建设，是京津冀协同发展中的重要举措，旨在疏解北京的非首都功能，优化提升首都核心功能，解决北京“大城市病”问题。（3）交通一体化的枢纽。京津冀城市群通过建设城际高铁等交通设施，形成了以北京、天津、石家庄等城市为核心的交通网络，促进了区域交通一体化，加强了城市间的联系和互动。（4）创新与科技发展的中心。京津冀城市群依托北京的科研教育资源和天津的先进制造业基础，推动了区域协同创新和产业升级，共建京津冀国家技术创新中心，促进了科技成果的转化和应用。（5）生态环境保护的示范者。京津冀城市群在生态环境联防联控方面加强合作，通过重大生态工程建设，改善了区域的大气环境和水环境，提升了居民的生活质量。（6）公共服务共建共享的推动者。京津冀城市群在教育、医疗、社会保障等方面加强合作，推动了公共服务的共建共享，提高了区域内居民的获得感和幸福感。（7）区域协调发展的先行者。京津冀城市群通过优化城市布局和空间结构，促进了城市间的分工协作，提升了城市群的整体竞争力和综合承载能力。

这些角色的扮演，体现了京津冀城市群中心城市在推动区域协调发展、促进区域一体化、提升区域竞争力等方面的积极作用。

（二）长三角地区中心城市辐射范围

长三角地区，作为中国经济最活跃的区域之一，拥有多个中心城市，这些城市在区域发展中起到了辐射带动作用，在推动区域一体化发展中也扮演了多重关键角色，具体包括：（1）经济增长的引领者。上海作为长三角地区的龙头城市，其经济实力对整个区域的经济增长具有显著的带动作用。上海的 GDP 占整个地区的 45%，人口总量也占到近 25%，其发展水平和经济活力对周边城市产生辐射效应。（2）区域协调的示范。长三角地区的中心城市通过一体化发展，形成了区域协调发展的新模式。例如，上海与苏州之间的产业分工协作紧密，为其他城市提供了合作发展的范例。（3）基础设施建设的先行者。中心城市在基础设施建设方面发挥引领作用，推动了区域交通网络的完善。例如，长三角区域已基本形成以中心城市为主要资源配置节点向外辐射的较为密集的一体化高铁网络。（4）改革开放的试验田。长三角地区的中心城市在改革开放方面先行先试，为其他地区提供了可借鉴的经验。上海自贸试验区的建设，为推动更高水平的对外开放提供了重要平台。（5）创新驱动的策源地。中心城市在科技创新方面发挥引领作用，推动了区域创新能力的提升。上海张江、安徽合肥综合性国家科学中心的建设，为区域科技创新提供了重要支撑。（6）公共服务的共享平台。中心城市通过提升公共服务水平，推动了区域内基本公共服务的便利共享，如医疗、教育等领域的合作，提高了居民的生活质量。（7）生态环境保护的引领者。中心城市在推动区域生态环境共保联治方面发挥了重要作用，通过跨区域的生态保护合作，共同应对环境问题，提升了区域的生态环境质量。（8）政策协同的推动者。中心城市在推动区域政策协同方面发挥了关键作用，通过建立统一开放的市场体系，促进了人力资源、资本等要素的自由流动。（9）产业升级的带动者。中心城市通过推动产业结构优化升级，带动了区域产业的协同发展，形成了具有全球竞争力的产业集群。（10）区域一体化的辐射中心。中心城市通过提升自身的经济集聚水平和辐射能力，对周边城市产生了积极的带动作用，推动了区域一体化进程。

综上所述，长三角地区的中心城市在推动区域一体化发展中发挥了多方面的关键作用，不仅在经济、基础设施、创新、开放等方面引领区域发展，还在政策协同、公共服务、生态环境保护等方面发挥了重要作用，为区域一体化提供了有力支撑。

根据断裂点理论的计算公式，我们可以得知一个城市的经济辐射力与其他城市之间的空间距离是有关系的。因此，为了确定长三角地区中心城市（上海）对其他城市经济辐射的范围，我们可以通过测量上海与这些城市之间的直线距离来进行估算。具体操作可以通过使用百度地图中的标尺工具，来获取上海与15个其他城市之间的直线距离数据（见表5-3）。

表 5－3　长三角经济圈各主要城市与中心城市距离

城市	南京	无锡	常州	苏州	南通	扬州	镇江	泰州
距离	270.3	114.1	156.9	85.6	101.3	235.6	220.9	200.5
城市	杭州	宁波	嘉兴	湖州	绍兴	舟山	台州	
距离	167.2	151	86.8	140.1	159.9	155.2	288.2	

在构建了一套评价城市经济辐射力的体系之后，我们进一步利用了该体系中定义的辐射力计算公式。我们选取了 2010～2020 年，长三角地区 16 个核心城市的统计数据作为研究样本，对这些城市在近 11 年的经济辐射力进行了深入的比较和分析。

此外，通过百度地图的标尺工具，我们测量了上海市与长三角其他城市之间的直线距离。结合这些空间距离数据和各城市在相同时间段内的经济辐射力数值，我们能够计算并分析出在过去 11 年中，上海市与其他城市之间辐射范围的断裂点是如何变化的，以及这些城市辐射力的场强变化情况。这一分析有助于我们更好地理解城市间的经济互动和区域发展动态（见表 5－4）。

表 5－4　辐射范围断裂点的变化趋势以及场强的变化情况

年份＼城市	上海	南京	无锡	常州	苏州	南通	扬州	镇江
2010	10913436	2837566	2606517	1402327	4386563	1599646	861639	758471
2011	12971334	3397081	3161259	1773122	5428179	2025528	1034805	933749
2012	14754595	3917578	3636842	2163424	6356492	2492317	1263022	1092461
2013	16555651	4405177	4110990	2620669	7252247	2907283	1560655	1272203
2014	19801511	5320720	4874801	3269741	8411673	3576907	2032765	1574942
2015	20142366	6308429	5787635	3843255	9023711	4265360	2321363	2072351
2016	21956701	7832572	9310610	5374538	15180051	5262581	3002934	3032840
2017	24377402	8871321	7757510	5063675	12942535	5810211	3199900	2643761
2018	26312139	10397614	8607316	5862665	14490246	6918786	3820972	3172122
2019	27905668	11288897	9385739	6398309	15940501	7938158	4300148	3659612
2020	29394528	11972207	10482528	7131823	16528516	9118649	5006639	4240943

续表

年份 城市	泰州	杭州	宁波	嘉兴	湖州	绍兴	舟山	台州
2010	767760	3266275	2663094	1406642	729984	1485255	298446	1139111
2011	961363	3853488	3252646	1594081	835316	1667595	362652	1325921
2012	1194652	4262965	3790694	1830539	970319	1940015	474917	1562995
2013	1481514	4729586	4158530	2051182	984047	2144439	583803	1780659
2014	1906267	5804620	4801529	2415630	1179037	2517775	735968	2055090
2015	2393959	6801911	5529908	2858776	1429817	2889459	872671	2318984
2016	3264071	8125828	6375627	3449104	1663416	3399579	969192	2734903
2017	2794183	9203137	7129325	3725044	1905251	3937472	1131532	3125107
2018	3668979	10508741	8208185	4143815	2227076	4533437	1320168	3674652
2019	3896863	11514118	9285962	4755638	2497656	5098855	1557391	4285878
2020	4632403	12852584	10282482	5380997	2841916	5586255	1888903	4781190

在对长三角地区 16 个核心城市与上海的经济联系进行深入分析时，我们从两个维度进行了考量：时间序列的纵向比较和不同城市间的横向比较。

首先，从纵向角度来看，随着时间的推移，上海作为长三角地区的经济中心，与区域内其他次中心城市的经济联系呈现出显著增强的趋势。这种增强不仅体现在贸易往来和投资流动上，还反映在上海对这些城市经济辐射力的持续增长上。其次，通过横向比较，我们结合了前文提到的经济辐射力数据和断裂点的计算结果。分析显示，与上海地理距离较远的城市，其经济辐射力的断裂点也相对较远。这意味着，这些城市与上海在经济实力上的差异更为明显。相反，那些距离上海较近的城市，受到上海经济辐射的影响更大，经济活力得到了更有效的激发，与上海的经济差距也随之缩小。最后，整体而言，研究中的 15 个核心区中心城市与上海之间的经济差异正在逐步减小。这一现象在很大程度上得益于近年来长三角地区基础设施建设的持续完善，包括交通网络的扩展和互联互通的增强。这些进展促进了区域内的资源流动和市场一体化，进而推动了长三角城市群向更加紧密的经济共同体发展。

综上所述，通过综合考量时间序列和空间分布的多维度数据，我们能够更全面地理解上海与长三角其他核心城市之间经济联系的演变，以及区域一体化进程中的经济动态。

（三）粤港澳大湾区中心城市辐射范围

粤港澳大湾区是中国重要的经济区域，而中心城市在大湾区的发展中起到了核心引擎的作用，在推动区域一体化发展中也扮演着重要角色：

（1）经济引领作用。香港、澳门、广州和深圳作为大湾区的中心城市，它们在经济规模、产业结构、金融体系等方面具有显著优势，对周边城市产生辐射和带动作用，推动区域经济的整体发展。（2）国际科技创新中心。广州正努力建设成为粤港澳大湾区的国际科技创新中心，通过集聚全球高端创新资源，促进创新要素的跨境流动和区域流通，构建战略创新平台体系。（3）基础设施建设。中心城市在基础设施建设方面起到关键作用，通过推进交通、能源、信息等基础设施的互联互通，加强与周边城市的物理连接，促进人员、物资的高效流动。（4）市场一体化推动。中心城市通过放宽市场准入限制、优化市场准入环境，推动区域市场一体化，促进了区域内的贸易和投资自由化。（5）规则机制对接。广州等城市正在加快与港澳的规则对接，深化在人才培养、资格互认、标准制定等领域的合作，推动区域内的制度和政策协调。（6）公共服务合作。中心城市通过提供高质量的公共服务，吸引港澳居民到内地生活和发展，促进了区域内的社会融合和人才流动。（7）重大合作平台建设。中心城市加快推进如深圳前海、珠海横琴、广州南沙等重大合作平台的建设，作为深化改革、扩大开放、促进合作的试验示范。（8）文化交流与合作。中心城市利用其文化资源和影响力，促进区域内的文化交流与合作，增强区域内的文化认同和凝聚力。（9）环境保护与可持续发展。中心城市在环境保护和生态文明建设方面发挥引领作用，推动区域内的绿色发展和可持续发展。（10）“一国两制”实践。中心城市在“一国两制”框架下，探索与港澳的深度合作，丰富“一国两制”的实践内涵，保持港澳长期繁荣稳定。

根据第二章所采用的方法及大湾区相应数据，测算粤港澳大湾区中心城市辐射范围（见表5-5）。

在对粤港澳大湾区城市群的辐射力进行深入分析的过程中，我们观察到各个城市的平均辐射范围具有显著的层次化特点。在该城市群中，深圳、香港和广州由于其较大的辐射半径，分别达到了61.23公里、51.87公里和51.08公里，构成了辐射力的第一梯队。这些城市的辐射能力之所以强大，与它们雄厚的经济基础、发达的产业体系以及与其他城市的紧密产业联系密切相关。

表5-5　粤港澳经济圈中心城市辐射范围

	广州	深圳	珠海	佛山	江门	肇庆	惠州	东莞	中山	香港	澳门
广州	—	65.50	28.53	4.26	21.90	21.05	32.72	12.58	22.90	55.52	30.48
深圳	61.35	—	20.34	49.98	27.02	44.98	23.04	37.16	22.18	9.77	15.19
珠海	74.83	56.96	—	63.18	18.01	65.20	69.73	59.49	9.69	44.20	10.99
佛山	6.32	79.09	35.72	—	26.19	25.04	45.59	19.35	28.20	67.01	38.83
江门	60.00	79.06	18.82	48.42	—	50.15	76.90	54.34	9.50	64.16	28.70
肇庆	68.23	155.64	80.59	55.54	59.32	—	115.09	81.31	68.20	139.44	90.74
惠州	77.83	58.48	63.24	73.14	66.75	84.44	—	47.40	60.77	58.50	57.24
东莞	19.87	62.62	35.81	20.60	31.31	39.59	31.46	—	30.01	52.17	35.63
中山	63.21	65.37	10.20	52.52	9.56	58.07	70.53	52.49	—	50.85	18.87
香港	53.76	10.10	16.32	43.77	22.67	41.65	23.82	32.00	17.84	—	11.18
澳门	76.74	40.69	10.52	65.71	26.28	70.23	60.38	56.63	17.15	28.98	—
均值	51.08	61.23	29.10	43.37	28.09	45.52	49.93	41.16	26.04	51.87	30.72
D_a/D_b	0.60	0.61	0.37	0.51	0.36	0.32	0.39	0.49	0.36	0.60	0.38

紧随其后的第二梯队城市包括佛山、肇庆、惠州和东莞，这些城市的辐射半径介于35～50公里。这些城市的辐射力之所以相对较强，主要归功于它们自身坚实的产业基础，以及与区域内经济枢纽城市如广州和深圳之间高度的产业协同效应。相较之下，构成第三梯队的城市，如珠海、江门、中山和澳门，其辐射半径均小于35公里。这些城市的共同特征在于产业结构较为单一，经济体量较小，且在地理位置上与广州、深圳和香港等核心城市相距较远，这导致它们在对外辐射能力上存在一定的局限性。

粤港澳大湾区的四个中心城市在对比中我们发现，香港、深圳和广州的辐射的范围远超澳门。这些城市之所以能展现出辐射优势，不仅是因为它们拥有庞大的经济和人口规模，还与它们具备强大的综合实力、完善的基础设施、与区域内其他城市高度的产业协同以及便捷的要素流通有很大关系。具体来看，广州、深圳和香港这三个城市的辐射范围相近，其中广州的辐射范围为61.35公里，深圳为65.5公里。此外，广州与香港、深圳与香港之间的辐射范围也极为接近。

尽管平均断裂点距离可以作为衡量中心城市辐射力度的一个指标，但仅依赖这一指标来评价可能并不完全准确，因为地理位置和腹地范围的不同可能会影响其实际的辐射效果。以广州和深圳为例，尽管深圳的平均经济辐射范围为61.23公里，略高于广州的51.87公里，但如果综合考虑两城市的相邻城市布局和腹地空间大小，广州的辐射范围实际上可能更广。这是因为广州拥有更广阔的相邻城市和腹地空间，这可能使得其辐射能力在实际中更为显著。

为了更准确地衡量城市的综合辐射强度，本研究对断裂点模型进行了改进，衡量标准主要选取实际地理距离和断裂点的平均值。如果一个城市的经济辐射比值超过0.5，这通常意味着该城市拥有显著的对外经济辐射力；相反，如果比值低于0.5，则通常被视为受辐射城市。根据计算得出的数据，深圳、广州、香港和佛山的比值依次为0.61、0.6、0.6和0.51，均成功超越了0.5的临界值，这表明这些城市都具备较强的经济辐射能力。

综上所述，粤港澳大湾区内的城市辐射力呈现出明显的“中心—非中心”分布特征。深圳、广州和香港作为区域内的核心城市，对周边其他城市展现出了明显的辐射和引领作用。与此同时，随着经济的迅猛增长，佛山和东莞等城市正逐步发展成为具有对外辐射能力的城市。相对于这些城市，区域内的其他城市则主要承担着接受辐射的角色。这种层次分明的辐射力分布，为理解粤港澳大湾区城市群的经济互动和区域一体化发展提供了重要视角。

二、成渝地区双城经济圈的中心城市辐射范围

经济辐射力的强弱通常可以通过一个城市经济辐射范围的广度来直观体现。在对成渝城市群区域中心城市的经济集聚水平进行评估时，我们发现四川的绵阳、南充、乐山、泸州、宜宾，以及重庆的万州和黔江等城

市，在它们所处的区域内展现出较高的经济集聚度。这些城市不仅与周边地区保持密切的经济联系，而且拥有一定的经济辐射能力，能够作为区域中心城市，发挥辐射和带动作用。

为了更准确地测定这些城市的经济辐射范围，我们采用了断裂点模型与威尔逊模型相结合的方法。结合这两种模型的分析结果，我们可以识别出哪些城市在成渝城市群中扮演着更为重要的角色，以及它们如何通过经济活动和产业联系对周边地区产生影响。这不仅有助于我们了解区域经济一体化的进程，也为制定区域经济发展战略提供了科学依据。此外，通过深入分析这些城市的经济辐射力，我们能够更好地理解它们在成渝城市群中的经济地位和作用，以及如何通过优化区域经济结构和提升城市功能，来增强整个区域的竞争力。这对于推动成渝城市群的可持续发展，以及实现区域经济的均衡增长具有重要意义。

通过比较中心城市与周边城市的直线距离和断裂点距离，我们可以得出一些有意义的结论。以下是对不同区域城市辐射力的详细分析：（1）成都平原区域。绵阳和乐山之间的断裂点距离为193.06公里，这个数值超过了两个城市直线距离的一半，这表明绵阳在经济上的辐射能力已经扩展到了更广泛的区域。相比之下，当我们对比乐山与绵阳之间的断裂点距离时，发现这一距离为168.94公里，这一数值略低于两地直线距离的一半。这一数据表明，尽管乐山在经济上拥有一定的辐射范围，但其辐射能力并未覆盖到绵阳。（2）川南地区。泸州与宜宾之间的断裂点距离占两城市直线距离的50.9%。这一比例显示出泸州在经济辐射方面已经超越了宜宾。进一步分析断裂点位置与直线距离的比值，我们发现泸州和宜宾的辐射力都足以覆盖区域内的所有城市，在该区域内具有显著的经济影响力，且这种影响力在自贡市表现得尤为显著。（3）川东北地区。南充对周边城市的经济辐射能力从53.1%至55.3%不等，这表明南充的辐射范围相当广泛，涵盖了达州、广安、巴中和广元等城市。尽管南充在广元市的辐射作用较为集中，但与其他城市相比，南充的经济辐射能力并不是特别突出。（4）渝东北地区。万州与周边区县的断裂点距离普遍超过了这两地区直线距离的一半。这种现象揭示了断裂点之间存在的相互包容性，进一步表明万州的辐射范围不仅完全覆盖了区域内的所有区县，而且其在经济辐射方面对邻近城市展现出了显著的影响力。（5）观察渝东北范围内的经济格局，黔江与周边区域的断裂点距离也普遍超过了城市间直线距离的一半。这一数据反映了黔江在经济发展方面的领先地位，同时揭示了其对周边区县产生的积极经济辐射效应，体现了黔江在区域经济发展中的重要作用。黔江的经济辐射范围特别集中在酉阳县，显示出该县是黔江经济活动的主要受益区。

综上所述，我们可以得出以下结论：（1）绵阳市在成渝城市群中展现出最显著的经济辐射能力，其经济辐射范围的最大距离达到193.06公里。这一结果反映出绵阳市在区域经济集聚中扮演着核心角色，对周边城市具有较大的经济带动作用。（2）相比之下，黔江区的经济辐射范围则相对较小，其最大辐射距离为62.99公里。这可能与其相对较低的经济集聚水平有关，表明黔江区在区域经济中的影响力和辐射能力有待进一步提升。（3）经济辐射范围的大小与中心城市的经济集聚水平存在正向关联。经济集聚水平越高的城市，其经济辐射范围也越广，这表明城市经济实力是决定其辐射能力的关键因素。（4）中心城市与邻近城市之间的断裂点距离和之前通过计算得出的经济联系强度值之间存在一致的对应关系。城市间的经济联系越紧密，中心城市的辐射作用就越明显。这说明经济联系的紧密程度是影响辐射作用大小的一个重要因素。（5）不同中心城市与其区域内邻近城市之间的断裂值表现出显著的差异，这揭示了经济辐射力在各个区域之间分布的不均衡性。一些城市可能因为地理位置、经济结构、产业布局等因素，其辐射能力比其他城市更强。（6）尽管各区域中心城市在其所属区域内都具有一定的经济辐射作用，且辐射范围包括了区域内的大部分城市，但辐射作用的能力分布并不均衡。这意味着在推动区域经济一体化和协调发展的过程中，需要考虑不同城市之间的差异，采取有针对性的措施来优化资源配置和产业布局。（7）为了进一步提升区域经济的整体竞争力，有必要加强对中心城市的培育和支持，发挥其在区域经济中的引领作用。同时，也要关注那些辐射能力较弱的城市，通过加强基础设施建设、优化产业结构、促进创新等措施，提升其经济集聚水平和辐射能力。（8）区域经济的协调发展也需要中心城市与周边城市之间的良性互动。通过加强区域合作、促进产业互补、优化交通网络等手段，可以增强城市间的经济联系，提高整个区域的经济活力和辐射力。（9）政策制定者和城市规划者在制定区域发展战略时，应充分考虑各城市的经济辐射力和辐射范围，合理规划城市空间布局和产业布局，以实现区域经济的均衡发展和可持续发展。

我们利用了断裂点公式来确定中心城市的辐射范围，这种方法源自零售引力模型的基本原理。该模型提出两个中心城市能够将它们之间的市场进行划分，这使得我们能够对每个中心城市的经济辐射范围进行量化的评估。在使用断裂点模型的过程中，我们发现在相同方向上，不同城市的断裂点也许会相互包含，也就是说，距离较远城市的断裂点有可能包含距离较近城市的断裂点。这种包含关系会随着中心城市与目标城市之间距离的增加而变得更加显著。此外，断裂点模型揭示了中心城市的辐射范围存在一个临界距离，我们称之为辐射半径。超过这个辐射半径的距离，中心城市对外围地区的经济辐射作用将不复存在。即使断裂点距离在辐射半径之内，如果中心城市的经济辐射能力较弱，它对这些断裂点内的地区的辐射能力也可能为零。因此，断裂点模型在没有考虑这一临界值的情况下，可能无法准确反映中心城市的经济辐射能力。

为了应对上述问题，我们采用了威尔逊模型作为补充，该模型通过计算中心城市的辐射半径来完善断裂点模型的分析。在威尔逊模型中，辐射半径的确定主要依赖于距离衰减指数和预设的阈值。这意味着，当中心城市的经济辐射能力较弱时，即使在断裂点模型定义的辐射范围内，中心城市的实际辐射能力也可能趋近于零。为了更准确地评估成渝城市群内各中心城市的经济辐射力，我们依据各中心城市的衰减因子和辐射半径的计算方法，并将这些城市的经济集聚度纳入考量。为了进行计算，我们设定了一个辐射极限值 θ 为 0.001 作为基准，利用这个标准来确定每个中心城市的辐射半径。具体的计算结果汇总在下表中，为我们提供了对中心城市辐射范围的更深入理解（见表 5－6）。

表 5－6　成渝地区双城经济圈中心城市经济辐射半径（km）

中心城市	衰减因子	辐射半径（KM）
绵阳	0.0368	188.26
南充	0.0489	117.35

续表

中心城市	衰减因子	辐射半径（KM）
乐山	0.0529	113.08
泸州	0.0488	140.32
宜宾	0.0578	105.32
万州	0.0697	95.87
黔江	0.0871	84.6

根据计算所得的辐射半径，使用 ArcGis 软件勾画出区域中心城市的辐射范围，如图 5 - 3 所示：

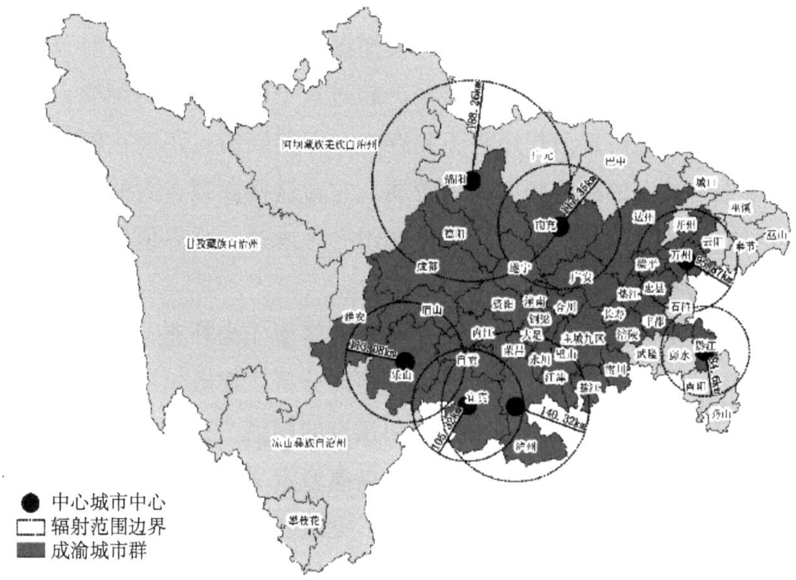

图 5 - 3　成渝地区双城经济圈辐射范围图

通过分析七个区域中心城市的断裂点位置和辐射半径，我们可以得出以下结论：

（1）绵阳市的经济辐射能力卓越，其辐射半径高达 188.26 公里，在七个中心城市中独占鳌头。其辐射区域不仅覆盖本市周边，还延伸到了广元、南充、遂宁、成都、阿坝州的部分区域，甚至覆盖了德阳全境。然而，尽管绵阳在周边城市产生了显著的辐射效应，但与雅安和乐山的断裂点距离仍表明其经济辐射能力还有进一步提升的空间。（2）南充市的经济辐射半径为117.35公里，辐射区域广泛，涵盖了巴中、广元、绵阳、遂宁、广安、达州等地，甚至触及了重庆的潼南、合川部分地区。在川东北区域内，南充的辐射能力超越所有断裂值，能够全面覆盖该区域内的城市，但其辐射效果仍有待增强。（3）乐山市作为成都平原区域的重要中心之一，其经济辐射半径达到113.08公里，辐射范围覆盖了雅安、眉山、内江、自贡、宜宾和凉山彝族自治州的部分地区。然而，乐山的辐射半径未能触及绵阳和德阳的断裂点，因此其辐射范围并未涵盖这两座城市。（4）泸州市位于川渝交界，其经济辐射半径为140.32公里，全面覆盖了川南地区的宜宾、自贡、内江以及重庆的荣昌、大足、永川、江津和綦江部分地区。其辐射范围已超越所有断裂点距离，显示出较强的辐射能力。（5）宜宾市作为川南区域的中心城市，其经济辐射半径为105.32公里，辐射范围涵盖了自贡、乐山、泸州，已超出自身行政区域。然而，其辐射能力仍需加强，以更好地服务于周边地区。（6）在渝东北区域，万州区的经济辐射半径为95.87公里，但未能覆盖到城口、巫山、巫溪的断裂点距离。这意味着万州作为中心城市的辐射作用在这些地区尚未充分发挥。（7）黔江区在渝东南区域的经济辐射半径为84.6公里，覆盖了石柱、丰都、武隆、彭水、酉阳的部分地区。尽管能覆盖渝东南区域内的全部区县，但对武隆和彭水的辐射力度相对较弱。根据威尔逊模型，黔江区的衰减因子最大，表明其经济辐射力随距离增加而迅速减弱，相比其他中心城市辐射力较弱。相反，绵阳的衰减因子最小，反映出其较强的经济辐射能力，与其广泛的辐射范围相契合。

值得注意的是，断裂点模型和威尔逊模型在评估经济辐射范围时存在差异，断裂点模型可能未能全面反映中心城市的实际辐射能力。在实际应用中，需结合多种模型和方法，以更准确地评估中心城市的辐射范围和效果。

这些分析结果对于理解和优化区域经济结构、制定区域发展战略以及推动区域经济一体化具有重要意义。政策制定者和城市规划者可以根据这些结论，采取有针对性的措施，如加强基础设施建设、优化产业结构、促进创新等，以提升中心城市的经济辐射能力和区域经济的整体竞争力。同时，也应关注那些辐射能力较弱的城市，通过区域合作、产业互补等方式，促进其经济发展和辐射能力的提升。

三、对比分析

北京和天津作为京津冀地区的重要增长极，对周边地区产生了显著的辐射效应，推动了区域经济的发展。然而，在这一区域中，以石家庄为代表的河北省的其他城市，目前主要扮演着接受辐射的角色，尚未充分发挥出其潜在的辐射能力。通过空间分布的计算分析，我们可以观察到北京和天津的辐射效应在京津冀区域内并不均匀，其辐射半径主要覆盖了区域的中部偏北部地区。这导致了区域内部的经济发展存在一定的不平衡性，某些地区尚未充分接受到北京和天津的经济辐射。针对这一现象，石家庄作为河北省的省会城市，在拥有较大的经济规模和发展潜力的同时，为促进京津冀地区的协同发展，还需要进一步提升其经济实力和集聚能力。具体而言，石家庄可以通过以下几个方面来增强自身的辐射能力：加强基础设施建设，提升与北京、天津等中心城市的交通连通性，促进人才、资本、技术等要素的流动；优化产业结构，发展特色优势产业，提高产业链的竞争力，吸引更多的投资和企业入驻；推动创新驱动发展，加强与高校、科研机构的合作，促进科技成果转化，提高城市的创新能力和核心竞争力；加强生态环境保护，提高城市的宜居性，吸引更多的人才和资源；深化区域合作，与北京、天津等城市建立更加紧密的合作关系，实现资源共享、优势互补，共同推动区域经济的协调发展。

在讨论上海市对周边城市的经济影响时，数据显示，上海对南京、无锡、常州、苏州、南通、扬州、镇江、泰州、杭州、宁波、嘉兴、湖州、绍兴、舟山、台州的断裂点增长率呈现出负增长，分别为 -2.64%、-2.84%、-3.81%、-6.52%、-5.01%、-3.99%、-3.42%、-4.23%、-2.05%、-0.07%、0.07%、0.49%、-0.24%、-2.15%、0.43%。这一现象表明，上海对这些城市的经济辐射范围正在逐渐减小，并且这种减小呈现出一种递减的趋势。进一步观察这些数据，我们可以发现上海市的经济辐射范围变化具有明显的方向性特征。特别是在上海市的西北方向上，包括苏州、南通、扬州和常州在内的城市，其经济辐射距离的变化更为显著。这反映出这些城市正逐渐受到上海经济的带动，经济发展步伐加快，与上海之间的经济差距正在逐步缩小。这种方向性的变化可能与以下 4 个因素有关：（1）地理位置。西北方向的城市如苏州、南通等，由于地理位置相对较近，更容易受到上海的经济辐射和影响。（2）交通网络。随着交通基础设施的完善，特别是高速铁路和高速公路的发展，这些城市的交通连接性得到了加强，从而促进了与上海的经济联系。（3）产业转移。上海作为经济中心，其产业升级和转移也为周边城市带来了发展机遇，促进了当地经济的快速发展。（4）区域合作。上海与周边城市在区域合作方面的加强，如长三角一体化战略的推进，也为这些城市的经济发展提供了动力。未来，随着区域一体化战略的深入实施，预计上海与周边城市之间的经济联系将更加紧密，共同推动长三角地区的繁荣发展。

粤港澳大湾区作为中国南部重要的经济引擎，近年来在中心城市的人口集聚、经济外联以及空间辐射能力方面取得了显著进步。这些中心城市开始对周边的非中心城市产生积极的带动效应，推动了区域经济的整体发展。然而，这种带动作用尚未完全达到理想状态，区域内的经济和社会发展仍存在一定的空间不平衡现象。为了充分发挥中心城市的引领作用，经济要素如人才、资本、商品和服务的自由流动至关重要。粤港澳大湾区的独特之处在于其“‘一国两制’三关税区”的制度框架，这虽然为区域发展带来了多样性和互补性，但同时也带来了一系列挑战。具体来说，城市间的行政分割导致了激烈的府际竞争，增加了区域协调的成本。此外，产业的同质化现象较为普遍，城市间的基础设施尚未完全实现无缝对接，加之跨境要素流动面临诸多障碍，这些都在一定程度上抑制了人流、物流、资金流和信息流的自由流动。要解决这些问题，可以从以下 7 个方面着手：（1）加强区域协调机制。通过建立更加高效的区域协调机制，降低城市间的竞争，促进资源共享和优势互补。（2）优化产业结构。推动产业升级和多元化发展，减少产业同质化，增强区域内产业的协同效应。（3）完善基础设施建设。加快城际交通网络的建设，实现基础设施的互联互通，降低物流和人员流动的成本。（4）促进政策创新。针对跨境流动的难点，创新政策措施，简化通关流程，提高资金和信息流动的效率。（5）强化人才交流与合作。通过教育和培训项目，加强人才的交流与合作，促进知识和技术的传播。（6）推动制度融合。探索“两制”下的制度融合，寻找适合大湾区发展的新模式，减少制度差异带来的摩擦。（7）增强环境可持续性。在追求经济增长的同时，注重环境保护和可持续发展，确保区域发展的长期性和可持续性。

在成渝城市群区域中心城市中，绵阳经济辐射范围最大。通过分析断裂点位置与城市地理边界的间距差异，并参照具体的辐射范围图表，我们可以清晰地观察到，德阳市在经济上受到了绵阳显著的辐射影响。相比之下，乐山和雅安的断裂点明显处于绵阳辐射范围之外，这意味着绵阳对这两个城市已经没有显著的经济辐射效应。紧随绵阳之后，泸州市在区域内的经济辐射力排名第二。其辐射半径成功地覆盖了所有断裂点，显示出泸州与周边城市间经济联系的紧密性。南充市的经济辐射能力紧随其后，位列第三，其辐射范围也完全覆盖了区域内所有城市的断裂点。进一步分析表明，两种不同模型测度出的南充辐射范围基本一致，且广安市在接受南充的经济辐射方面表现最为显著，而南充对达州市的辐射效应则相对较弱。乐山市的经济辐射范围在区域中心城市中位列第四，其主要辐射方向集中于眉山和雅安地区。然而，由于绵阳和德阳的断裂点位置超出了乐山的辐射半径，乐山对这两座城市的经济辐射影响并不显著。宜宾市的经济辐射能力排在第五位，其辐射半径覆盖了所有的断裂点，显示出宜宾对区域内城市仍保持着一定的经济辐射作用，特别是对自贡地区的影响尤为明显。而万州市的辐射范围位居第六，由于与城口、巫山、巫溪等区域的断裂点距离超出了其辐射半径，万州在带动这三个区县发展方面的作用尚未达到预期效果。黔江区的辐射范围在区域中心城市中最小，但其辐射半径依然覆盖了所有的断裂点，说明黔江区的辐射效应虽然有限，但辐射区域相对集中。综上所述，成渝城市群的区域中心城市之间在经济辐射能力上存在一定的差异，这些差异不仅体现在辐射范围的大小上，还体现在辐射作用的集中程度和方向性上。了解这些差异对于优化区域经济结构、制定区域发展战略以及推动区域经济一体化具有重要的指导意义。

第三节　中心城市联系便捷度对比分析

一、国内主要经济圈交通网络及流强度

（一）京津冀交通网络及流强度

京津冀地区作为中国北方的经济重心，不仅在人口和产业集聚方面占据着举足轻重的地位，而且在交通流量方面也表现出其重要性。该地区拥有庞大的客货运量，其陆路交通网络的发展尤为突出，密集程度远超全国平均水平，达到了三倍之多。这里形成了一个综合且多元化的交通体系，涵盖了高速铁路、普通铁路、高速公路、国道以及省道等多样化的交通方式。这一交通网络的建设和持续完善对京津冀地区的经济发展起到了推动作用，它缩短了地理距离，促进了区域间的快速联系，这种时空收敛效应对产业布局和空间结构的优化产生了积极的影响，并且交通路网的布局与区域发展的相互作用是一个动态的、长期的演进过程，它们相互促进、共同发展（见图5－4）。

回顾京津冀地区的交通演进历程，我们不难发现，自中国近现代工业逐步崛起以来，这片区域在陆路交通网络建设方面始终扮演着先行者的角色。在这片土地上，不仅见证了中国首条自主建设的铁路的诞生，还率先完成了电气化改造的铁路、引领了高速公路的兴起，并迎来了高速铁路的时代。这些里程碑式的成就，无一不凸显了京津冀地区在中国交通发展史上的核心地位与深远影响。

与其他城市群相比，京津冀地区具有一个显著的特点，即它是一个以首都北京为中心的特大城市群区域。北京作为国家的首都，其在区域交通网络中的地位尤为特殊，这种首都效应赋予了京津冀地区陆路交通网络独特的空间组织模式。早在晚清时期，北京就已经成为全国的首都和最核心的交通枢纽，这一历史地位为京津冀地区交通网络的发展奠定了坚实的基础。

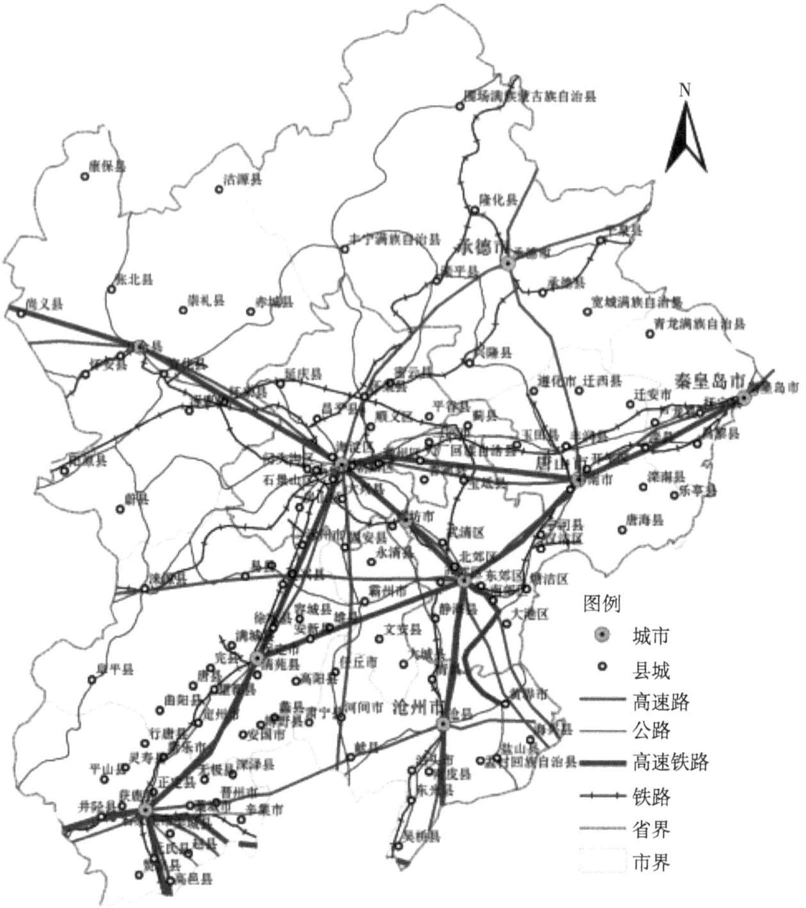

图 5－4　京津冀都市圈交通网

总的来说，京津冀地区的交通网络不仅在规模和多样性上具有优势，而且在历史发展和区域功能上也具有独特性。为了进一步提升区域交通网络的效率和效益，打造具有国际竞争力的世界级城市群，未来的发展可以考虑以下 5 个方向：(1) 智能化升级。利用先进的信息技术，提升交通网络的智能化水平，提高运输效率和安全性。(2) 绿色交通。推广新能源汽车和公共交通系统，减少环境污染，促进可持续发展。(3) 区域一体化。加强京津冀地区内部以及与其他地区的交通连接，实现区域交通一体化。(4) 交通枢纽建设。优化交通枢纽设计，提高换乘效率，促进多种交通方式的无缝对接。(5) 交通政策协调。加强区域交通政策的协调，形成统一的交通发展策略，减少行政壁垒。

利用地理信息系统（GIS）技术，我们对京津冀地区的城市间交通成本矩阵（O－D Cost Matrix）进行了详尽的计算，涵盖了公路、铁路、高速公路和高速铁路等多种交通方式。通过深入的对比分析，我们得出了以下2个主要发现：（1）城市间的可达性随着交通技术的革新而有了显著的提升。以北京为例，通过不同交通方式到达周边城市的时间大幅缩短：从公路到铁路，再到高速公路，直至高速铁路，时间成本的减少尤为明显。具体来说，从北京到秦皇岛的旅行时间从3.5小时减少到了1.2小时，而从北京到石家庄的旅行时间也从3.4小时减少到了1.1小时。时间上的大幅节省为北京及其周边城市在旅游、科技贸易、信息技术等现代服务领域的发展注入了强大动力，还显著提升了城市的服务功能，使其更加开放，具备更强的国际竞争力。（2）相对于核心城市（北京）与周边城市的可达性提升，我们观察到周边城市间的可达性改善更为突出。经过对公路、高速铁路以及铁路与高速铁路的可达性对比，发现北京至周边城市的可达性改善尤为显著，其中，北京至石家庄的时间缩短了2.31小时，北京至廊坊的时间缩短了1.63小时。然而，最短的变化值也值得注意，北京至保定的时间减少了1.2小时。值得一提的是，京津冀都市圈周边城市间的可达性改善更为显著。例如，秦皇岛至石家庄的公路旅行时间减少了4.73小时，沧州至石家庄缩短了4.21小时。在铁路到高速铁路的转换中，秦皇岛至石家庄的旅行时间最大缩短了3.35小时，沧州至石家庄的旅行时间也缩短了3.22小时。这些分析结果揭示了交通技术进步对区域可达性的深刻影响，并指出了未来交通发展的潜在方向。

在模拟京津冀都市圈内各城市的发展时，我们设定了一个前提，即各城市的发展实力和水平均衡，而它们之间的相互影响则主要受到彼此可达性的影响。基于这一设定，城市在整体城市网络中的作用可以归纳如下：（1）城市间可达性的增强显著推动了城市极化效应的加剧。通过细致分析，我们发现随着可达性的提升，城市间的交流频次和紧密程度均有显著增长。具体数据表明，整体网络中心度指数从公路时代的0.09攀升至高速公路时代的0.199，并进一步在高速铁路时代稳定在0.190，这一上升趋势清晰可见。在个体城市中，廊坊、天津和北京的中心度指数提升尤其明显，均超过0.1，其中廊坊和天津的增长幅度最为突出。(2) 在京津冀都市圈中，核心区域（北京、廊坊、天津）之间的极化作用相较于外围城市（石家庄、沧州、秦皇岛、承德、张家口）更为显著。通过对比，我们观察到外围城市的中心度变化相对平缓，其波动范围大致在0.01至0.02之间。(3) 从网络内各城市节点中心度的差异来看，公路交通网络下的城市极化现象较为均匀，节点中心度的标准差为0.05。然而，在高速铁路交通模式下，城市间极化的差异性明显增大，这显示了不同交通模式对城市网络结构和功能的影响（见表5-7、表5-8、表5-9）。

表5-7　　高速铁路O-DCostMatrix一览表/h

类型	石家庄	沧州	保定	天津	廊坊	唐山	北京	秦皇岛	张家口
石家庄	0	1.65	0.57	1.23	1.44	1.68	1.17	2.23	1.88
沧州	1.65	0	1.08	0.42	0.67	0.87	0.92	1.42	1.61
保定	0.57	1.08	0	0.66	0.87	1.11	0.62	1.66	1.31
天津	1.23	0.42	0.66	0	0.25	0.45	0.50	1.00	1.19
廊坊	1.44	0.67	0.87	0.25	0	0.70	0.25	1.25	0.94
唐山	1.68	0.87	1.11	0.45	0.70	0	0.71	0.55	1.40
北京	1.17	0.92	0.62	0.50	0.25	0.71	0	1.26	0.68
秦皇岛	2.23	1.42	1.66	1.00	1.25	0.55	1.26	0	1.95
张家口	1.88	1.61	1.31	1.19	0.94	1.40	0.68	1.95	0

表5-8　　北京到周边城市可达性情况/h

类型	石家庄	沧州	保定	天津	廊坊	唐山	秦皇岛	张家口	承德
公路	3.48	2.38	1.82	2.89	1.51	2.89	3.53	2.34	3.73
高速公路	2.38	1.85	1.25	1.00	0.50	1.42	2.53	1.40	2.79
铁路	2.79	2.51	1.45	1.43	1.88	1.78	2.79	1.72	2.23
高速铁路	1.17	0.92	0.62	0.50	0.25	0.71	1.26	0.68	—

注：每小时公路80km，铁路100km，高速公路110km，高速铁路220km。路线长度指城市之间，不包括城市内部，其中承德市在规划中没有高速铁路。

表5-9　　可达性下城市网络节点和整体网络中心度

类型	廊坊	天津	北京	保定	唐山	沧州	秦皇岛	张家口	石家庄	承德	整体网	标准差
公路	0.29	0.29	0.28	0.23	0.22	0.18	0.18	0.17	0.16	0.16	0.09	0.05
铁路	0.33	0.36	0.28	0.23	0.26	0.22	0.18	0.17	0.16	0.16	0.15	0.06

续表

类型	廊坊	天津	北京	保定	唐山	沧州	秦皇岛	张家口	石家庄	承德	整体网	标准差
高速公路	0.42	0.35	0.38	0.23	0.30	0.20	0.19	0.19	0.17	0.18	0.199	0.08
高速铁路	0.41	0.42	0.37	0.26	0.30	0.25	0.19	0.18	0.18	0.09	0.190	0.10

通过详细分析表5－7中的数据，我们可以观察到高速公路和高速铁路在整体网络中节点的中心度与整个网络的中心度大致相同，且两者之间的变化幅度相对较小。尽管公路和铁路网络的节点中心度存在0.06的差异，但除了廊坊和天津之间的差异较为显著之外，其他各节点的中心度大体上是相近的。基于这一发现，我们选择以铁路和高速铁路为研究对象，进一步深入分析城市间的网络联系和节点角色的相似性。利用UCINET软件和ArcMap软件的强大功能，我们首先构建了铁路和高速铁路的O—D（起点—终点）成本矩阵表。此外，这种基于可达性的网络分析方法，也可以为其他地区的交通规划和区域发展研究提供参考和借鉴。具体分析结果总结如下：

（1）在铁路交通模式的研究中，我们发现天津、北京和廊坊构成了网络的核心层，其中天津在铁路交通网络中扮演的角色比北京更为关键。我们可以看到在2小时可达性范围内的城市对仅有13组，包括保定到石家庄（1.34小时）、天津到沧州（1.09小时）、廊坊到沧州（1.65小时）、天津到廊坊（0.56小时）、天津到唐山（1.19小时）、北京到保定（1.45小时）以及北京到天津（1.43小时）。相比之下，其他32组城市对的可达性时间都超过了2小时。

（2）在高速铁路交通模式下，天津、北京、廊坊和唐山共同构成了网络的核心节点，天津在高速铁路网络中的中心地位优于北京。在36组城市对的可达性分析中，有16组的通达时间在1小时以内，例如天津到沧州（0.42小时）、天津到北京（0.5小时）、天津到廊坊（0.25小时）和北京到廊坊（0.25小时）。而剩余的19组城市对的可达时间则分布在1到8小时之间，其中秦皇岛到石家庄的通达时间超过了2小时，达到2.23小时。

（3）随着交通模式从铁路向高速铁路的转变，京津冀都市圈的核心城市层发生了扩展和结构上的强化。具体来说，原本由天津、廊坊和北京三个城市构成的核心层，随着唐山的加入而扩展成为四个城市。这一变化不仅增加了城市间的联系紧密度，而且显著提升了城市间的互动和交流。通过应用特定的计算公式，我们获得了不同交通模式下网络密度的具体数值：公路网络密度为 0.311，铁路网络密度为 0.431，高速公路网络密度为 0.531，而高速铁路的网络密度则高达 1.071。这些量化数据清晰地揭示了高速铁路网络在密度上的显著优势，其密度几乎是铁路网络的 2.4 倍。这一结果表明，高速铁路的迅猛发展极大地加强了城市网络间的连通性，并促进了城市网络结构的同型性，特别是在北京和天津这样的都市圈核心城市中表现得尤为突出。

（4）我们可以发现，随着交通模式的演进，城市在交通网络中所扮演的角色和功能也经历了相应的转变。在铁路网络模式下，天津与唐山、沧州与秦皇岛、张家口与承德等城市在交通网络中的位置和角色呈现出较高的相似性。然而，值得注意的是，尽管北京与天津、唐山同处一个都市圈，但它们的阿基米德距离却为 0.595，这反映出在网络结构相似度上，它们之间的相似度相对较低。然而，在高速铁路交通模式下，城市间的结构同型性有了显著提升。例如，北京与廊坊、沧州与天津之间的阿基米德距离降低到了 0.397，这一变化说明城市间的网络结构变得更加一致，城市在京津冀都市圈核心层的地位变得更加突出，同时它们的连通性和互动性也得到了加强。

（二）长三角交通网络及流强度

首先，截至 2020 年，长三角地区的铁路网络发展取得了显著成就，铁路运营总里程超过了 11500 公里。在这一庞大的铁路网络中，高速铁路的运营里程特别突出，达到了 5095 公里。高速铁路的覆盖范围已经从南京、上海、杭州和宁波等沿线城市，扩展到了区域内除舟山市以外的所有其他城市，实现了广泛的连接。此外，高速铁路的服务还进一步延伸到了县级行政区，这些地区新增了高速铁路站点。高速铁路站点的数量从原来的 11 个增加到了 87 个，这一变化极大地促进了小城镇的交通连接和社会经济发展。高铁节点增强城市自身的集聚效应，同时时间成本的下降，吸引着更多人口、产业等要素向铁路沿线城市发展，城市群中各城市之间出现协调发展的良性循环（见表 5－10）。

表 5－10　　长三角经济圈高速铁路建设情况表

高铁线路	建设年份	途经城市（地级市）
合宁铁路	2008 年	合肥、南京
甬台温高速线	2009 年	宁波、台州
沪宁城际铁路	2010 年	南京、镇江、常州、无锡、苏州、上海
沪杭高速铁路	2010 年	上海、嘉兴、杭州
京沪高速铁路	2011 年	滁州、南京、镇江、常州、无锡、苏州、上海
宁杭高速铁路	2013 年	南京、湖州、杭州
杭甬高速铁路	2013 年	杭州、绍兴、宁波
杭长高速铁路	2014 年	杭州、义乌、金华
沪汉蓉快速客运通道	2014 年	上海、南京、合肥
合福高速铁路	2015 年	合肥、铜陵
宁安高速铁路	2015 年	南京、马鞍山、芜湖、铜陵、池州、安庆
宁启铁路	2015 年	扬州、泰州、南通
徐盐高速铁路	2019 年	徐州、盐城
商合杭高速铁路	2020 年	合肥、芜湖、宣城、湖州、杭州
沪苏通快速铁路	2020 年	上海、南通
安九高速铁路	2021 年	安庆、九江
杭绍台高速铁路	2021 年	杭州、绍兴、台州
湖杭高速铁路	2022 年	湖州、杭州

资料来源：中国指数研究院。

其次，高速铁路网络在长三角城市群的空间布局上经历了显著的演变，从最初的“Z”字型区域结构逐步转型为一个以区域内各个城市为中心的均衡分布的网络结构。这一变化意味着高速铁路服务更加广泛和均匀地覆盖了长三角城市群。尽管盐城市尚未开通直通长三角城市群中所有城市的高速铁路线路，但通过一次中转换乘，旅客同样能够便捷地到达目的地。这表明，尽管还存在一些直连性的局限，但区域内部的高速铁路网络已经具备了较高的连通性。此外，长三角城市群内部的高速铁路网密度达到了全国平均水平的 2.2 倍，这一指标在全国各城市群中位居前列，反映了长三角地区在高速铁路建设方面的领先地位和区域交通的发达程度。

再次，我们发现在观察各城市间的最短旅行时间总和，即节点总时间距离时，在高速铁路网络的构建下发生了显著变动。由于舟山市尚未接入高速铁路网络，因此在计算通达性时并未纳入考量。通过对比 2010 年和 2020 年的数据，高速铁路的建设对"时空收敛"效应的贡献显而易见，极大提升了长三角城市群的整体通达性。详细而言，从 2010～2020 年这十年间，长三角城市群高速铁路网络的总时间距离显著减少，由 2745 小时缩短至 1621 小时（见图 5－5），显示出高速铁路在优化区域交通网络、缩短城市间距离方面的重要作用。在 2010 年的数据中，南京、上海和常州三市的高速铁路节点总时间距离最短，体现了它们作为经济辐射中心的重要地位。南京和上海作为具有显著经济影响力的城市，其高速铁路网络的优先发展对于整个城市群的经济增长具有关键性的推动作用。相比之下，盐城、扬州和南通等城市由于位于城市群的边缘地带，且受到自然水系等地理因素的限制，高速铁路网络尚未完全覆盖，因此其节点总时间距离相对较长。截至 2020 年，南京的通达性水平依旧占据首位，与 2010 年相比大幅提升了 17.7%，这主要得益于网络密度的提升和城市间旅行时间的缩短。此外，安庆和泰州市由于新增了高铁节点，其通达性改善尤为显著，铁路节点总时间距离锐减了 4 小时。即便台州市位于长三角城市群的最南端，地理位置较为偏远，但高速铁路的连通仍然使其通达时间得到了一定的优化。这些数据和分析不仅彰显了高速铁路在减少旅行时间成本方面的显著作用，也揭示了地理空间因素对城市群通达性的潜在制约。未来的发展规划中，需要充分考虑这些因素，以实现更加均衡和高效的城市群发展。

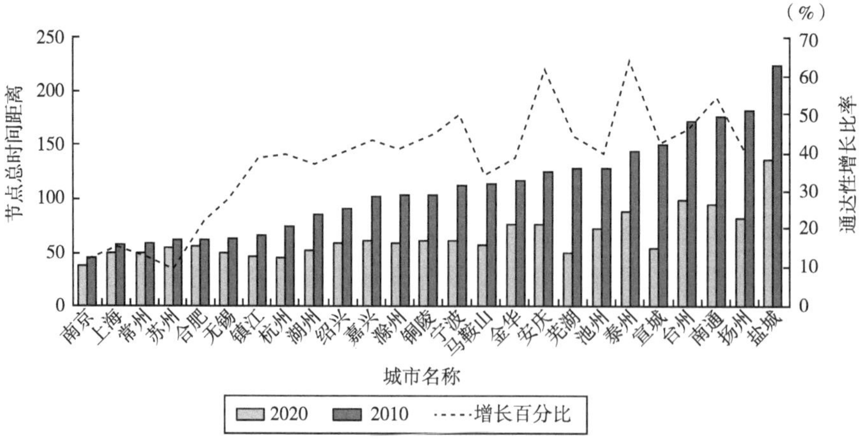

图 5－5　2010、2020 年高速铁路城市节点总时间距离变化图

高速铁路节点的总时间距离与其能够直达的城市数量之间存在着逆向关联。具体来说，一个城市能够直达的其他城市数量越多，其高速铁路节点的总时间距离往往越短。以盐城市为例，尽管其通往长江以北地区的高速铁路网络尚未完全建成，但由于长三角城市群高速铁路网络整体上的优化和完善，盐城市的节点总时间距离已经实现了缩短。这说明，即使是在高速铁路网络覆盖不均的地区，区域网络的总体进步也能为当地的交通通达性带来积极影响。在城市群中，核心城市和副中心城市由于拥有更加密集的高速铁路连接，与其他城市的联系更为紧密，因此这些城市的高速铁路节点总时间距离相对较低。这些城市通常作为区域交通枢纽，拥有较高的交通流量和运输效率。相反，那些高速铁路连接较少的城市，其节点总时间距离相对较高，这可能与它们在高速铁路网络中的边缘位置有关，导致它们的交通通达性不如核心城市。

从高速公路的通达性角度分析，长三角城市群内各城市间的高速公路节点总时间距离经过计算后，我们可以观察到2010～2020年的网络总时间距离有所减少，以及由此带来的“收敛效应”。尽管这种效应并不如高速铁路那样显著，但高速公路网络的完善仍然对整体通达水平产生了明显的正面影响。在这段时间内，长三角城市群的高速公路网络总时间距离实现了从2140小时减少至1777小时的改进，降幅达到了20.4%。这一变化意味着城市间的高速公路通达性得到了显著提升，基本上实现了城市间半日可达的目标。对于那些尚未开通铁路的城市，高速公路成为了最便捷的出行选择，为这些城市的交通提供了重要的替代方案。

高速公路的通行时间是根据行驶的距离和速度来计算的，这使得城市在空间上的位置对于到达其他城市所需的总时间产生了显著影响。位于城市群中心区域的城市，由于到其他城市的公路总里程不长，因此在高速公路节点的总时间距离上具有优势。回顾2010年的数据，苏州、无锡和常州在高速公路网络中的节点总时间距离是最短的。相比之下，舟山、台州和金华由于地理位置较远，它们的总时间距离是最长的。到2020年，苏州的高速公路通达水平最高，与2010年相比提升了5%，无锡紧随其后，提升了7%。这表明在这段时间内，这些城市的高速公路网络连接有了显著增强。特别是铜陵和宣城的通达性改善最为显著，公路节点的总时间距离分别下降了 40.51% 和 43.61%（见图 5－6）。即便在节点总时间缩短的情况下，位于城市群中心区域的城市，如苏州和无锡，依旧保持了较短的节点总时间距离。而对于像台州这样地理位置相对偏远的城市，其通达时间仍然较长，无法与中心区域的城市相媲美。

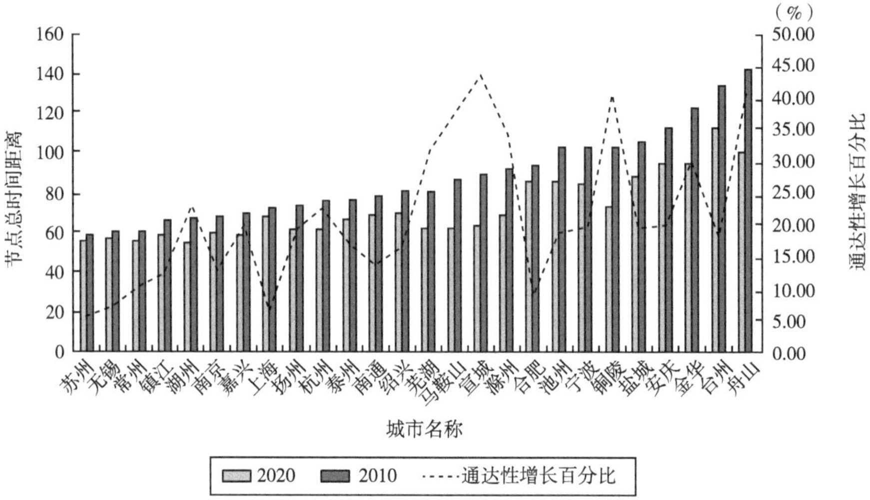

图 5－6　2010、2020 年高速公路城市节点总时间距离变化图

最后，基于铁路基础设施的详细数据，我们对长三角城市群内的 25 个城市进行了铁路通达性系数的计算，并根据计算结果进行了排序（见表 5－11）。为了更直观地展示 2010 年与 2020 年长三角城市群铁路通达性的演变情况，我们将通达性系数进行了空间上的可视化处理，并依据不同的数值范围划分为五个等级，以便进行比较和分析（见图 5－7 和图 5－8）。铁路通达性系数是一个反映城市铁路交通便捷性的重要指标。根据这一指标，当通达性系数低于 1 时，系数的较小数值意味着城市具有更好的铁路通达性，铁路网络连接效率高，城市间的往来更加便捷。相反，如果通达性系数较高，即大于 1，这表明城市的铁路通达性存在一定缺陷，铁路交通可能成为限制城市间往来和联系的因素之一。

表 5－11　　2010 年长三角城市群高速铁路通达性系数

城市	通达性系数	排序	城市	通达性系数	排序	城市	通达性系数	排序
南京	0.43	1	绍兴	0.87	10	池州	1.22	19
上海	0.54	2	嘉兴	0.96	11	泰州	1.36	20
常州	0.55	3	滁州	0.98	12	宣城	1.43	21
苏州	0.58	4	铜陵	0.98	13	台州	1.64	22
合肥	0.59	5	宁波	1.06	14	南通	1.68	23
无锡	0.60	6	马鞍山	1.08	15	扬州	1.73	24
镇江	0.62	7	金华	1.11	16	盐城	2.11	25
杭州	0.70	8	安庆	1.18	17	舟山	—	—
湖州	0.81	9	芜湖	1.21	18			

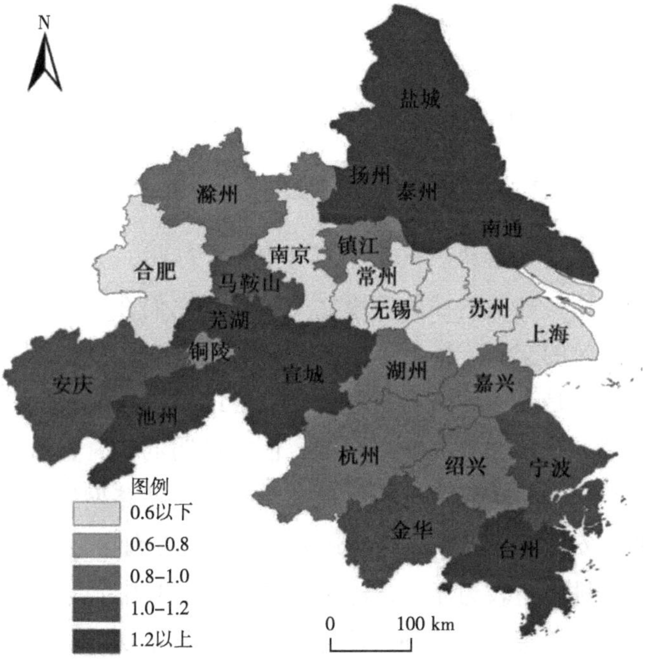

图 5－7　2010 年高速铁路通达性空间分布图

回顾 2010 年，长三角城市群在高速铁路通达性系数的排名中，上海、南京和常州位列前三。这些城市包括了直辖市、省级行政中心以及关键的都市圈城市。从空间分布的角度审视，这些城市拥有的通达性系数均归属

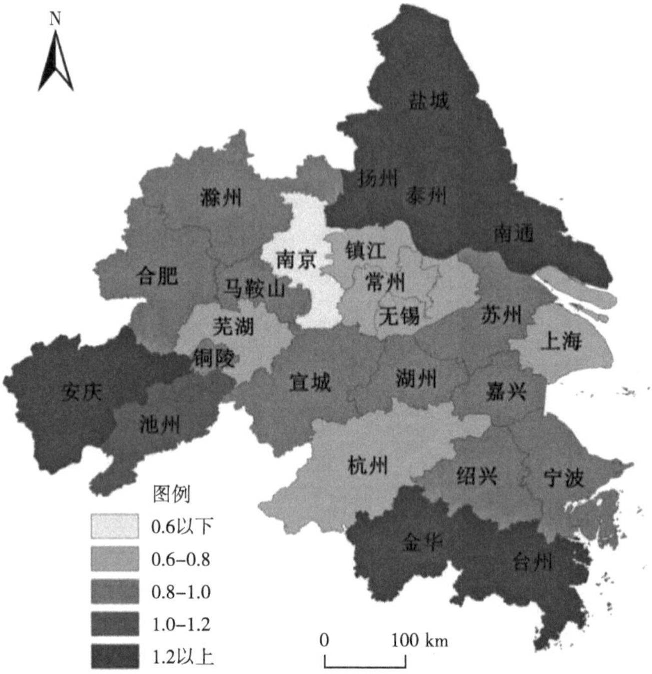

图 5 – 8　2020 年高速铁路通达性空间分布图

于最高等级，即第一等级，其数值低于 0.6，苏州、无锡和合肥等城市同样被划分在这一高通达性的等级之中显示出它们在高速铁路网络中的优越位置和高效的交通连接；第二等级包括了通达性系数在 0.6 ~ 0.8 的城市，这些城市是高速铁路向南延伸时途经的地方；而第三等级的城市主要分布在第一、第二等级城市周围。值得说明的是，宣城虽然地理位置上邻近南京和常州，但由于当时尚未接入高速铁路网络，造成其通达性系数较差；安徽省的城市在当时还未被纳入长三角区域一体化的范畴，因此在通达性排名中较为靠后，通达性系数位于 1.0 ~ 1.2 以及超过 1.2 的第四等级和第五等级；此外自然地理因素，如水域，一直是交通发展需要克服的难题，长江的存在阻碍了江苏省北部地区城市与长三角城市群中其他城市间的联系，导致这些城市在通达性系数排名中位于末尾（见表 5 – 12）。

表 5－12　　2020 年长三角经济圈高速铁路通达性系数

城市	通达性系数	排序	城市	通达性系数	排序	城市	通达性系数	排序
南京	0.59	1	宣城	0.87	10	安庆	1.22	19
杭州	0.72	2	合肥	0.90	11	金华	1.24	20
镇江	0.75	3	马鞍山	0.91	12	扬州	1.33	21
常州	0.79	4	绍兴	0.93	13	泰州	1.40	22
无锡	0.79	5	滁州	0.93	14	南通	1.52	23
芜湖	0.79	6	嘉兴	0.96	15	台州	1.59	24
上海	0.80	7	铜陵	0.98	16	盐城	2.17	25
湖州	0.83	8	宁波	1.00	17	舟山	—	—
苏州	0.85	9	池州	1.16	18			

截至 2020 年，长三角城市群的高速铁路网络得到了显著的优化和扩展，这导致城市间通达性系数的差距有所缩小，原先通达性系数在 0.5 以内的城市类别已经不复存在。在新的通达性系数评级中，只有南京市因其地理位置位于城市群的中心而保持在最高的第一等级。第二等级的城市包括了杭州、上海、镇江、常州和无锡等。特别值得注意的是芜湖市，由于新开通的高速铁路以及其在城市群中的中心位置，芜湖市的通达性系数显著提升，排名上升了 12 位，位列第 6，这一变化凸显了交通网络的一体化发展可以显著提升城市的区位优势。同时，在沪昆高速铁路和合福高速铁路开通后，宁波、泰州等城市大幅提升了自己的通达性，被归入第三等级。这表明通过优化道路网络的密度，可以有效降低城市间换乘的需求，从而增强整个长三角城市群的高速铁路网络的连通性。然而，在仔细分析近十年的数据后，我们观察到一个明显的趋势：一些位于城市群边缘或交通网络末梢的城市，例如盐城和台州，其铁路通达性相对滞后。这一现象表明，城市的交通通达性与其地理位置紧密相关，即出发地和目的地的空间布局是影响通达性的关键因素。

将长三角城市群 26 个城市的高速公路路通达性系数按照顺序排列（见表 5－13、表 5－14），并根据 2020 年、2019 年长三角城市群铁路通达性系数的数据分五个等级，绘制在地图上（见图 5－9、图 5－10）。

表 5-13　　2010 年长三角经济圈高速公路通达性系数

城市	通达性系数	排序	城市	通达性系数	排序	城市	通达性系数	排序
苏州	0.60	1	杭州	0.78	10	池州	1.04	19
无锡	0.62	2	泰州	0.79	11	宁波	1.04	20
常州	0.62	3	南通	0.80	12	铜陵	1.05	21
镇江	0.68	4	绍兴	0.83	13	盐城	1.08	22
湖州	0.69	5	芜湖	0.83	14	安庆	1.15	23
南京	0.70	6	马鞍山	0.88	15	金华	1.25	24
嘉兴	0.72	7	宣城	0.91	16	台州	1.37	25
上海	0.74	8	滁州	0.95	17	舟山	1.45	26
扬州	0.75	9	合肥	0.96	18			

表 5-14　　2020 年长三角经济圈高速公路通达性系数

城市	通达性系数	排序	城市	通达性系数	排序	城市	通达性系数	排序
湖州	0.58	1	杭州	0.66	10	宁波	0.91	19
常州	0.59	2	宣城	0.66	11	合肥	0.92	20
苏州	0.59	3	马鞍山	0.67	12	池州	0.92	21
无锡	0.61	4	泰州	0.70	13	盐城	0.95	22
嘉兴	0.62	5	上海	0.72	14	安庆	1.00	23
镇江	0.63	6	南通	0.74	15	金华	1.00	24
南京	0.64	7	滁州	0.74	16	舟山	1.07	25
扬州	0.66	8	绍兴	0.74	17	台州	1.21	26
芜湖	0.66	9	铜陵	0.78	18			

在对比高速公路和高速铁路的通达性变化时，我们发现城市间的通达性系数差异正在缩小，并且整体的通达性水平有所提升。一方面，从 2010～2019 年，我们观察到通达性系数位于 0.6～0.7 的城市数量显著增加，从 6 个增长到 13 个。这一等级的城市通常经济发展水平较高，并且地理位置处于区域中心，这反映了城市的空间位置对其高速公路通达性有着直接的影响，在很大程度上决定了高速公路网络的覆盖范围。另一方面，通达性较低的城市，其数量从 8 个减少到了 2 个。这一变化表明长三角城市群内部的交通建设趋向于均衡发展，即使是之前通达性较低的城市也在经历着积极的改进。

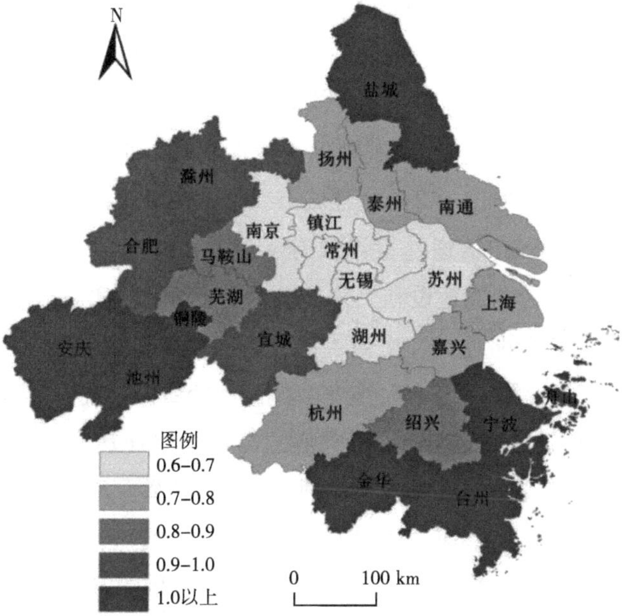

图 5－9　2010 年高速公路通达性空间分布图

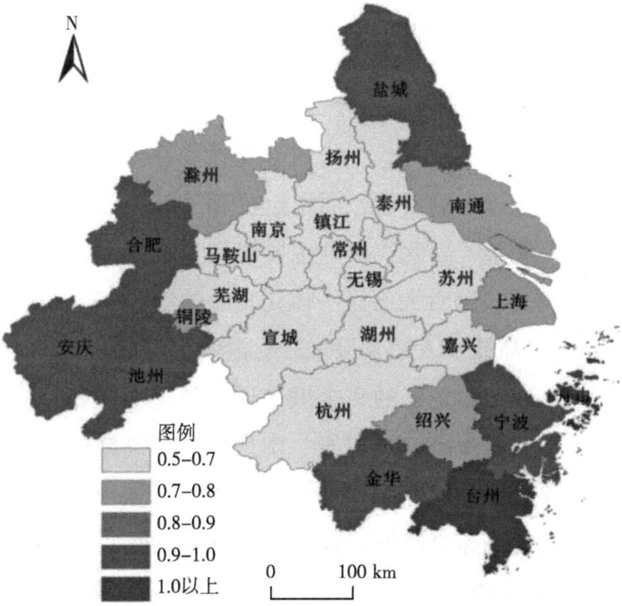

图 5－10　2020 年高速公路通达性空间分布图

尽管上海作为长三角城市群的核心城市，具备完善的环线高速公路系统，并且有多条向外辐射的高速公路，但由于其地理位置处于城市群的东部边缘，其高速公路通达性系数仍然受到限制，排名处在第二等级。通过对比2010年和2019年的数据，可以观察到通达性系数位于0.8至0.9范围的城市，即第三等级，主要位于高通达性城市（第一和第二等级）的周边；到了2019年，第三等级城市的通达性系数有所提升，这得益于杭宁高速、苏嘉杭、申嘉杭等高速公路的建设和完善，这些交通项目的实施显著增强了江苏省与浙江省之间的公路连接，提高了部分边缘城市与主要城市群的连通性。同时，在2010年，池州、宁波、金华、铜陵、盐城、安庆、台州和舟山市的通达性系数均超过了1.0，显示出它们的高速公路通达性相对较低。截至2019年，池州、宁波、铜陵和盐城的通达性有所改善。宁波市特别由于新增了博奥隧道和艮山东路隧道，增加了跨越钱塘江的通道，从而提升了其高速公路的通达性。然而，台州和舟山市的通达性系数依然保持在1.0水平以上，这部分是由于它们位于城市群的边缘位置，导致其公路网络的覆盖密度相对较低，与城市群中部地区的密集公路网络相比，通达性较差。

（三）粤港澳大湾区交通网络及流强度

粤港澳大湾区已经发展起一个综合性的交通网络，涵盖了铁路、公路、水运和航空等多种交通方式。在内部交通联系上，由于航空运输更多地服务于区域外的长途运输需求，而水运受到珠江流域自然河道和海岸线的限制，不易进行调整，因此本研究主要聚焦于轨道交通（包括高速铁路和城际轻轨）和高速公路对大湾区一体化发展的影响。

自2009年武广高铁投入运营以来，粤港澳大湾区的轨道交通网络得到了快速发展。广东珠三角地区的9个城市通过轨道交通相连，包括广深高铁、广珠城际轨道、厦深高铁惠深段、南广和贵广高铁的广佛肇段、广佛肇城际铁路等重要线路。这些线路的建成，加强了城市间的联系，促进了区域一体化。同时，高速公路网络也得到了显著扩展，通车里程从2009年的2501公里增加到2016年的3897公里。粤港澳环线高速（G94）作为连接大湾区所有11个城市的关键通道，而广珠西线高速、广澳高速、广佛肇高速等主要线路为大湾区西侧的城市提供了服务，广惠高速、广深沿江高速、广深高速、惠盐高速等则服务于大湾区东侧的城市。莞佛高速，作为连接大湾区东西两侧最南端和距离最短的陆路通道，占据了重要的地理地位。这些交通基础设施的发展，为粤港澳大湾区的人员流动、货物运输和经济发展提供了坚实的基础。

然而，珠江的流向在入海口处分界线明显，将粤港澳大湾区划分为东部和西部两个部分，这一地理特征对区域的交通网络产生了显著影响。当前，该区域的轨道交通和高速公路网络主要围绕广州呈倒“V”形分布。广州作为粤港澳大湾区内陆路交通的枢纽，扮演着连接珠江两岸的关键角色，是该地区人流和物流转运的核心节点。位于广州南沙区的虎门大桥，作为粤港澳大湾区东西两侧之间的重要陆路连接，其现有的通行能力已跟不上日益增长的交通流量需求。由于珠江东西两岸多样化的直接陆路快速交通连接的匮乏，已成为粤港澳大湾区推动一体化发展的进程中的一个主要的挑战。两岸城市间的交通联系受限，导致了较高的时间成本和经济成本，这不仅影响了城市间的有效分工与合作，也制约了区域内优势互补和协同发展。此外，香港和澳门尚未与广东珠三角地区的轨道交通网络实现直接连接。截至目前，粤港澳大湾区的陆路快速交通网络尚未完全整合，形成了相对独立且分散的交通体系，这与区域内各城市间互联互通的需求还存在一定的差距，如图 5 - 11、图 5 - 12 所示。

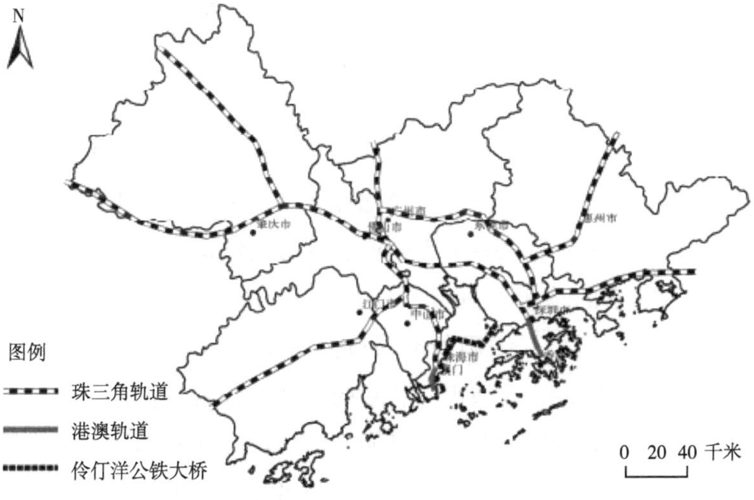

图 5 - 11　粤港澳经济圈轨道交通网

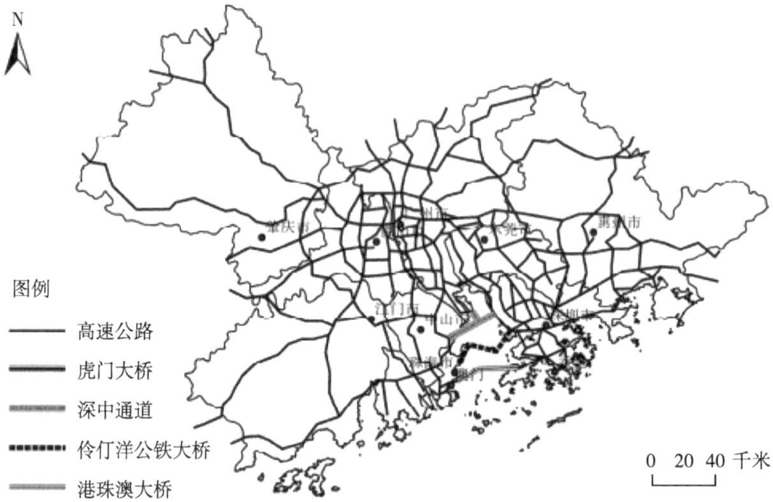

图 5-12 粤港澳经济圈高速公路网

二、成渝地区双城经济圈的交通网络及流强度

成渝地区双城经济圈构成了一个多维且开放的复杂系统，其中城市间的联系强度是衡量它们相互影响和作用关系的一个重要指标，它能够体现城市间互动的紧密性。通过应用前文提到的公式，我们可以计算并评估这些城市间的联系强度，并通过 ArcGIS 软件进行图形化的展示，从而得到一张揭示网络结构的图示。

从基于公路交通的视角分析成渝地区双城经济圈，可以发现城市间的联系强度在空间上呈现出明显的差异化特征。这种差异性构成了一个以成都和重庆主城区作为双重联系中心的核心-边缘结构。成都和重庆主城区在与其他城市联系的总量上占据了显著的领先地位。在公路交通的背景下，成都至德阳、眉山、绵阳的路线以及重庆主城区至璧山、永川、合川、长寿、涪陵的路线，在城市间联系的紧密度排名中占据优势位置。这一现象反映出，在成渝地区双城经济圈内，德阳、绵阳和眉山与成都的联系最为频繁，而璧山、永川、合川、长寿和涪陵则与重庆主城区的联系最为紧密。成都和重庆，作为各自区域内的交通枢纽和城市发展较为成熟的地区，它们与邻近城市在公路交通上的联系尤为紧密。相对而言，城市联系强度排名较低的城市轴线，如雅安至云阳、雅安至黔江、雅安至丰都等，显示出城市间的联系强度较弱。特别是雅安、云阳、丰都、黔江、忠县、开州、梁平等城市，它们位于经济圈的边缘地带，与核心城市的经济联系相对较弱。此外，潼南等城市位于四川与重庆的交界区，形成了城市联系强度的低值区域，如图 5－13 所示。

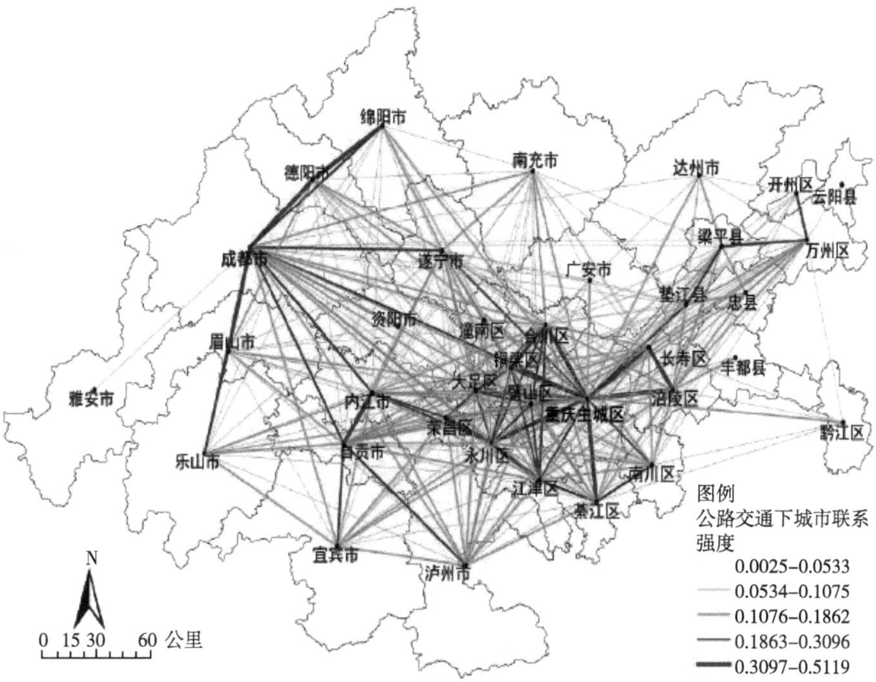

图 5－13　基于公路交通的成渝地区双城经济圈各城市联系强度

从基于轨道交通的视角分析成渝地区双城经济圈，首先，城市间联系强度表现出显著的空间差异，其中成都和重庆主城区构成了区域交通网络的核心。这两个城市的轨道交通网络十分发达，成为经济圈中大多数城市进行交通连接和中转的枢纽，形成了一个以这两个城市为中心的放射状且具有非均衡性特点的城市联系框架。其次，泸州、南川、铜梁、开州、忠县和云阳等城市由于铁路网络覆盖的缺失，在整个区域的空间联系中处于相对孤立的状态，未能充分融入轨道交通网络中。相比之下，重庆主城区至璧山、永川、合川和涪陵，以及成都至眉山、德阳和绵阳的城市轴线位列前十，这些地区的城市间联系更为紧密。其中，德阳与绵阳、涪陵与长寿、永川与璧山等轴线上的城市，它们因城市规模较大、发展水平较高以及地理位置的相互接近，而使得城市间的交流与合作更为频繁和紧密。最后，轨道交通作为连接这些城市的重要交通方式，其布局直接影响着城市间的联系强度。例如，成绵乐沿线的城市就因为轨道交通的便利，实现了更加紧密的互动与联系。然而，与之相反，那些轨道交通联系强度较弱的城市，如雅安、自贡、资阳、丰都、黔江和潼南等，多位于区域的边缘或交界地带，这些地区往往对轨道交通的主干线缺乏足够的吸引力。由于轨道交通主干线在这些区域并不密集或缺乏直达线路，这些城市的交通联系往往需要绕行到成都或重庆主城区，这不仅增加了旅途的复杂性，还导致了时间成本的上升。因此，未来在规划和发展轨道交通网络时，需要特别关注这些边缘和交界地带，以提升整个区域的交通联系效率和便捷性，如图 5 – 14 所示。

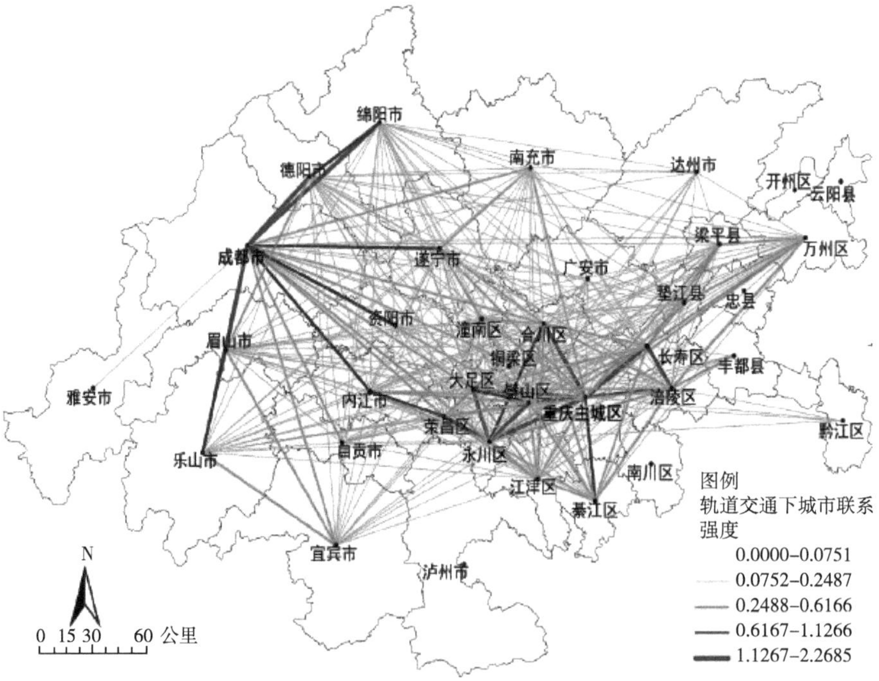

图 5 – 14　基于轨道交通的成渝地区双城经济圈各城市联系强度

在探讨成渝地区双城经济圈基于公路交通的网络通达性时，整合度是一个关键指标，它可以有效衡量区域内公路线路的连通能力和覆盖范围。通过运用 SDNA 工具中的 NQPDA 功能，我们得到了成渝地区双城经济圈公路交通网络的全局整合度的空间分布图，该图清晰展示了不同区域在公路交通网络中的连通性和可达性。全局整合度较高的区域表明了这些地方在公路交通网络中占据核心位置，能够方便快捷地到达其他区域，而整合度较低的区域则可能处于网络的边缘，通达性相对较差。

利用 ArcGIS 软件中的自然断裂（Jenks）自然分类方法，我们将成渝地区双城经济圈公路交通网络的全局整合度划分为五个等级，通过颜色渐变从暖色调到冷色调来表示整合度从高到低的不同级别。在这一色彩编码体系中，红色代表最高的全局整合度值，而深绿色则表示最低的整合度值。根据分析，成渝地区双城经济圈的公路交通网络全局整合度数值范围从 0. 2665 延伸至 7. 8434，平均值达到 3. 327。约有一半的路段表现出较为理想的全局空间通达性，其整合度超过了这一平均水平。在地理空间上，高整合度的线路，以红色标示，主要聚集在成都和重庆的主城区，这两个区域在经济圈的公路交通网络中发挥着核心作用，成为交通整合度的高点。此外，我们观察到较高整合度的橙色线路主要分布于德阳、绵阳、眉山、资阳、大足、璧山、铜梁、永川和乐山等城市。这些地区的交通网络由高速公路和国省道交织而成，共同构成了以成都平原、川渝经济区和重庆都市圈为核心的 π 字形高整合度交通结构。然而，对于经济圈的外围地区，如雅安、黔江、云阳、开州和忠县等偏远城市，其公路交通网络的全局整合度则显得相对较低。这些地区的线段在可视化图中主要呈现为黄色和浅绿色，这暗示了它们与核心城市之间的交通联系较为薄弱，区域整合度不高，因而交通可达性也相对较低。综上所述，成渝地区双城经济圈的公路交通网络呈现出一个以成都和重庆主城区为中心，全局整合度向周边城市逐渐递减的空间分布模式，如图 5 – 15 所示。

利用 SDNA 工具计算并结合 ArcGIS 进行可视化，我们得到了成渝地区双城经济圈公路交通网络穿行性的空间分布情况（见图 5 – 16），其中高穿行性数值的线路代表着能够承载较高车流量的公路交通，这些线路在网络中发挥着关键的流通作用。

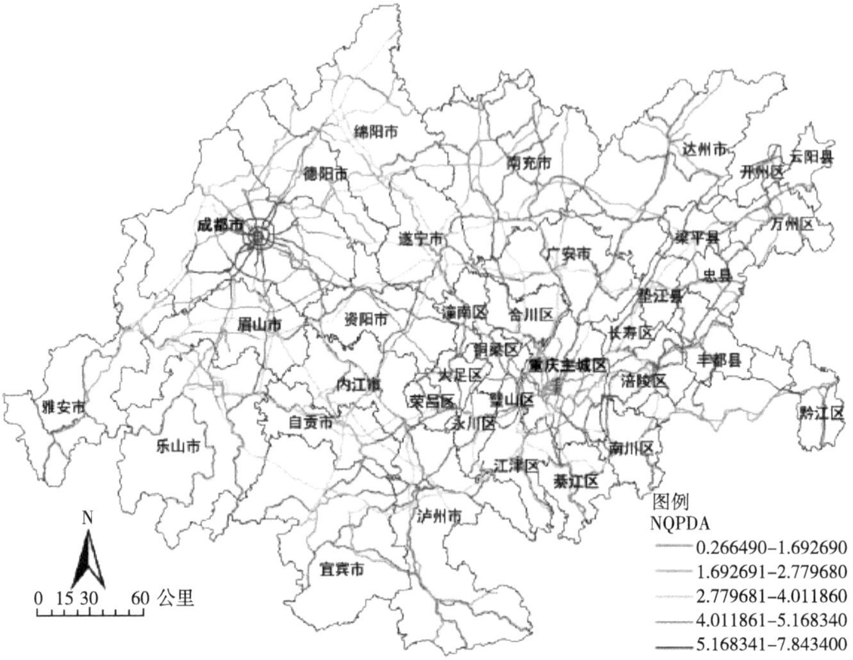

图 5-15　成渝地区双城经济圈公路交通网络全局整合度空间分布

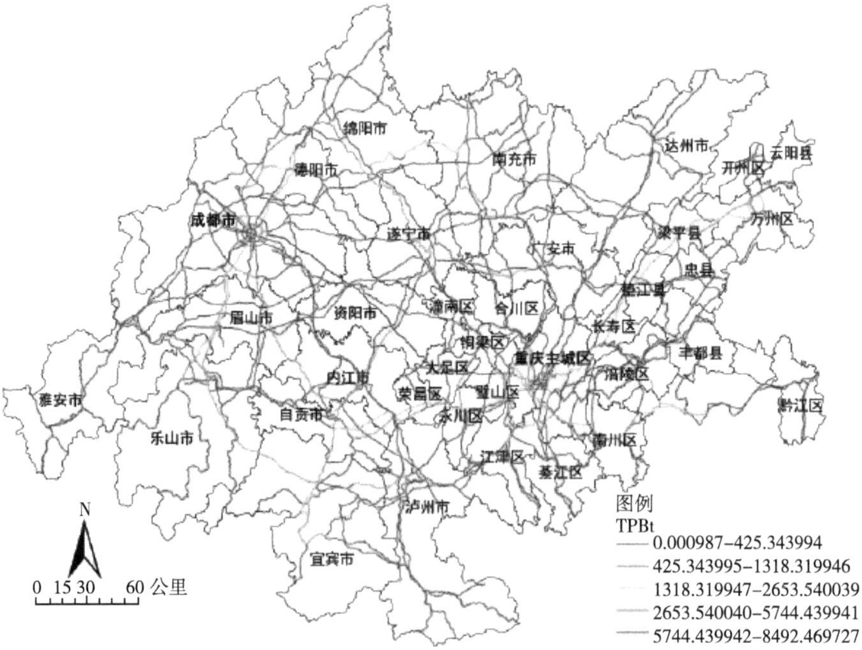

图 5-16　成渝地区双城经济圈公路交通网络穿行性空间分布

穿行性作为评价成渝双城经济圈公路交通网络中各路段交通流量通过概率的指标，是衡量交通可达性的关键因素。该经济圈的公路网络穿行性数值分布广泛，最高值高达 8492.48，最低值则低至 0.0099，平均值为 277.96。在整个路网中，只有 4799 处线路的穿行性超过了这个平均值，占所有线路的 16.11%，这表明不同路段之间在穿行性上存在显著的空间差异。高穿行性数值的路段，以红色标示，主要分布在成都至重庆主城区的发展轴线上，包括资阳、大足、璧山等地区。这些路段通过渝蓉高速公路等关键交通干线，连接了沿途的重要城市节点，吸引了大量车流，展现出强大的交通承载力和通行效率。特别是成都 - 德阳 - 绵阳区域以及璧山 - 重庆主城区的路段，穿行性较强，成德绵城市带和重庆都市圈在公路交通网络中扮演着重要的穿行角色，成为吸引车流的主要区域。在更广泛区域中，大部分公路交通网络路段的穿行性数值超过了平均值，显示出与实际交通网络相比，该经济圈的公路交通网络较为密集，核心区域的穿行性较好，通达能力强。然而，一些高速公路的穿行性数值较低，显示为绿色，这可能意味着在当前的交通网络拓扑结构中，这些高等级公路没有对重要交通走廊和关键城市提供足够的突出和优先，这可能是未来交通规划和优化需要关注的问题。

轨道交通的网络通达性是衡量成渝地区双城经济圈通过其轨道交通网络拓扑结构到达区域内任意点的便捷性的一个指标。根据全局整合度的分析，我们可以掌握轨道交通线路在整个区域中的通达性水平，具体来说，数值的高低直接反映了轨道交通路段在整个网络中的集聚能力和与其他地点的连接便捷性。数值越高，意味着该路段在轨道交通网络中占据的核心地位越显著，与区域内其他地点的联系也更为紧密。为了深入研究成渝地区双城经济圈轨道交通网络的全局整合度，我们借助了 SDNA 插件对构建的轨道交通网络句法模型进行了细致的计算。随后，结合 ArcGIS 软件强大的可视化功能，我们成功绘制了成渝地区双城经济圈轨道交通网络全局整合度的空间分布图。这张图清晰地展示了不同区域轨道交通的通达性水平，有助于我们识别和理解区域内轨道交通服务的优势和不足。

如图 5 - 17 所示，成渝地区双城经济圈的轨道交通网络在全局整合度方面表现出一定的分布特征。该网络的全球整合度平均数是 1. 8131，最高纪录为 3. 3392，而最低则是 0. 2066。在所有轨道交通线路中，超过平均整合度的线路段占到了 46. 98%，这揭示了网络在全球通达性上的明显不均衡。首先，成都以其最高的全球整合度数值，成为了人流和物流集聚的优越地点，拥有最佳的全球通达性。重庆主城区的某些区域也展现了较高的整合度，这些区域具有较强的吸引力。其次，成渝高铁的连接作用使得资阳、内江、荣昌、永川、璧山等地形成了紧密的串联，这些区域受益于成都和重庆的辐射效应，构成了与核心区域紧密结合的轴线区域。最后，全局整合度较低的区域通常以深绿色标示。这些区域由于地形限制和距离经济圈中心区域较远，轨道交通网络的布局较为分散和曲折。总体来看，成渝地区双城经济圈的轨道交通网络的全球整合度以成都和重庆两个核心点以及由此向外辐射的轴线为特征，形成了放射状的分布格局，其影响力随着距离核心区域的增加而逐步减弱。这种分布模式指出了成渝地区双城经济圈轨道交通网络在空间布局和通达性上的优化潜力。

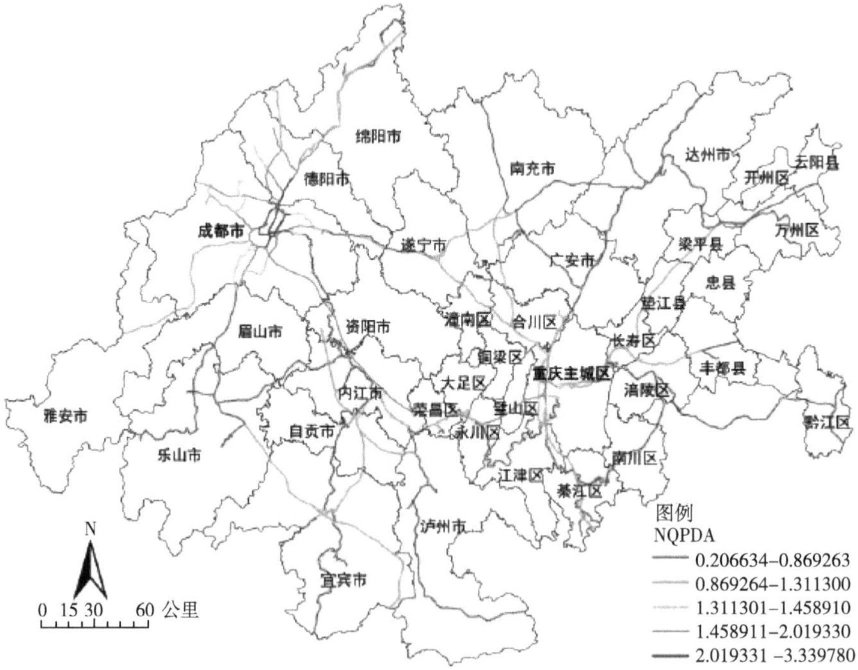

图 5 – 17　成渝地区双城经济圈轨道交通网络全局整合度分布

穿行性研究代表全域尺度网络中轨道交通承载能力和轨道交通的扩散能力，穿行性数值越高，轨道交通线网通行能力越强，基于轨道交通的成渝地区双城经济圈穿行度空间结构如图 5 －18 所示。

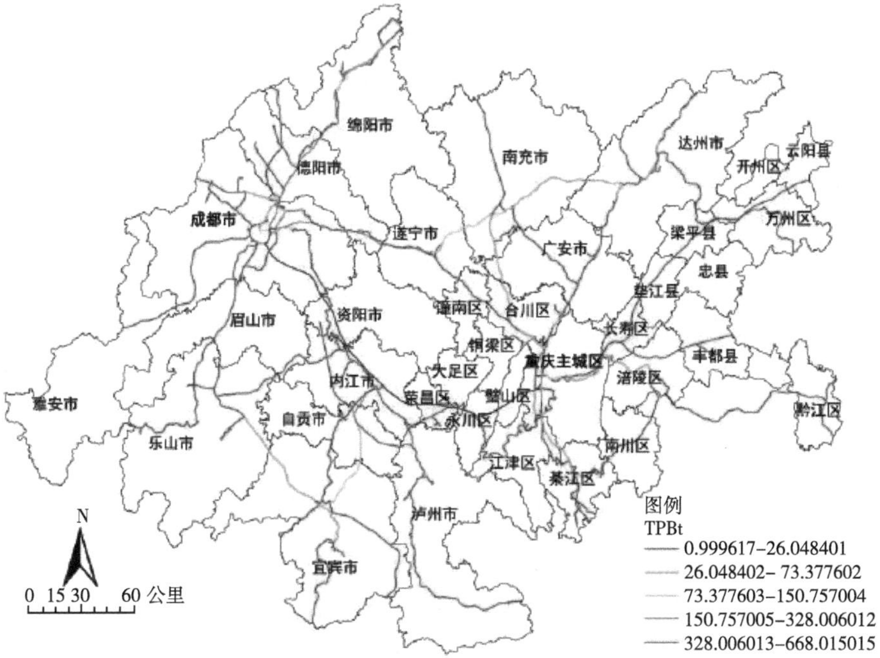

图 5 －18　成渝地区双城经济圈穿行度空间结构

如图 5 －18 所示，在成渝地区双城经济圈的轨道交通网络中，穿行性的空间分布情况揭示了区域内不同地点间通过轨道交通相互到达的容易程度。该网络的穿行性数值最高可达 668. 015，而最低值仅为 0. 9996，平均数值是 32. 852。在所有轨道交通线段中，有 23. 49% 的线段穿行性高于平均水平，这暗示了区域内轨道交通网络在提供便捷交通方面存在一定的不足。成都与重庆主城区构成了经济圈轨道交通网络的核心。这些地区通过如成渝线、成绵乐线、达成线等高效线路，显著加强了沿线城市的互联互通，进而推动了整个区域轨道交通的便捷性。特别是成都至重庆主城区这条主线，途经资阳、内江、荣昌、永川和璧山等城市，它们因成渝高铁的覆盖而成为了经济圈中的关键轨道交通走廊，承载着大量的客流，充分展现了其卓越的穿越能力和高效的客流疏导功能。此外，德阳、绵阳等城市通过成绵乐客运专线与成都紧密相连，这些地区的轨道交通同样表现出较强的穿行性，进一步证实了其强大的通行能力。而在成都至遂宁至南充、内江至宜宾以及重庆主城区至合川等区域，高等级的轨道交通网络不仅促进了这些地区的集聚效应，还极大地提升了区域的整体发展水平。然而，值得注意的是，经济圈边缘的一些城市，如雅安、黔江、万州、泸州以及省际边界的广安，其轨道交通的穿越性相对较弱，全局可达性有待提升。此外，开州、云阳、忠县等地目前尚未纳入轨道交通网络，这凸显了成渝双城经济圈在轨道交通网络建设上仍有进一步扩展和完善的空间。

三、对比分析

相较于其他三个经济圈，成都和重庆的主城区在公路交通方面具有显著的优势。在以成都平原为中心的川渝经济区和重庆都市圈，公路网络的整合度较高，形成了类似 π 字形的布局。成都至重庆的主干道轴上，公路网络通行能力强，而成绵乐城市带和重庆都市圈则承担了区域内主要的公路交通流量。尽管如此，一些高速公路的穿行性较低，这反映出在关键交通走廊和城市服务方面，部分高等级公路的作用并不突出。

在轨道交通网络方面，成渝地区的交通网络以成都和重庆主城区为中心，沿两个主要轴向周边辐射，但其影响力随着距离核心区域的增加而逐渐减弱。成渝、成绵乐、达成等主要轨道线路承载了经济圈内的大量交通流量，显示了强大的交通能力和高效的集散功能。相比之下，边缘地区的轨道交通穿行度较低，这表明该地区的轨道交通网络仍需进一步地发展和完善。

成渝地区的公路交通网络智能度仅为0.3846，低于0.5的基准值，这明确揭示了其整体与局部网络分布的协调性不足。该区域内高通达性的公路网络较为稀少，主要聚集在成都和重庆主城区周边，而边缘城市的公路交通则与经济圈其他地区的连接较为薄弱，这在一定程度上导致了区域发展的不均衡。此外，公路交通网络的可理解性指数也远低于0.5，显示出整体与局部分布之间缺乏明显的逻辑联系和一致性。

相比之下，成渝地区的轨道交通网络智能度稍高，为0.5124，表明其全局与局部网络之间存在一定的相关性，显示出相对有序的发展态势。然而，该网络的可理解性同样小于0.5，意味着轨道交通网络的拓扑结构之间缺乏清晰的相关性，存在一些不尽合理的发展现象。这些观察结果提示了成渝地区在交通网络规划和建设方面需要进一步地优化和改进。

第四节　提升成渝地区双城经济圈中心城市辐射力面临的挑战

一、中心城市辐射源能级偏低

一是中心城市的辐射力能级不足。经济体量和经济质量是城市发挥辐射力的关键前提和基础。与国际上的纽约都市圈、东京都市圈，以及国内的长三角城市群、京津冀城市群、粤港澳城市群相比，成渝地区双城经济圈的中心城市在整体经济实力、经济续航能力以及经济密度方面存在一定差距。这种不足限制了中心城市对周边地区的辐射和带动作用。为了提升中心城市的辐射力，需要加强经济发展，提高经济质量和经济密度，从而增强其对周边地区的吸引力和影响力。二是次级辐射源的辐射能级有限。由于地理距离和经济联系强度的限制，成渝地区的顶级中心城市如重庆主城九区和成都市的辐射范围受到限制，对边缘地区的辐射存在盲点。在这种情况下，次级中心城市如万州、黔江、绵阳、乐山、南充的重要性显著提升。然而，这些次级中心城市的经济实力、产业基础和创新能力等辐射能级相对较低。以2020年为例，绵阳市和乐山市的辐射力综合得分分别为0.101和0.062，这表明它们在对周边地区形成有效辐射和带动能力方面存在困难。

二、中心城市辐射流流动不畅

一是人口流动的“中部塌陷”现象。重庆和成都作为成渝地区双城经济圈的两大中心城市，其人口流动强度显著高于圈内其他城市。尽管南部的宜宾和达州等城市的人口流动强度近年来有所增强，但中部地区的内江和德阳等城市的人口流动强度却持续较低。这种“中部塌陷”现象与其他三个城市群相比更为明显，它不仅阻碍了人才要素的高效流动，也影响了人才集聚效应的发挥，从而对区域经济的均衡发展构成了制约。二是信息流动的非均衡化。2020 年的数据显示，成渝地区双城经济圈中心城市的信息流动强度呈现出显著的层级结构，即“2 +2 +4 +4 +4”。重庆市和成都市作为两大极核，其信息流强度远远超过其他城市，分别为 2055705 和 2646636。相比之下，雅安市和资阳市的信息流强度则低得多，分别为 62419 和 135849。这种信息流动的非均衡化程度较高，限制了中心城市通过信息流动对周边地区的辐射带动能力，影响了区域经济一体化的进程。三是资金流动的集中度过高。重庆市和成都市的资金流动强度极为突出，分别为 4695907 和 3094910，表明资金流在成渝地区双城经济圈中过度集中在这两个极核城市。这种集中度不仅对被辐射城市构成了压力，因为这些城市急需资本要素来推动经济发展，而且也不利于中心城市通过资金回流来发挥其辐射带动能力，影响了区域经济的均衡发展。

三、中心城市辐射通道体系不完善

在成渝双城经济圈的交通网络发展中，存在 3 个主要问题：一是交通网络的不平衡性以及区域通达性的不足。尽管该经济圈已经沿着东西方向建立了主要的交通轴线，但南北方向上的纵向交通轴线仍然欠缺，这导致经济圈内大中城市之间的空间连通性并不理想。例如，连接成都和重庆的陆上交通主要依赖于成渝铁路、成渝高速公路、成遂渝铁路和成遂渝高速公路，而这些交通方式在不同地区间的旅行时间通常需要 2 ~5 小时。这种较低的空间通达性成为了制约区域协调发展的一个重要因素。二是经济圈内部的次级城市在交通枢纽功能方面还有待提升。成渝地区双城经济圈内的次级城市之间城际交通网络的发展尚未充分，部分次级中心城市并未发挥好枢纽作用，导致人口流动与物资流动仍需经成都、重庆中转，降低了中心城市的辐射效率。这影响了区域内交通网络的整体效率和效益。城际交通网络的滞后不仅限制了人员和物资的快速流动，也影响了区域经济一体化的进程。三是口岸物流体系不完善。成渝地区双城经济圈内部具有果园港、万州港、涪陵港、泸州港等多个优质港口，但是各个港口独立发展，尚未形成高效的合作协同机制，甚至部分港口还存在竞争关系，因此并未形成完善的水运网络和口岸物流体系。这限制了成渝地区中心城市发挥长江黄金水道优势，借助水运物流网络这一辐射通道，辐射腹地，对接江海，联通国际的能力。

四、提升中心城市辐射力的区域协同机制不健全

一是区域产业同质化严重。总体来看，成渝两地之间三次产业结构十分相似。数据显示，成渝两地近 10 年来的三次产业结构相似系数多次达到 0.99，逼近 1，平均值在 0.98 以上。具体来看，川渝两地在全国范围内的优势产业分别有 19 个和 12 个，其中就有铁路、船舶、航空航天和其他运输设备制造业、计算机通信和其他电子设备制造业等 9 个产业出现重叠。特别是两地的制造业结构趋同，在集成电路、新型显示、智能终端等细分领域存在同质化竞争和资源错配现象，尚未形成跨区域产业联动协同发展模式。二是区域协商机制还未形成。由于行政区划和行政级别的限制，成渝两地以及重庆都市圈内部尚未建立常态化协商机制。在共商共享共建方面，缺乏有力的体制机制，其可能导致的结果就是出现政策传导和实施的时滞性和低效性。三是区域合作机制还不完善。从产业链来看，当前成渝地区产业合作多局限于要素合作和项目合作，上下游产品配套与供应过于专注本地区域，未建立产业链优势互补合作机制。从要素流通来看，成渝两地在要素流通领域合作不深，统一开放的区域要素市场尚未有效建立。总的来看，与发达城市群相比，成渝地区在标准制定、联合研发、金融创新、服务贸易等领域的合作不足，在工商、质检、建筑市场、食品药品监管、科技、人才等领域合作较少，对高水平区域协同发展造成了一定制约。

第六章　成渝地区双城经济圈中心城市辐射能力影响因素分析

在前文已对成渝地区双城经济圈中心城市的辐射力进行了现状分析、评价、测算以及对比分析的基础上，本章主要分析和探究成渝地区双城经济圈中心城市辐射带动能力的影响因素。本章主要包括以下内容：第一，梳理中心城市辐射力及其影响因素相关理论与文献，为进一步确定和探究中心城市辐射力的影响因素提供思路与方法。第二，在前文研究结论的基础上，运用灰色关联度分析方法初步确定与论证影响成渝地区双城经济圈中心城市辐射力的主要因素与关键因素。第三，利用面板回归效应模型对成渝地区双城经济圈中心城市辐射力与其关键影响因素之间的关系展开实证分析与检验。

第一节　中心城市辐射带动能力及其影响因素相关理论

一、基础理论

（一）区位理论

城市是一个地区的经济、政治和文化中心，具有相应的影响区域，在影响区域内起着焦点和核心作用，进而辐射带动周边区域的发展，形成合理的空间格局。杜能农业区位理论（Thunen，1826）开创孤立化研究思维方法，第一次说明了空间作用对经济活动的影响以及距离城市的远近对农业发展的影响，对后来的区位理论研究产生了很大的启发；韦伯工业区位理论（Weber，1909）从运费、劳动和集聚指向，探讨资本、人口向大城市移动形成集聚的机制，为经济区位论奠定了基石，对现实经济布局具有重要的指导意义；后续的帕兰德区位理论（Palander，1935）、廖什市场区位理论（Losch，1940）、胡佛区位理论（Hoover，1968）等都以城市作为参照对象，分析经济活动的区位选择指向性问题。与此同时，随着经济活动的集聚，城市在社会经济中占据了主导地位，成为了工业、交通、商业、贸易以及服务业等集聚点，在此背景下产生了克里斯泰勒中心地理论（Christaller，1933），该理论分析了市场、交通、行政等对城市规模等级的影响，以及不同规模等级城市的商品和服务供给范围。在此基础上，廖什中心系统理论（Losch，1940）在沿袭中心地理论的基础上，从只考虑中心性商品供给拓展到不同规模等级城市的商品相互供给，体现了供给和生产两个角度。上述理论奠定了城市发展和城市相互作用的理论基础。

（二）增长极理论

城市所在的区域因经济、社会、政治及空间关系构成了等级层次体系，城市间发生着中心城市扩散带动为主的辐射作用和集聚吸引为辅的极化作用。中心城市的空间作用在区域经济研究中，产生了系列影响力较大的理论。普劳克斯生长极理论（Perroiix，1950）认为，有带动性工业部门的城市会导致生产向该区域集中并形成核心区域，核心区域通过和边缘区域的交流促进边缘区域发展。在 1950 年，为了应对不发达地区的发展难题，法国经济学家佩鲁（F. Perroux）提出了增长极理论，该理论认为经济增长首先在几个核心区域显现，这些地区成为地区增长的极点。随后，这些增长极通过多种方式将经济发展的效应向外扩散，从而带动周边城市的发展。核心城市的经济活动会先行一步并对邻近地区产生辐射效应，推动整个区域的经济前进。赫希曼极化－涓滴学说（Hirshman，1950）认为，相对发达的区域对欠发达区域会产生不利和有利的作用，分别称为极化效应和涓滴效应，赫希曼认为，涓滴效应最终会大于极化效应占据优势；在 1957 年，缪尔达尔（Gurmar Myrdal）在他的作品《经济理论和不发达地区》及《亚洲戏剧：各国贫困问题考察》中，对增长极理论进行了补充。他引入了回流效应和扩散效应的概念，进一步阐释了这一理论如何影响不发达地区的经济发展；弗农基于产品生命周期的梯度推移学说（Vernon，1966）认为，区域之间的经济水平的差异取决于其主导部门先进程度，形成高低梯度，通过城市系统完成梯度推移，创新从高梯度向周围城市推移，或向第二级、第三级城市逐级推移。其后，在综合各方理论的基础上，弗里德曼提出的中心—外围理论（Friedman，1966）认为，中心在发展中居于主导地位，外围的发展主要依赖于中心，进一步丰富和发展了区域经济理论，为发展中心城市提供了理论支撑。陆大道院士在1984年提出了点轴理论，进一步拓展了区域经济理论并为中心城市的发展提供了理论依据。在这一理论中，"点"代表不同层级的中心城市，作为经济活动的发起点；而"轴"则指连接这些城市的交通、通信主干道以及能源和水资源的基础设施网络，并提出了"T型战略"，成渝地区双城经济圈是其中的重要组成部分。这一理念有助于理解如何通过建设基础设施促进区域经济的整体发展。

二、相关文献

（一）中心城市辐射带动能力评价研究

上述理论均为分析和实践中心城市对周边地区的经济辐射和带动作用提供了理论支持。在方法论和模型构建方面，诸如赖利基于牛顿引力理论提出的"零售引力模型"，康维斯的"断裂点"理论，以及克里斯塔勒的电话指数等，都成为评估中心城市辐射能力的重要工具。这些评价方法表明中心城市的辐射带动能力是一个综合系统，其效果可以通过建立指标体系并进行多指标综合评价来直观展示。

国内学者根据学科特点，构建了不同的评价指标体系，并从单一的层次分析法向熵值法、因子分析法等更多元化和系统化的综合分析方法过渡，这一变化增强了区域经济辐射研究的科学性。学术界持续关注如何确定城市经济辐射力评级的指标。例如，高玲玲（2015）将中心城市的辐射能力要素概括为经济实力、创新能力、市场化程度、对外开放度等；张先锋（2014）则强调城市综合经济实力、产业结构等因素；马宝宝（2016）提到了包括交通运输、金融服务等在内的多方面因素。总结这些研究，目前普遍认同的中心城市经济辐射力评价指标涵盖经济实力、产业发展水平等八大主要因素。

此外，一些学者尝试将不同的分析方法综合运用来构建更为精确的评价体系，如冯邦彦和常伟伟（2008）结合因子分析法和聚类分析法评估粤港澳城市群的经济辐射力；栾强（2016）则采用改进的分形模型评价都市圈中心城市的辐射力，这些方法更贴近复杂系统的实际情况。

（二）中心城市辐射带动能力测度研究

1. 中心城市辐射范围测度

经济地理学模型主要用于测算中心城市的辐射范围，其中城市规模（如人口和经济规模）及城市间的运输距离对其辐射范围有显著影响。断裂点理论探讨了城市与区域之间的相互作用，指出城市的辐射效应与其规模成正比，与距离成反比，并定义当两城市的相互作用达到临界平衡时出现的断点为断裂点。该模型及其相关理论广泛应用于城市间经济互动的研究。

国内学者在此基础上进行了大量实证研究。例如，姜世国（2004 年）结合“距离衰减效应”分析了杭州都市圈的影响范围；张明举（2003 年）运用因子分析和断裂点公式测算了重庆大足县小城镇的经济辐射半径；陈晨针对南昌市进行了类似的研究，明确了其城市经济辐射的地域范围和内部结构；高丽娜（2006 年）通过主成分分析法和威尔逊模型计算了上海对长三角地区的辐射半径。

此外，Voronoi 图也被广泛应用于确定城市的空间影响范围。刘华蓉（2017 年）、刘恬（2015 年）、范强（2014 年）和刘爱华（2011）等学者通过传统及加权 Voronoi 图测算了各城市及区域的经济腹地，为城市规划和区域经济分析提供了有力工具。

2. 中心城市辐射强度测度

研究中心城市的经济辐射强度是一个涉及多种量化模型的复杂领域，这些模型有助于准确测量城市对其周边地区的经济影响。测度方法的多样性体现在如模糊综合评价、区域经济联系强度评价、可变模糊评价、欧氏距离评价、面板 VAR 模型以及城市流强度评价（刘佳宁，2016）等技术的应用。引力模型作为其中一种主要的模型，基于物理学中的万有引力定律被调整和应用于区域经济和地理经济学研究，现已成为分析城市经济互动中的一项基础工具。这种模型尤其在国内的城市经济研究中得到了广泛的运用和多次改进。具体案例研究中，如孙久文（2016）和刘晓萌（2020）针对京津冀城市群的城市经济和旅游经济联系进行了深入分析；彭芳梅（2017）研究了粤港澳大湾区城市经济的空间联系与结构；江璐璐（2014）利用引力模型来计算安徽省及其邻近地区的经济联系强度，并详细分析了合肥市作为省内中心城市的经济地位。

在评价城市经济辐射强度的方法论上，越来越多的学者倾向于使用统计学和计量经济学的方法，特别是引入空间计量模型以获得更精确的评估结果。例如，范巧在评估重庆两江新区的经济辐射现状时，对比了多元线性回归模型、空间自回归模型、空间杜宾模型和空间误差模型，最终选择空间误差模型来更准确地衡量经济辐射水平及其影响因素。张先锋（2014）则结合了空间自相关模型和空间误差模型，比较了政治中心的北京与经济中心的上海对中国其他地区的经济辐射力水平。此外，随着交通和信息科技的快速发展，传统的距离观念对于衡量城市间的经济影响力已不再充分。戴德颐（2018）指出，在高速铁路等现代交通工具缩短了城市间的时间距离的今天，交通条件的改善对区域经济辐射强度的影响也需要重新评估。马宝宝（2016）进一步将断裂点理论与基于热传导定律的经济扩散模型结合起来，分析了交通改善如何影响兰州市及其周边地区的城市经济关系和经济辐射力强度，以此来弥补传统理论在现代交通条件下的不足。

（三）中心城市辐射带动能力影响因素研究

1. 影响因素

上述文献对中心城市辐射力的评价和测度进行了较为系统的研究，为后续对中心城市辐射力的影响因素的研究奠定了理论基础。栾强（2016）及其团队针对中心城市辐射过程中的关键影响因素进行了深入分析。他们选择了六个因素，这些因素在城市经济辐射力中起着决定性作用。研究结果揭示了北京、上海和广州三个城市的经济辐射力与其金融服务能力之间存在强烈的关联，关联系数在所有因素中最高，均达到或超过了0.8。在这三个城市中，货运总量和客运总量对北京和广州的辐射力提升至关重要，分别排在第二位和第三位，而上海的辐射力对客运总量的依赖则超过了货运总量。排第四位的影响因素在这三个城市中也各不相同，北京和上海的影响因素是消费水平，而广州的是信息传递。此外，政策支持力度在增强这三个城市的辐射力方面，并没有显示出与其他因素相比的显著优势。

此外，郭倩倩和陈永红（2017）对宁波都市圈中心城市的经济辐射力进行了评价分析。基于他们的分析结果，研究者们应用了灰色关联度模型来探讨影响宁波中心城区经济辐射力的主要限制因素。这些因素包括城市规模、科技创新水平、对外交通联系状况以及人流规模。通过详细的数据分析和模型运算，他们试图揭示这些因素如何具体影响宁波作为区域中心的经济辐射力，从而为城市规划和政策制定提供科学依据。陈子真和雷振丹（2019）从交通一体化、创新一体化、产业结构高级化、物流一体化、区域经济差距以及人才流动便利化等角度构建指标体系，考察不同因素对大湾区各城市间城市辐射力的影响，结果表明：影响大湾区城市间城市辐射力的首要因素是交通基础设施，其次为区域一体化创新。人才的区域内流动和极化发展策略对提高城市间城市辐射力有一定帮助，相反，产业结构高级化不利于中心城市发挥最大化城市辐射力。夏丹（2022）选择了2001～2019年粤港澳大湾区11个城市的面板数据为研究对象，运用灰色关联模型和面板回归模型深入探讨了这些城市的中心经济辐射影响因素。研究揭示了几个关键发现。首先，尽管信息通信技术对区域发展至关重要，但在粤港澳大湾区中，交通基础设施、人力资本和金融资本对城市经济辐射强度的正向影响更为显著。这表明这些因素是推动区域经济辐射力的主要驱动力。其次，研究还发现，这些关键因素对经济辐射强度的具体影响在不同城市间表现出显著的差异。具体来说，在广州，交通基础设施的发展对其经济辐射强度的提升起到了最大的促进作用；在深圳，人力资本的积累和优化对经济辐射力的增强影响最大；而在香港，金融资本的集聚和优化发挥了最关键的作用。这些结果不仅凸显了区域发展中的异质性，也为各城市根据自身特点制定政策提供了依据，以更有效地利用其经济辐射潜力。

2. 作用机制

中心城市在区域经济中扮演着增长极的角色，利用自身的优势资源促进周边城市的经济增长。多项研究已经指出，中心城市的经济发展具有显著的溢出效应，这种效应主要体现在两个方面（柯善咨，2009；余静文、王春超，2011；毕秀晶、宁越敏，2013）。首先，一部分学者强调产业带动机制的重要性。他们认为中心城市通过产业关联、产业转移以及产业分工促进周边城市的产业发展，从而实现区域经济的整体提升（王贤彬、吴子谦，2018；崔耀平等，2020）。这种机制不仅推动了技术和资本的区域流动，也促进了劳动力和商品的跨区域交换，从而加速了周边城市的工业化和现代化进程。其次，另一批学者则侧重于交通基础设施的完善、区域要素的自由流动及市场一体化的重要性。他们认为中心城市作为资源和要素的汇聚点，能够有效地吸引和利用来自不同地区的资源，从而提升包括周边城市在内的整个区域的经济效率（吴福象、刘志彪，2008；许政、陈钊、陆铭，2010；王雨飞、倪鹏飞）。最后，通过减少市场分割，周边城市能够更充分地利用中心城市提供的大市场以及来自中心城市的贸易和投资溢出，从而实现经济增长和发展。这些研究表明，中心城市通过多种机制如产业发展带动和基础设施完善等，有效地辐射和带动了周边城市的经济增长，显示出其在区域经济发展中的关键作用。

第二节　成渝地区双城经济圈中心城市辐射能力影响因素初步分析

前文已经从经济发展、产业发展、科技创新、改革开放、基础设施、生态宜居这 6 个方面构建了指标体系。这 6 个方面同时也是影响成渝地区双城经济圈中心城市辐射力的重要因素。而本节将在前文指标体系的基础上，结合有关文献以及成渝地区辐射力发展现实选取 9 大影响因素，然后运用灰色关联模型分析这 9 大影响因素与成渝双城经济圈中心城市辐射力之间的关联度，以此初步考察这 9 大因素对中心城市辐射力的影响程度，从而找出其中影响程度最大的因素，为下一节的实证分析奠定基础。

一、变量选取

一是被解释变量。城市辐射力作为被解释变量，在前文已经利用主成分分析法与熵权法测算出成渝地区双城济圈中心城市辐射带动能力得分，而本章即采用该得分作为中心城市辐射力的代理变量。

二是解释变量。解释变量包含 9 个方面：第一，经济规模。经济规模作为一个经济总量指标，对城市辐射力有着重要的影响，本研究采用地区生产总值作为经济规模的代理变量。第二，就业水平。就业水平是宏观经济与城市发展水平的重要指标，中心城市较高的就业水平将提升地区的经济发展效率，同时促进人力资本的合理高效流动。本研究采用年末就业人数作为就业水平的代理变量。第三，消费水平。消费作为拉动国民经济的“三驾马车”之一，会对城市辐射力产生重要影响。本研究采用社会消费品零售总额作为消费水平的代理变量。第四，产业结构。城市经济的增长与发展往往依靠产业的发展。而中心城市的支柱产业和主导产业更是其核心竞争力与辐射力的主要来源之一。本研究采用第三产业与第二产业的比值来衡量产业结构。第五，创新投入。中心城市在科研创新上的大力投入往往会吸引大量要素的流入，在形成要素集聚后对周围形成辐射与扩散效应。本研究采用 R&D 投入作为创新投入的代理变量。第六，创新产出。创新产出是城市在创新投入之后的成果，也会在一定程度影响城市的辐射力水平。本研究采用发明专利授权量作为创新产出的代理变量。第七，开放水平。成渝地区双城经济圈虽然位于西部内陆，但重庆等地作为“一带一路”的重要节点以及中欧班列与西部陆海新通道始发地与起始站，在对外开放上具有极大潜力，由此开放水平也成为影响成渝地区中心城市辐射带动能力的重要因素。本研究采用实际利用外资量作为开放水平的代理变量。第八，基建水平。基础设施建设作为辐射通道，在城市辐射中发挥着重要作用。本研究采用客运量与货运量加权平均后取得的数值作为基建水平的代理变量。第九，生态宜居。“绿水青山就是金山银山”，高生态宜居水平的中心城市会带来更大的正外部性，并对周围地区起到示范作用与扩散效应，城市的生态宜居水平在当今强调绿色发展的时代已成为城市辐射力的重要影响因素。本研究采用全年空气优良空气质量占比与森林覆盖率的均值作为生态宜居的代理变量。具体的变量解释见表 6-1：

表 6-1 变量说明

变量	代理指标
城市辐射力	城市辐射带动能力得分
生态宜居	空气优良空气质量占比与森林覆盖率均值
开放水平	实际利用外资量
产业结构	第三产业与第二产业的比值
就业水平	城镇非私营单位从业人员期末人数
消费水平	社会消费品零售总额
基建水平	客运量与货运量加权平均
经济规模	地区生产总值
创新产出	发明专利授权量
创新投入	科学技术支出

二、数据说明

（一）数据来源

出于数据的可获得性与代表性原则，本节选取了 2018～2020 年重庆市与成都市的各项相关指标数据。本研究所用数据主要收集自四川省和重庆市的官方出版物，包括《四川统计年鉴 2020》《重庆统计年鉴 2020》《重庆科技年鉴 2020》。除年鉴外，其他数据来源包括地级市和区县的《2020 年国民经济和社会发展统计公报》。此外，还包括来自各地区的财政部门、知识产权局、教育委员会公众信息网、人社保障局等相关政府部门的数据，以及互联网新闻等公开信息。通过综合这些信息源，建立了本研究所需的原始数据集。

（二）数据处理

灰色系统理论是由中国学者邓聚龙教授在 1982 年提出的，标志着系统性思维在理论层面的进一步深化和发展。作为灰色系统理论的一个重要分支，灰色关联分析专注于系统功能影响因素的研究。与传统的数理统计方法相比，后者通常对样本量和样本分布的规律有较高的要求，而灰色关联分析则在这些方面提供了较大的灵活性。

灰色关联分析的优势在于其对数据的要求相对较低，且需要的数据量较少，这使得它特别适合于信息不完全的情况。此外，该分析模型以其原理的简单性和操作的易用性而被广泛应用于各种复杂系统分析中。它通过分析和比较序列之间的相似度，有效地识别出系统中关键的影响因素，从而为决策提供科学依据。这种方法尤其适用于那些难以获取大量准确数据的研究领域，为处理不确定和不完全信息提供了一种有效工具。模型计算步骤如下：

第一步，数据的无量纲化。基于影响因素数据的特征和灰色关联度模型的要求采用初值法，用数据和本列中第一个数据进行处理。

第二步，指标正向化。无量纲化后存在逆向指标，逆向指标会影响关联度结果，为统一正向指标和逆向指标的评价口径，需要对逆向指标进行相关处理，具体如下：

$$x_t(i)=\begin{cases} z_t(i)，z_t(i)\ \text{为正向指标} \\ \dfrac{1}{n_t(i)}，n_t(i)\ \text{为逆向指标} \end{cases} \tag{6-1}$$

其中：$z_t(i)$ 和 $n_t(i)$ 为指标的无量纲化数值。

$$X_t(i)=\begin{cases} x_t(i)，x_t(i)\ \text{为正向指标对应值} \\ \dfrac{x_t(i)}{\max(x_t(i))}，x_t(i)\ \text{为逆向指标对应值} \end{cases} \tag{6-2}$$

第三步，计算关联系数。

$$\varepsilon_t(m)=\frac{\min_t\min|Y_0(i)-X_t(i)|\beta\max_t\max_i|Y_0(i)-X_t(i)|}{|Y_0(i)-X_t(i)|+\beta\max_t\max_i+|Y_0(i)-X_t(i)|} \tag{6-3}$$

$Y_0(i)$ 为参考序列，即重庆市与成都市这两个成渝中心城市的辐射力数列；$X_t(i)$ 为比较序列，即为影响因素序列；β 为分辨系数，分辨系数 $\beta\in(0,\infty)$，β 越小，分辨力越大，一般 β 的取值区间为（0，1），具体取值可视情况而定。当 $\beta\leqslant0.5463$ 时，分辨力最好，通常取 $\beta=0.5$。

第四步，计算关联度。

$$\theta_0t=\frac{1}{m}\sum_{k=1}^{m}\varepsilon_t(k) \tag{6-4}$$

0_0t 为关联度，其结果越接近于1，说明解释变量对被解释变量的影响程度越大。

（三）结果分析

重庆市城市辐射力的影响因素按关联度排名分别是（见表6－2）：生态宜居（第1）、开放水平（第2）、产业结构（第3）、就业水平（第4）、消费水平（第5）、基建水平（第6）、经济规模（第7）、创新产出（第8）、创新投入（第9）。具体来看，生态宜居的关联度为0.91，排名第一，表明生态宜居水平对重庆市城市辐射力有着极大的影响。城市作为地区经济发展与人类居住环境的载体，一方面，吸引了大量的人才，另一方面，在城市化进程中，也带来了“城市病”现象。例如，城市拥挤的交通，空气质量变差，人均绿色空间减少。城市生态宜居水平的低下将严重限制城市的发展，制约中心城市发挥辐射带动能力。相反，较高的城市生态宜居水平可以吸引大量人才，产生人才集聚效应，进而促进经济增长、产业发展，由此产生强大的正外部效应将极大提升城市的辐射带动能力。因此，提升城市生态宜居水平值得高度关注，可以参考从污染治理、“碳治理”、河道治理等方面发力。开放水平的关联度为0.852，排名第二，表明开放水平对重庆市城市辐射力有着较大影响。近年来，重庆市积极响应国家对外开放及区域发展的战略指导，通过系统地构建和利用铁路、水路和空运等三大枢纽以及三大口岸，结合三个保税区，全面推进了覆盖全市的对外开放平台体系的建设。具体来说，重庆通过“渝新欧”国际铁路联运大通道向西扩展，实现与中亚及中东欧国家的连通；同时，依托长江经济带的黄金水道向东发展，进而接入太平洋。这些举措显著提升了重庆在国家东西南三向开放战略中的核心地位。为了加速产业的集聚并培育产业集群，重庆市采取了一系列措施来构建一个开放、协调发展和全面繁荣的地区经济环境。特别是在两路寸滩保税港区和西永综合保税区，重庆成功集聚了以“5＋6＋800”为核心的电子信息产业集群。这一策略不仅促进了产业的高度集中，还显著拉动了外贸增长，产生了显著的规模效应，进一步加强了重庆市在全球产业链中的重要性。通过这种多维度的对外开放布局和产业发展策略，重庆正朝着成为国内外经济交流的关键枢纽迈进。高度的开放水平极大提升了重庆市城市辐射力。保持并进一步提升开放水平，也是当前提升重庆市城市辐射力的重点工作。产业结构的关联度为0.838，排名第三，表明产业结构对重庆市辐射力有着较大影响。近两年，重庆的产业结构为“三二一”结构，呈现一定程度的合理化和高级化。同时，重庆市已成功打造了一个结构优化、门类全面且布局合理的现代产业体系。该体系以多个优势产业集群为基础，其中包括汽车和摩托车制造、天然气与石油化工、装备制造、材料冶金、电子信息、综合能源、生物医药以及一些劳动密集型的加工制造业。这些产业集群不仅代表了重庆市的工业实力，还为经济的多元化发展奠定了坚实的基础。此外，重庆市的服务业也呈现出多样化的发展态势，以金融、商贸物流和研发服务等生产和生活性服务业为核心，这些服务业支撑了市场的日常运作并促进了地区经济的高效运转。同时，特色种养业作为现代农业的代表，也在不断地推动农业向现代化、专业化方向发展。这一全面而多元的产业体系不仅优化了重庆市的经济结构，也使得各类产业能够相互支持，共同促进地区经济的持续增长和社会的全面发展。通过这样的产业策略，重庆市不断提升其在国内外市场的竞争力，展现了其作为一个重要经济中心的地位。

产业结构从辐射源的角度影响了重庆市的城市辐射力。就业水平的关联度为0.825，排名第四，表明就业水平对重庆市辐射力有着较大影响。重庆市2021年城镇新增就业人员75.08万人，比上年增长14.5%。就业水平会通过影响人才吸引力与人力资本流动进而影响城市辐射力，该影响机制主要是从辐射流（人流）的角度发挥作用。消费水平的关联度为0.804，排名第五，表明消费水平对重庆市辐射力有着较大影响。一直以来，重庆市社会零售总额增长率都位于全国前列，特别是重庆市的“夜经济”近年来都占据全国榜首。重庆市强大的消费能力拉动了城市经济发展，也对重庆市辐射带动能力具有相当的贡献度。基建水平的关联度为0.752，排名第六，表明基建水平与重庆市城市辐射力有着一定关联程度。

重庆市复杂的自然地理环境决定了重庆市基础设施建设的难度大、挑战多。而基础设施建设又充当着辐射通道的主要角色，影响着城市的辐射带动能力。如何提高基础设施建设水平，亦是提升重庆辐射力的重要抓手。经济规模的关联度为0.719，排名第七，表明经济规模与重庆市辐射力有着一定的关联程度。经济规模是城市发展与城市竞争力的重要因素，重庆市近年来经济发展势头良好，但可能更多出现虹吸效应，从经济规模角度来看并没有对城市辐射力提供较大的贡献。创新产出和创新投入的关联度分别为0.631和0.607，排名第八和第九，表明创新产出和创新产出均与重庆市辐射力关联程度较小。这主要是由于重庆市在科技创新方面力度不够，效率不高。还未形成规模效应与集聚效应，而对周边地区的辐射带动能力就更低了（见表6-2）。

表6-2　　重庆市辐射力关联度

影响因素	关联度	排名
生态宜居	0.91	1
开放水平	0.852	2
产业结构	0.838	3
就业水平	0.825	4
消费水平	0.804	5
基建水平	0.752	6
经济规模	0.719	7
创新产出	0.631	8
创新投入	0.607	9

如表6-3所示，成都市城市辐射力的影响因素按关联度排名分别是开放水平、产业结构、就业水平、生态宜居、消费水平、基建水平、经济规模、创新投入、创新产出。具体来看，开放水平的关联度为0.932，排名第一，表明开放水平对成都市城市辐射力有着极大的影响。成都市是离欧洲最近的国际中心城市，地处“一带一路”和长江经济带重要的交会点同时也是我国拥有双国际枢纽机场的第三城，在对外开放方面具有极大的优势与潜力，这也是成都市开放水平与成都市城市辐射力关联程度如此高的原因之一。产业结构的关联度为0.911，排名第二，表明产业结构对成都市城市辐射力有着极大的贡献度。这是由于成都有着较为高质高端的产业结构与现代产业体系。2018年，成都市高新技术产业实现了突破性进展，产值超过1万亿元。其中，电子信息、装备制造、医药健康、新型材料和绿色食品5大先进制造业的工业增加值占据了全市比重的82%以上。成都

在新型显示、软件、信息安全等领域的发展更是位居全国前列。与此同时，成都的现代服务业也呈现出快速增长的态势，服务业增加值达到了8304亿元，其对经济增长的贡献度进一步提高至61.3%。科学研究和技术服务业、信息传输、软件和信息技术服务业对规上服务业企业营业收入增长的贡献率分别达到40%和36.6%。成都的现代农业也取得了显著进步，农业增加值达到522.6亿元。现代种业规模化集中程度更是达到了95%。此外，“三品一标”认证数达到了1347个，进一步提升了都市现代农业的发展效益。

表6-3　　成都市辐射力关联度

影响因素	关联度	排名
开放水平	0.932	1
产业结构	0.911	2
就业水平	0.9	3
生态宜居	0.882	4
消费水平	0.871	5
基建水平	0.861	6
经济规模	0.779	7
创新投入	0.771	8
创新产出	0.562	9

就业水平的关联度为0.9，排名第三，表明就业水平与成都市城市辐射力关联程度极大。这部分源自成都市在积极就业政策推动下，就业吸附力持续增强，就业规模不断扩大，就业结构逐步优化，从而提升了成都市的辐射带动能力。生态宜居的关联度为0.882，排名第四，表明生态宜居与成都市城市辐射力有着较大的关联程度。成都市在生态环境建设下大力气并取得了突出成效，使得生态宜居水平促进了成都市城市辐射力水平。消费水平的关联度为0.871，排名第五，基建水平的关联度为0.861，排名第六，表明消费水平和基建水平与成都市城市辐射力有着较大的关联程度。经济规模的关联度为0.779，排名第七，创新投入的关联度为0.771，排名第八。表明经济规模和创新投入与成都市城市辐射力有着一定的关联程度。创新产出的关联度只有0.562，排名第九，表明创新产出与成都市

城市辐射力的关联程度较小。

如图 6 - 1 所示，开放水平、产业结构、就业水平、生态宜居、消费水平、基建水平这 6 个因素位列重庆市和成都市城市辐射力关联度排名前六。初步说明这 6 个因素是影响成渝地区双城经济圈中心城市辐射力的关键 6 大因素。本章第三节就将针对这 6 大因素对成渝地区双城经济圈中心城市辐射力的影响进行实证分析。

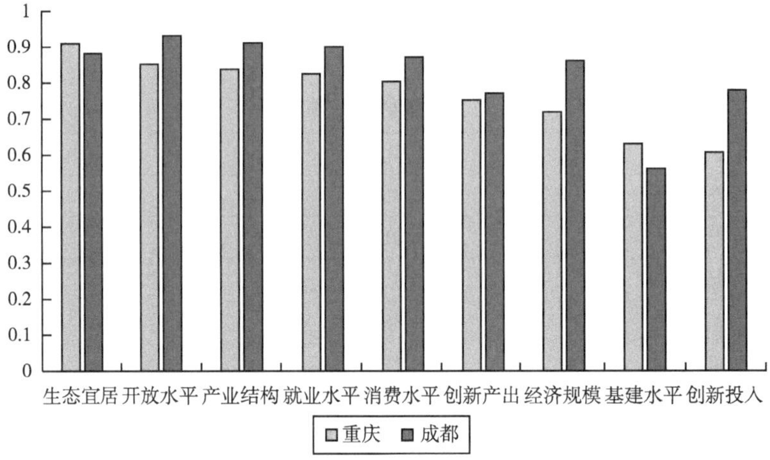

图 6 - 1　成渝地区双城经济圈中心城市辐射力与影响因素关联度

第三节　成渝地区双城经济圈中心城市辐射能力影响因素实证分析

一、样本选择与数据说明

本节将选取重庆市、成都市、德阳市、眉山市、绵阳市、南充市、内江市、泸州市、宜宾市、自贡市、乐山市、广安市、遂宁市、资阳市、达州市、雅安市这十六个城市 2018 ~ 2020 年的相关指标数据，共计 288 个样本值。数据来源在前文已做说明，此处不再赘述。

二、变量选取

被解释变量：城市辐射力（Fs）。即前文已经利用主成分分析法与熵权法测算的成渝地区双城济圈中心城市辐射带动能力得分。

解释变量：（1）开放水平（Open），用实际利用外资量表示。（2）产业结构（Is），用第三产业增加值与第二产业增加值比值表示。（3）就业水平（Emp），用年末就业人数表示。（4）生态宜居（El），用全年天气质量优良天数占比与森林覆盖率均值表示。（5）消费水平（Con）、用全社会零售品消费总额表示。（6）基建水平（Inf），用全年货运量与客运量加权平均值表示。

三、模型构建

为探究成渝中心城市辐射力与六大影响因素之间的关系，本文构建如下的基准模型：

$$FS_{i,t} = \alpha_0 + \alpha_1 Open_{i,t} + \alpha_2 Is_{i,t} + \alpha_3 Emp_{i,t} + \alpha_4 El_{i,t} + \alpha_5 Con_{i,t} + \alpha_6 Inf_{i,t} + city_i + \varepsilon_{i,t}$$

其中：城市辐射力（Fs）为被解释变量；开放水平（Open），产业结构（Is），就业水平（Emp），生态宜居（El），消费水平（Con）、基建水平（Inf）均为解释变量；城市（city）为哑变量，属于该城市取 1，否则取 0。$\varepsilon_{i,t}$为随机扰动项；α_0 为截距项，α_1，α_2，α_3，α_4，α_5，α_6 分别为对应解释变量的影响系数。

四、实证检验与结果分析

（一）描述性统计结果

表 6－4 为变量描述性统计结果。由表 6－4 可知，城市辐射力的均值为 0.1417，标准差为 0.2114，这表明成渝地区各城市的辐射力水平差异较大，重庆市与成都市以外的其他城市辐射力处于一个较低水平。开放水平

的均值为5.5080，标准差为0.7406，说明样本城市对外开放的平均水平较高，但不同城市的对外开放水平差异较大。就业水平的均值为14.3334，标准差为3.9299，表明样本城市的平均就业水平很高，但是不同城市之间的就业水平差异极大，主要表现在重庆市和成都市对就业人口的大量虹吸，成渝区域内就业水平的不均衡性较高。产业结构的均值为1.1697，标准差为0.3327，说明样本城市的产业结构大多为“三二一”结构，产业结构较为合理。同时不同城市之间的差异较小，但这也表明成渝地区不同城市之间的产业同质化问题可能较严重。生态宜居的均值为14.6646，标准差为36.9057，表明样本城市的生态宜居水平较高，但不同城市之间的差异极大，成渝地区各城市在城市生态的建设上表现出极大的不均衡性。消费水平的均值为13.1309，标准差为0.9910，表明样本城市的消费水平较高，成渝地区各个城市的消费力强劲，但不同城市之间具有一定程度的差异。基建水平的均值为4.1630，标准差为0.1052，表明样本城市的平均基建水平较低，但不同城市之间的差异不大，表明成渝地区基础设施建设具有较高的地区协调性。

表6-4　变量描述性统计结果

变量	均值	标准差	最小值	最大值
FS	0.1417	0.2114	0.0338	0.7644
Open	5.5080	0.7406	4.3981	7.4411
Emp	14.3334	3.9299	6.2207	18.5851
Is	1.1697	0.3327	0.7793	2.1607
El	14.6646	36.9057	0.1123	131.7000
Con	13.1309	0.9910	11.2972	16.0222
Inf	4.1630	0.1052	3.9060	4.4149

（二）基准模型检验

本章对基准模型进行了豪斯曼（Hausman）检验，根据结果确定了本研究模型为面板数据固定效应模型，且为个体固定效应。表6-5为含稳健估计的个体固定效应模型的回归结果。由表6-5可知，开放水平，就业水平、产业结构对成渝地区城市辐射力有着极为显著的正向影响，并且均在

1%的水平上显著。具体来看，开放水平、就业水平、产业结构对城市辐射力的影响系数分别为0.0835、0.0410、0.0128，表明开放水平每提高1%，城市辐射力将提高0.0835%。同理，就业水平每提高1%，城市辐射力将提高0.0410%；产业结构水平每提高1%，城市辐射力将提高0.0128%。从影响机制来看，开放水平与产业结构主要是影响辐射源来影响城市辐射力。较高的开放水平会极大发挥中心城市的区位优势，在与外部中心城市的竞争中取得更高的战略地位，让“国际大循环”的参与者获得更大的城市经济收益。合理化与高级化的产业结构可以充分发挥城市的产业集聚效应，通过高度的产业结构进行区域产业链分工与协作，对周围地区产生辐射带动作用。提升开放水平，完善产业结构，可以提升城市的发展能级，增强中心城市的辐射源力量，进而更好的发挥城市辐射带动能力。

表6-5　基准模型回归结果

变量	FS
Open	0.0835*** (10.77)
Emp	0.0410*** (8.26)
Is	0.0128*** (9.85)
El	0.0723** (3.11)
Con	0.0363** (1.55)
Inf	0.0145* (2.55)
常数项	-11.85* (-2.10)
城市	yes
样本	288

注：***、**、*分别表示在1%、5%和10%的统计水平上显著；括号内为经聚类稳健标准误调整的t值。

生态宜居、消费水平对成渝地区城市辐射力有着较为显著的正向影响，均在5%的水平上显著。具体看来，生态宜居、消费水平对城市辐射力的影响系数分别为0.0723，0.0363，即生态宜居水平每提高1%，城市辐射力将提高0.0723%，消费水平每提高1%，城市辐射力将提高0.0363%。从作用机制来看，生态宜居水平主要通过影响辐射流来影响城市辐射力，较高的生态宜居水平可以影响更多的人流，进而间接吸引物流与资金流。生态宜居水平高的城市会吸引更多的中高端人才前来定居与工作，从而形成人才集聚效应，进而提升城市辐射力。消费水平主要通过影响辐射源来影响城市辐射力，重庆市与成都市的全社会零售品销售额长年居于全国前列，这主要得益于成渝在消费领域的能级优势，高度的消费水平强力拉动了成渝地区的经济增长与发展，提升了成渝地区城市辐射源的实力。

基建水平对城市辐射力的影响显著性不高，只在10%的水平上显著。从作用机制来看，基建水平主要通过影响辐射通道来影响城市辐射力。辐射通道作为连接辐射源与被辐射地区的通路，是辐射流发挥作用的主要基础。由此可见，辐射通道对城市辐射力的作用意义非凡，但从实证结果来看，基建水平对成渝地区城市辐射力的贡献并不大，影响并不非常显著，这说明成渝地区在基建水平上仍有较大的潜力和空间，在未来，可以通过提升基建水平来拓宽提升城市辐射力的道路与机制。

（三）稳健性检验

为了使前文的实证结论更具有说服力，本节还对基准模型进行了稳健性检验。本节主要采取了缩尾处理，检验的结果如表6－6所示。在进行稳健性检验之后，开放水平、就业水平、产业结构、生态宜居、消费水平、基建水平仍然对城市辐射力有着极为显著的正向影响。这表明前文的实证结论具有较大的可靠性。

表6－6　　稳健性检验结果

变量	缩尾处理
Open	0.0367 *** （6.08）
Emp	0.0997 *** （2.53）

续表

变量	缩尾处理
Is	0.0896*** (5.3)
El	0.0115*** (7.57)
Con	0.0145** (2.63)
Inf	0.0782** (3.39)
常数项	1.133 (1.94)
城市	yes
样本数	288

综上所述，开放水平、产业结构、就业水平、生态宜居、消费水平、基建水平是成渝地区双城经济圈辐射带动能力的6大影响因素，应着重从这6大因素入手提出提升成渝地区双城经济圈的辐射带动能力的相关计划与工程。

第七章　提升成渝地区双城经济圈中心城市辐射带动能力重点任务

第一节　提升成渝地区双城经济圈中心城市辐射带动能力六大工程

一、成渝城市能级提升工程

以适应新的发展阶段为导向，注重现代化进程，通过优化重庆主城和成都的功能布局，全面提升其发展能力和综合竞争力，从而巩固并加强这两个城市作为地区双核心的地位，做强“双核”。例如，我们可以通过优化重庆主城和成都的功能布局，来提升它们的发展能力和综合竞争力。这意味着在城市规划中加强对于科技创新中心、产业集聚区和生态保护区等方面的布局设计，以确保城市发展更具有包容性和可持续性。通过这种方式，我们可以巩固并加强这两个城市在地区的双核心地位，使其成为地区经济发展的引领者。提升重庆、成都中心城市综合能级和国际竞争力，强化协同辐射带动作用。以重庆和成都两极作为圈内引领经济发展的“驱动器”。例如，可以加大对于高新技术产业的支持力度，培育更多的科技企业和创新型企业，提高城市的创新能力和竞争力。同时，通过加强城市基础设施建设和提升城市环境质量，吸引更多国际投资和人才，提升城市的国际影响力。可以加强两城之间的交通联系和产业合作，促进资源要素的流动和优势互补，实现协同发展。通过这些措施，我们可以使重庆和成都成为引领整个区域向前发展的“驱动器”。增强创新能力培育，建设策源能力，塑造现代化经济结构。例如，可以加大对科研机构和高校的支持力度，鼓励创新型企业的成长，推动科技成果向产业转化。通过这些举措，我们可以提高资源利用的智能化水平和整体经济效率，进一步加强对西部地区经济发展的引领作用和推动力，提高对全国经济增长的贡献率，增强我们参与全球资源配置和竞争的能力。

二、现代产业优化提质工程

在深入实施创新驱动发展战略的过程中，我们坚持以“科创 + 产业”为路径，积极促进创新链与产业链的深度融合。通过建立科技创新中心，我们不仅引领产业的升级，还推动实体经济的全面发展，从而形成产业发展的新高地。特别是在成渝地区双城经济圈内，我们通过突出制造业、旅游业和农业等领域的优势，共同打造了一系列优势产业集群，建立了强大的产业链和供应链。在推动区域经济的过程中，我们特别注重双圈第一二三产业跨行政区的深度融合发展。这不仅促进了产业的相互渗透和延伸，还有效拓展了产业界限，极大提升了产业效率。例如，我们通过发挥重庆的制造业优势和开放程度，加速了沿沪宁产业创新带的发展。特别是两江新区和西部（重庆）科学城的建设，已逐渐成为具有全球影响力的科技产业创新中心和具有国际竞争力的先进制造业基地。

同时，我们也充分发挥了成都在科技创新、生态环境和科教资源方面的特色优势。成都不仅推进了西部（成都）科学城的建设，而且整合提升了一批集聚发展平台，使其成为全国科创新高地、新兴产业聚集地以及人文社会样板区。这些措施极大地丰富了成都的区域发展特色，同时为整个区域的创新和经济发展注入了新的活力。通过这些精心设计的措施，我们不仅促进了成渝两地的协同发展，还强化了分工合作和错位发展策略，最终实现了区域发展的整体水平和效率的显著提升。未来，我们将继续推动这一创新发展模式，不断探索新的发展机会，以确保经济的高质量发展和可持续进步。通过这种方式，我们期待成渝地区能够成为全国乃至全球经济发展的新引擎。

三、科技创新能力增强工程

我们正坚定不移地实施创新驱动发展战略，并全面贯彻新发展理念。

专注于突破那些阻碍我们科技进步的共性关键技术，特别是被广泛称作“卡脖子”的技术，以此来强化我们的战略科技力量。为了实现这一目标，我们正深化新一轮全面创新改革试验，持续增强协同创新发展的能力。致力于推动与共建“一带一路”国家的创新合作，共同打造一个科技创新的高地。这种合作不仅促进了技术的共享和创新，还加强了参与国之间的经济和社会联系，从而为构建现代产业体系提供了强有力的科技支撑。为了开创一个普惠、便利、共享的发展新局面，我们正在率先实现质量变革、效率变革、动力变革。例如，我们加大了对新兴产业如清洁能源和人工智能的扶持力度，这不仅鼓励了创新型企业的发展，也推动了科技成果向产业的快速转化，显著提升了整体产业水平。

同时，我们还在加强基础设施建设，提高公共服务水平，以促进资源要素的均衡配置和全民共享发展成果。例如，在教育领域，我们加大了对高等教育和职业教育的投资，这不仅提高了人才培养的质量，也为产业升级和经济发展提供了坚实的人才支持。通过与行业巨头合作开设实训基地，学生能直接接触最前沿的技术和业务模式，极大地提高了教育的应用价值和实际效果。在环境保护方面，我们强化了生态文明建设，推动了绿色发展策略。通过实施严格的环保政策和推广绿色技术，我们旨在实现经济增长与环境保护的良性循环。例如，城市绿化项目不仅美化了城市环境，还提高了居民的生活质量，同时帮助降低城市温度和提高空气质量。通过这些综合举措，我们不断扩大高质量发展的范围和深度，为经济社会的可持续发展注入强劲动力。这一系列努力将推动我们的国家发展迈向一个更加繁荣、公平、绿色的美好未来。

四、基础设施建设提升工程

我们将遵循“优化提升、适度超前”的原则，致力于全面推进跨区域基础设施建设。通过构建一个互联互通、分工合作、管理协同的基础设施体系，我们旨在为成渝地区的一体化发展提供坚实而可靠的支撑。我们的目标不仅是强化现有基础设施，更是通过提升门户枢纽功能，推动整个地区的经济与社会协同发展。

在推进基础设施建设的过程中，我们特别注重提高内联外通的水平。我们计划加速发展公路、铁路、水路、航空及海路等综合运输通道，这不仅包括优化现有的交通枢纽，还涉及升级运输设施和设备。通过引进先进的智能交通技术，我们期待能显著缩短运输时间、提高物流速度和运输效率，从而为整个成渝地区带来前所未有的发展机遇。这些举措将为成渝地区的经济社会发展提供强有力的支撑。一个通畅高效的交通网络将极大地促进商品与信息的迅速流通，显著降低物流成本，并提高供应链的整体效率。这不仅推动了区域内企业的发展壮大，还吸引了更多的投资和人才流入，进一步加快了成渝地区经济的全面蓬勃发展。

因此，我们不断努力推进基础设施建设的同时，也致力于为成渝地区打造一个更宜居、宜业、宜游的发展环境。通过这些集中的努力，我们期望实现成渝地区的高质量发展新突破，为地区居民创造一个更加美好和富有活力的生活空间。我们坚信，通过这些综合措施的实施，成渝地区将迎来一个新的发展高峰，成为引领国内乃至国际发展的先锋。

五、内陆改革开放高地工程

在共建“一带一路”倡议的宏伟蓝图引领下，我们正致力于构建一个陆海互济、四向拓展的国际大通道，这不仅仅是地理上的连接，更是经济、文化交流的桥梁。我们正加速打造内陆开放枢纽，这一战略不仅增强了我们的地理优势，也提升了对外贸易的便利性。在这个过程中，深入推进制度型开放成为我们的重点任务。我们着力于关键领域如要素市场化配置，力求通过市场机制优化资源分配，提高经济效率。例如，通过改革国有企业，提高其运营效率和竞争力；同时，优化外资政策，吸引更多外国直接投资，以促进技术和管理经验的引进。我们还在全面深化综合配套改革试验，例如在自由贸易试验区内实施更为灵活的贸易和投资政策，以此作为全面深化改革的“试验田”。这些试验区的成功经验将为全国的改革开放政策提供可靠的参考。坚决破除过时的条条框框和思维定势的束缚，推进更高起点的深化改革和更高层次的对外开放。例如，通过简化行政审批流程，我们降低了企业的运营成本和市场准入门槛，从而激发了市场活力和创新能力。

这些措施的集中实施和系统集成，正在加速推动全方位开放。在西部改革开放的进程中，我们不仅发挥着示范带动作用，还不断增强国际竞争合作的新优势。通过这些综合策略的实施，我们期待在全球经济舞台上展现更大的影响力，为国内外投资者和合作伙伴创造更多的机会和价值。

六、生态融合共建共享工程

我们坚定不移地贯彻“共抓大保护、不搞大开发”的方针，将长江生态环境修复作为最重要的任务。我们认识到，绿水青山本身就是最宝贵的财富，这种理念正指导我们在全面加快生态文明建设的过程中，优先考虑生态保护和环境修复。我们深知，作为长江上游的重要区域，担负起“上游责任”意味着必须更加重视对生态环境的保护。因此，我们正在努力加强“上游意识”，以确保长江的源头清洁和稳固。在这一过程中，我们致力于推动人与自然的和谐共生，这不仅是对自然界的尊重，也是对未来世代的负责。

为了实现这一目标，我们正在构筑一个多层次、网络化、功能复合的“一心一屏三网三环多片”生态空间格局。这一格局设计不仅考虑了生态系统的保护，还包括了生态环境的恢复和可持续利用。例如，在长江流域的关键区域，我们已启动多个生态修复项目，比如湿地恢复、水源地保护和退耕还林，这些都是我们营造生态文明的具体实践。此外，我们正在开展生态共建和环境共治的实践，通过各级政府、社会组织、企业和公众的共同努力，形成强大的生态保护和修复网络。我们也在探索生态价值转化的有效路径，尝试通过生态产品开发、绿色旅游和生态服务等方式，将生态资源的保护与经济发展相结合，实现生态与经济的双赢。我们致力于重塑那种茂林修竹、美田弥望的大美城市形态，创造一个既美丽又宜居的环境。通过这些全方位的努力，我们期待构建一个生态和谐、繁荣发展的社会，让绿色成为我们生活的底色，让和谐共生成为自然与人类的新常态。

第二节　提升成渝地区双城经济圈中心城市辐射带动能力十大计划

一、先进制造业提升计划

（一）装备制造提升行动

在推进川渝地区的区域合作框架下，加强重庆与四川省包括成都、德阳、内江在内的各大城市之间的密切对接。通过这一系列的战略合作，我们旨在全面提升两地在先进制造和高技术领域的集群发展能力。在智能装备领域，聚焦于工业机器人和数控机床等关键技术。例如，两江新区与天府新区的合作已经在推动高端装备制造业的发展上取得显著成效。这种合作不仅促进了技术的交流和优化，还有助于提升整个区域的工业自动化和智能化水平。在轨道交通装备方面，聚焦列车车辆、牵引弓和转向架等关键组件，加强了两江新区、永川与成都、眉山、资阳的产业链合作。这些地区已经形成了较为成熟的轨道交通装备制造基地，合作后能够进一步强化技术创新和产能优化。在能源环保装备领域，注重风力发电、垃圾发电、特高压输变电等绿色高效技术的发展。例如，大渡口与德阳、自贡的合作加速了这些城市在清洁能源技术和设备制造上的进展，为地区能源结构的优化和环境保护提供了重要支持。此外，我们还特别强调航天航空装备的发展，如无人机和低轨卫星技术。通过两江新区和重庆高新区与成都、绵阳等地的合作，我们正在建设一个具有全国领先水平的航天航空装备制造中心。

这些合作框架下，我们不仅重点培育了重庆中心城区和成都市两大核心区，还着力打造沿渝遂、渝蓉、渝昆高速的北中南三条产业带。这种“双核引领、三带支撑”的战略布局，全面构建了成渝地区装备制造生态圈。为进一步促进这一区域合作，我们联合了天府智能制造产业园、德阳经济技术开发区、德阳高新技术产业开发区等核心平台，并与龙潭工业机器人产业功能区、简州智能装备制造新城、青城山旅游装备产业园、四川青神经济开发区、成眉绿色铸造智慧产业园区、资阳临空智能智造产业功能区等平台进行了联动。这些合作推动了绿色制造系统集成、智能装备制造、增材装备制造等技术的研发和应用，为环保装备、精密制造、智能终端产品制造等行业的发展提供了强有力的支持，并推动了应用服务与产品制造的融合发展。

（二）电子信息培育行动

电子信息产业作为川渝地区的经济支柱，已经形成了具有竞争力的产业集群。为进一步提升这一产业的全球竞争力，我们需要全面完善产业链条，推动电子信息产业的合理分工与高效集聚。致力于稳定供应链，优化国际供应链布局，确保川渝地区电子信息制造的原材料和产品供应通道畅通无阻，从而增强产业集群的发展韧性。积极提升电子信息产业的价值链地位，培育具有国际竞争力的自主品牌，扩大其国内外市场影响力。例如，通过提高产品设计和功能创新，本地品牌如泰克斯电子已经在全球市场中占据了一席之地，其高端显示屏和智能设备广受好评。在创新链方面，构建了产业创新体系和创新生态圈，积极开展国际科技创新合作，强化了集群的核心竞争力。重庆两江新区和成都电子信息产业功能区成为了这一战略的核心。这些区域不仅聚集了一批国内外顶尖的研发机构，还与多家国际科技企业建立了合作，共同推动关键技术的突破，如半导体制造、空天信息技术和智能网联设备的研发。

此外，人才是支撑产业发展的关键。我们需要重视高端人才的引进和中高级及技能型人才的培育，不断夯实产业发展的人才基础。例如，成都电子信息产业功能区已设立多个人才培养和创新激励机制，吸引和保留了一大批行业精英。资金链的强化也是我们关注的重点。提高了资金使用效率，并增强了科技金融的服务能力，可以有效地支持了产业发展。通过这些措施，成都芯谷、德阳天府数谷等地已成为高科技金融服务的聚集地，提供了充足的资金支持，助力企业快速成长。在协同发展的大背景下，我们的电子信息制造和软件信息与服务业也实现了良好的互动和共进。四川仁寿经济开发区、资阳电子信息产业园等地正通过这种模式，推动软件产业和硬件制造的深度融合，共同构建起了集成电路设计制造、软件产业研发的重要基地，以及国际智能终端和新型显示制造的高地，朝着建立世界级电子信息产业集群的目标不断迈进。

（三）航空航天制造行动

以天府国际航空经济区、双流航空经济区、成都航空产业园、成都工业创新设计功能区为中心，成都正在全力打造一个航空航天产业的发展高地。这一战略的实施不仅涉及这些核心区域，还包括成都未来科技城、成都空天产业功能区、新都现代交通产业功能区、彭州航空动力产业园区、什邡通航产业园区、资阳临空经济区等多个平台载体。通过这些集聚区的协同合作，加强航空航天的研发与设计能力，特别是在整机及其关键零部件的制造与再制造领域。依托于成都天府国际机场等枢纽机场以及区域内的通航机场，可以积极拓展民用航空运营及其相关的专业服务，如维修和培训。例如，成都航空产业园已经与国内外多家航空公司建立合作，提供从飞机维护到飞行员培训的全方位服务，这些服务的优化与扩展对提升区域航空服务能力至关重要。此外，我们还需要强调产学研合作的模式，与成都电子科技大学等高等院校合作，共同推动航空科技创新。通过这种合作，学校的研究成果能够快速转化为实际应用，同时企业的实际需求也能直接反馈给学术研究，形成良性循环。成都未来科技城和资阳临空经济区作为新兴的研发和制造基地，可以引入高端制造技术，如先进的机器人技术和智能制造系统，以提高制造效率和产品质量。这不仅加强了成都在航空制造领域的竞争力，也为整个西南地区的航空产业链带来了新的生机。

通过这些多层面、多角度的发展战略，成都及其周边地区正逐步成为中国西部最重要的航空航天产业基地，不断推动区域经济的转型升级和高质量发展。这种综合性的发展模式不仅优化了资源配置，还促进了产业的持续健康发展，加强了成都在全球航空航天产业中的地位。

（四）汽车制造提升行动

重点加强内燃机技术的发展，同时推动先进变速器和关键汽车零部件的产业化进程。这不仅包括提升传统技术的效率和环保性能，还涉及通过技术创新控制和降低制造成本。在新能源和智能汽车领域，我们致力于技术赶超，将传统汽车产业转型升级为智能网联汽车产业。以重庆长安汽车和成都龙泉驿汽车城为核心的新能源汽车产业布局，通过与四川天府新区的半导体材料产业功能区及乐至专用汽车及零部件制造产业功能区的联动，形成了一体化的产业链。这一战略布局支持新能源汽车及相关产业的龙头企业加快技术创新和市场竞争力的提升。例如，重庆长安汽车利用其研发优势，已成功推出多款新能源和智能汽车，不仅提升了品牌影响力，还有效地推动了行业技术的进步。在推动智能网联汽车技术的同时，开放部分公共道路和交通系统作为实验和示范场景，这些措施极大地促进了智能车联网技术的研发和应用。通过这些开放式测试平台，新技术能在实际环境中得到验证，促进了技术成熟度和市场接受度的提升。此外，新能源和智能汽车产业的发展也带动了相关配套服务业的兴起。例如，在成都龙泉驿汽车城附近，已经形成了一批专门服务于智能汽车的维修、软件升级及数据分析的服务企业，这些企业提供从硬件维护到软件升级的全方位服务，进一步推动了智能汽车生态系统的完善。

通过这些综合性的发展策略，川渝地区正在积极构建适应未来汽车产业发展的新模式，不断提高地区汽车产业的全球竞争力和创新能力，为全国乃至全球的新能源与智能汽车发展趋势提供支撑。

（五）医药健康强化行动

为应对全球健康挑战，我们需要加强重大疫苗、基因芯片、抗体药物、新型诊断技术以及粒子治疗等前沿医学技术的研发。重庆木洞国际生物城与成都天府国际生物城作为我们科研与制造的核心，正在引领区域内生物医药产业的发展。这两大生物城不仅是技术创新的高地，也是生物医药产品制造的重要基地。此外，华西医美健康城的建设更加注重将医疗美容与健康管理的先进理念与实践相结合，为市场提供高质量的医疗美容服务。该城区的核心支撑作用明显，已吸引了众多国内外知名企业和研究机构的关注与投资。我们还需要与成都未来医学城、资阳“中国牙谷”以及资阳医药食品产业新城进行了有效的产业链联动。例如，成都未来医学城专注于医学研究与开发，尤其在疾病早期诊断技术和治疗方法的创新方面取得了突破。该城区已成为推动医学科技进步的重要力量。资阳“中国牙谷”作为国内领先的牙科医疗器械研发和制造基地，其发展模式为高度专业化和集群化。通过高端设备制造和精密工艺，该区域有效地推动了牙科医疗技术的国产化和创新，满足了国内外市场的需求。在资阳医药食品产业新城，注重于该领域医药原材料的供应与医疗器械的制造，为整个医药产业链提供了强有力的支撑。

这些合作和联动展示了我们对高科技医药产业发展的承诺，不仅增强了区域医药产业的综合实力，也促进了相关高科技产业的快速成长。通过这些综合性的发展策略和具体实施举措，力图构建一个多层次、互联互通的医药健康产业生态系统。通过这些努力将大大提升川渝地区在全球医药健康产业中的地位，为全人类的健康事业作出更大贡献。

二、现代服务业提升计划

（一）现代金融提升行动

为进一步巩固“江北嘴—解放碑—长嘉汇”区域作为金融总部的集聚地，我们需要积极推动法人机构、交易场所及关键金融基础设施的优先布局。此举目标明确，旨在促使更多的金融机构将其区域性总部及功能性中心在此落户，从而提升该区域的金融服务能力和影响力。需要强调上下游金融产业集群的协同发展。通过促进金融机构间的合作，旨在提升产品服务的研发创新水平，进一步增强整体金融供给能力。为了加速金融科技的发展，我们鼓励金融机构积极应用区块链、大数据等现代信息技术。这一策略不仅扩展了金融科技的应用场景，还增强了金融服务的覆盖范围和质量。比如，区块链技术的引入已经开始改变资产管理和交易清算的传统模式，为金融交易提供了更高的安全性和透明度。交子公园金融商务区作为我们的重要平台载体，正在大力发展科技金融、文化金融、消费金融、供应链金融以及医疗健康金融等领域。这些领域的发展不仅支撑了相关的金融科技、金融信息服务、金融安全服务和金融文化服务的配套发展，还促进了消费金融信贷模式的创新。此外，支持成都在“一带一路”倡议下的金融服务发展，也是我们的重要策略之一。通过打造综合信息、贸易结算、跨境投融资服务和汇率风险管理平台，我们不仅能够为国内企业提供国际市场的桥梁，还能够吸引更多的外资进入，增强成都乃至整个区域的国际竞争力。

（二）现代商贸升级行动

重庆和成都作为具有独特城市魅力的国际消费中心，可以积极利用其丰富的文化和商业资源，以打造引人入胜的商业和旅游目的地。重庆，这座山城历史悠久，以其地势险峻著称，围绕着山城、江城以及历史文化名城的身份，不断深化其文化内涵。城市以巴渝文化、三峡文化、抗战文化及移民文化为基础，将这些文化元素深度整合进景观设计、场景营造及业态创新中，展现了一座“山水之城、美丽之地”的独特风采。

在商业领域，重庆可以通过培育个性化与专业化的电子商务平台及第三方服务，加速构建以解放碑、观音桥、九龙坡万象城等著名商圈为核心的枢纽型商贸商务中心，全力打造商业新高地。成都，作为一座历史与现代交融的城市，以熊猫、美食、休闲和绿道为主题，注重精心打造七大世界级旅游产品体系。这座城市不仅令人向往其深厚的历史文化，还以其宜人的生活方式和丰富的旅游资源吸引着全球游客。此外，成都还致力于传承和弘扬具有深厚历史底蕴的本地餐饮文化，同时引进国际美食，致力于塑造并加强“美食之都”的城市品牌，让“耍在成都”的体验更加丰富多彩。通过这些多维度的发展策略，成都和重庆正逐步成为国内外游客和商务人士的首选目的地，展现出两座城市独具一格的文化和商业魅力。

（三）现代物流提升行动

为了应对现代物流行业的快速变化和挑战，我们需要加快推进云计算、物联网、北斗导航、地理信息系统以及气象信息技术的研发和实际应用。这些关键技术的融合将极大地优化物流业务的效率和响应速度，同时打造多个区域性及行业特定的智慧物流公共信息平台，从而提高整个物流行业的信息化和智能化水平。在此基础上，需要注重积极推动“互联网+”与高效物流的深度融合，以促进物流企业从传统模式向第三方和第四方物流模式的转型。这种转型不仅是对现有物流模式的优化，更是一种对未来物流方向的战略调整。同时，注重大力发展快捷物流和精益物流，探索低碳绿色物流的新模式，致力于实现物流业的环保和可持续发展。为实现这些目标，我们可以充分依托果园港物流园区、重庆国际物流枢纽园区、江津珞璜物流园区以及重庆江北国际机场等重要物流基地，并与天府国际航空经济区、双流航空经济区、成都国际铁路港等关键节点相联动。此外，万州新田港物流园、涪陵龙头港物流园、长寿沿江现代物流园区、简阳临空经济产业园、西部电商物流产业功能区、德阳国际铁路物流港、眉山国际铁路港、资阳综合保税物流产业功能区等也被纳入这一大联动体系中。积极鼓励这些平台在仓储、运输、流通和加工等环节实施协同化、自动化和智能化的改造建设，以促进区域多式联运和城市物流配送的一体化发展。

通过这些集成和协同努力，我们期望能够构建一个更高效、更环保、更智能的物流网络，为企业提供无缝、高效的服务，同时为消费者带来更快捷、更便捷的物流体验，从而推动整个区域经济的持续健康发展。

三、科技创新能力提升计划

（一）重大科技基础设施建设行动

重庆战略布局为崛起中的科技创新重镇，加速建设一系列具有全国乃至全球影响力的科技创新平台。这包括超瞬态实验装置、长江上游种质创制科学装置和中国自然人群生物资源库等重大创新平台。这些设施不仅将加强了重庆在科学研究领域的基础，也将促进技术发展和知识产权的创新。此外，重庆还需要重视布局建设国家实验室及基地、国家重点实验室、国家技术创新中心、国家临床医学研究中心和科技资源共享服务平台等，这些科技创新基地将为科研机构提供高质量的研究环境和资源。重庆不仅在建设中注重设施的现代化和功能性，还需要引导和支持本地高校及科研院所深入参与到西部（重庆）科学城的建设中。通过高水平建设重庆大学科学中心、西南大学科学中心，以及打造中国科学院重庆科学中心、北京大学重庆大数据研究院和重庆市地质科学创新中心等平台，形成一个科技创新的强大网络，提升整个城市的科研能力和创新水平。

成都需要注重加快建设转化医学国家重大科技基础设施，以提升中国环流器系列装置的能力。积极布局建设电磁驱动聚变装置等省级重大科技基础设施，以及其他科教基础设施和重大创新平台。此外，加速推进中国科学院高能物理研究所宇宙线物理研究与探测技术研发平台、中国科学院光电技术研究所的柔性基底微纳结构成像系统研究装置，以及跨尺度矢量光场时空调控装置的建设。西南交通大学的多态耦合轨道交通动模试验平台、西南天然药物与临床转化综合研究平台和山地灾害链综合实验模拟平台等都是成都在科教基础设施领域的重要投入，这些创新平台不仅加深了科研和教育的融合，也将极大地推动地区内科技创新的整体进步。通过这些举措，成都和重庆将共同推动区域科技创新的蓬勃发展，为中国西部的科技进步与经济发展贡献重要力量。

（二）重大科技平台建设行动

重庆在科技创新领域注重全力推进西部（重庆）科学城、两江协同创新区及重庆高新区等关键科创平台的建设。这不仅加强了地区的科技基础设施，还成功吸引了清华大学、北京大学、中国科学院等国内顶尖高等院校和科研机构的落户，大大丰富了重庆的科研与教育资源。与此同时，注重产学研的深度融合，一系列知名企业在此建立研究院，将推动技术创新和成果转化的高效进行。成都注重推动国家技术转移西南中心、国防工业科技成果转化区域中心、天府国际技术转移中心、四川知识产权运营中心、成资协同创新中心等一系列平台的建设。这不仅促进了技术成果的商业化和产业化，还提高了四川省知识产权公共服务平台的建设水平，支持四川省技术转移中心、四川大学国家技术转移中心等示范机构在服务质量和能力上持续提升。

通过这些集中的努力，重庆和成都都将在其各自的领域内积极推动科技进步和创新生态建设，为地区乃至国家的科技发展和经济增长提供坚实的支撑。这些举措不仅加强了地方科研能力，也促进了科技成果的有效转化，为更广泛的产业升级和社会发展奠定了坚实的基础。

（三）科创专项资金设立行动

为了加速推进成渝地区双城经济圈的科技创新与发展，需要组织相关部门采取了市场化的方法，成立了专门针对科研创新的资金支持。这一举措旨在通过提供必要的财政支持，激发区域内的原始创新能力和突破关键技术的难关，从而加快成渝地区科创一体化的建设步伐。通过有效地支持创新型项目和技术攻坚，资金将助力解决长期以来制约科技进步的瓶颈问题，进一步促进产业之间的协同与创新资源的集聚。这不仅加快了地区内科技成果的转化效率，也优化了创新生态系统的整体结构，为持续的科技创新打下坚实的基础。同时，专项资金还旨在促进成渝两地在科技创新领域的紧密合作。通过建立更多的联合研发中心、共享实验室和创新平台，双城经济圈内的研究机构和企业可以更高效地共享资源，交流信息，提高创新能力。这种合作不仅提升了区域内的科技研发活力，还有助于形成一个更加开放和动态的科技创新环境。

因此，科创专项资金设立策略，不仅为成渝地区的科技发展提供了坚实的财政支持，也极大地促进了科技资源的优化配置和创新能力的整体提升。这对于推动地区经济的高质量发展和构建具有全球竞争力的科技创新中心具有重要意义。

四、营造良好创新生态环境计划

（一）合力打造创新人才高地行动

秉承着“时不待我”和“功成不必在我，功成必定有我”的精神，需要我们采取超常规的方法吸纳和引进人才，同时完善针对人才协同发展的专项支持政策。这些措施不仅旨在吸引顶尖人才，还着重于建立一个全面发展和利用这些人才的生态系统。为了进一步促进高等院校、科研院所与企业之间的深度合作，支持这些机构联合进行人才的引进、培养和使用。通过组建科技人力资源服务和专业人才市场联盟，我们旨在构建一个更加开放和互助的平台，使各类人才能在此更好地发挥其潜力，并为科技创新注入新的动力。此外，注重积极开展人才先行区的建设，赋予科研事业单位在人才引进、培养、使用和留存方面更大的自主权。这种创新举措预计将大大提高人才管理的灵活性和效率，进一步激发科研人员的创新活力。强调创新重大科技任务的人才组织动员机制，鼓励中央单位的科研人员参与成都都市圈等地的高能级平台建设与运行。这不仅为科研人员提供了更广阔的舞台，也助力于地方科技平台的快速发展和升级。通过这些综合措施，我们致力于构建一个更加动态、创新和富有成效的人才发展环境。

（二）科技管理体制改革突破行动

在不断推进创新改革的过程中，注重巩固和扩展全面创新改革试验的成果。为此，我们需要完善科研人员职务科技成果的权益分享机制，深化探索将职务科技成果的所有权或长期使用权授予科研人员的试点工作。这一措施旨在激发科研人员的创新动力和研发潜力，通过新模式推动科技成果的转化和应用，从而更有效地将科研成果转化为实际生产力。同时，注重深化科研院所的改革，扩大科研领域的自主权。这包括优化科技项目的组织方式和科研经费的管理，以提高资源的使用效率和科研的灵活性。此外，可以建立一个健全的科技成果分类评价体系，并完善科技人员的绩效工资分配机制。这些措施将为科研人员提供更公平、更激励的工作环境，进一步提升科研工作的质量和效率。总体而言，这些努力将有助于形成一个更加开放和富有活力的科研环境，为我国科技创新提供强大的支撑，同时也为全社会的可持续发展贡献力量。

（三）加强创新政策协同行动

在金融支持方面，在积极推动成渝地区科技创新的过程中，完善与科技创新紧密相连的财政金融服务体系。这包括构建一个涵盖科技创新全过程的财政资金支持和引导机制，旨在通过财政手段激励和支持科技发展。此外，积极鼓励社会资本参与共建科技创新基金池，通过公私合作模式，集聚更多资源投向科技创新领域，以促进科技进步和产业升级。为了进一步促进科技创新的实用性和普及性，推动科技创新券的互认互通，并扩大其适用范围。这一措施旨在降低企业研发创新的成本，同时通过政策的连贯性和一致性，增加科技创新券的使用效率和覆盖面。在知识产权方面，致力于推动高质量的知识产权创造和运用。这包括加强知识产权从创造到运用全链条的保护，确保创新成果能得到有效的法律支持。同时，强化知识产权的公共服务，完善维权援助和非诉讼纠纷的多元化解机制，以保障创新者的合法权益。此外，为了提高知识产权审判的效率和公正性，需要加强知识产权审判专业化组织体系的建设。通过这些举措，我们期待在成渝地区形成一个更加成熟和高效的知识产权保护环境，从而支撑区域内科技创新的持续发展和产业竞争力的提升。通过这些全方位的措施，成渝地区将进一步优化其科技创新的生态环境，为科技企业和研究机构提供更为坚实的支持基础，推动地区科技创新和经济发展进入一个新的增长周期。

五、交通枢纽建设计划

（一）航空枢纽提升行动

重庆江北国际机场的扩展工程完成 T3B 航站楼和第四跑道的建设，极大增强机场的服务能力和航空网络。与此同时，为应对未来航空需求的持续增长，重庆市政府积极规划和研究建设一个全新的机场设施。此外，广安机场的前期工作也正在加速推进中，这将为该地区的经济发展和人员往来提供新的动力。成都方面，随着天府国际机场的投入使用，需要着手完善其配套设施，以提升机场整体运营效率和旅客体验。此外，成都东站及眉山、资阳等城市的候机楼建设项目将极大便利周边城市居民的出行，为成都及其邻近城市的航空接驳提供更加便捷的服务。

这些项目的实施不仅将提升重庆和成都作为西南地区重要交通枢纽的功能，还将进一步促进区域内的经济一体化和旅游业发展。通过提高基础设施的现代化水平，重庆和成都将更好地连接国内外各大城市，促进经济全球化和地区发展的更加均衡。这些投资在提升交通便利性和运输效率的同时，也展示了地方政府对提升公共服务质量和支持经济发展的承诺。

（二）客运枢纽建设行动

随着重庆西站二期的圆满完成，重庆市进一步扩展其铁路网络，目前重点关注建设东站和科学城站，这些新站点将显著提升城市的交通流动性和连通性。同时，重庆站的综合交通枢纽的改造工作需要重视，这旨在提升其服务效率并增强用户体验，使其成为一个更为现代化和高效的交通节点。成都铁路站注重其扩能改造项目，涉及天府、资阳西、乐至等铁路站的建设工程。此外，成都需要注重着手开工建设包括十陵南、简州、空港、金堂东在内的多个新铁路站点，这些新站点预计将极大地促进地区内的经济和社会发展。同时，三星堆旅游集散汽车站的建设也将为该地区的旅游业带来新的活力，提升旅游体验并促进旅游经济的增长。

这些项目的目标是强化多种运输方式的一体衔接，通过打造一批综合交通枢纽，进一步优化地区交通网络。这将有助于提升公共交通服务的整体质量，同时也支持了区域经济的可持续发展。通过这些先进的交通设施和服务，重庆和成都将更加紧密地连接起来，为居民和游客提供更便捷、更高效的交通选项。

（三）航运中心建设行动

在航道建设方面，注重深入推进三峡水运新通道的前期论证工作，并特别关注宜宾合江门至重庆九龙坡段的航道整治工作，以提升该段的航运效率和安全性。同时，涪陵至丰都段正在建设4.5米水深的航道，此举将大大提高该航段的航运能力。此外，针对涪江等未达到规划标准的支流，注重加快高等级航道的建设，以确保整个区域水运网络的畅通无阻。

在港口建设方面，果园港和涪陵龙头港的相关工程的稳步推进需要持续关注，这些港口一旦完成将极大提升地区的物流能力和经济活动。同时，重视广安港新东门作业区的进港铁路专用线的规划建设，这将进一步优化港口的物流服务和运输效率。重视青白江成都国际铁路港、资阳公铁物流港、眉山国际铁路港、德阳国际铁路物流港（黄许物流园）的积极建设，这些项目的实施将极大地促进区域物流网络的整合和优化。这些综合性的交通和物流项目不仅将提升区域的物流能力，还将为当地经济的快速发展提供坚实的基础设施支持。

六、交通路网完善计划

（一）城际和市域（郊）铁路加快建设

在城际铁路建设方面重视成达万高速铁路、成渝中线高速铁路、西宁至成都铁路等跨省铁路项目，不仅将加强省际连接，而且将促进沿线城市的经济社会发展。同时，成渝铁路成都至隆昌段的扩能改造工作也同样重要，这将进一步提高该线路的客运和货运能力。在市域（郊）铁路建设方面，璧山至铜梁线、大渡口跳磴至江津线、中心城区至合川线的建设需要得到持续关注。这些市域铁路项目旨在提高城市内部及近郊的交通流动性，使市民的日常出行更加便捷和高效。重视成都地区正在规划和建设的成都至资阳市域（郊）铁路，以及成都至德阳、成都至眉山等铁路线，这些项目将极大地促进成都都市圈内的市域（郊）铁路网络发展。这些铁路项目的实施不仅会大幅提升区域的交通便捷性，还将有助于推动区域经济的均衡发展，加强城市群内的经济联系和人员流动，为西南地区的长期可持续发展奠定坚实的基础。

（二）提速高速公路行动

在重庆，加速两江新区至长寿的快速通道建设，这一项目将极大缩短两地之间的通行时间，提高区域内的交通效率。同时，重视中心城区至永川—荣昌、合川以及綦江—万盛的快速通道的前期工作的积极推进。此外，金凤隧道、渝长高速复线连接道、新燕尾山隧道、鹿角隧道、渝南大道 D 段南段、支坪长江大桥、陶家隧道以及渝武高速的拓宽改造等多个进城连接道项目，需要关注续建或新开工进展。这些项目的实施将显著改善进入城市的交通条件，为市民提供更为便捷的出行选项。

在成都，绵阳至成都段、南充至成都段以及 G0512 成都至乐山段的高速公路扩容工程加快建设。这些扩容项目旨在应对日益增长的交通需求，优化交通流量分配。同时，快速推进成都经济区环线中的德阳至都江堰段、天府新区至邛崃的高速公路项目建设，这将进一步促进成都都市圈的交通一体化。关注成都东西城市轴线，成都东段和天府大道北延线、天府大道眉山段的建设进展，这些项目将强化成都东西向的交通脉络，提升城市轴线的交通服务能力。资阳段的开工建设也即将启动，这将进一步完善成都地区的东西城市轴线，加强与周边城市的连接，促进区域经济一体化发展。

（三）建设 1000 公里行游相宜风景列车行动

充分利用重庆独特的地理与风景优势，结合两江四岸和广阳岛等核心景区，开行一系列高品质的旅游列车，提供给游客全新的观光体验。这些旅游列车将连接都市圈内最美的风景地，使游客能够在舒适的环境中欣赏到城市与自然的壮丽景观。依托现有的轨道交通系统，开设五条专门的观光列车线路。其中包括环南滨路风光线和北滨路风光线，这两条线路将沿着长江两岸展开，游客可以一览城市的现代化面貌与自然风光的和谐共存。这些观光列车专为提供舒适观赏体验而设计，配备有宽敞的观景窗和舒适的乘坐环境，确保旅客能够尽享沿途风光。此外，更深入地探索重庆特有的山地景观，新建三条山地旅游轨道或缆车，这些设施将直接连接重要的铁路枢纽和山地景区。这不仅方便游客从城市中心快速抵达自然景区，也为山区的旅游经济发展带来新的活力。通过这些山地旅游轨道，游客将有机会更加接近自然，直接体验到山地的独特魅力和宁静。这些高品质的旅游列车和山地轨道/缆车的建设，旨在提升重庆作为旅游目的地的吸引力，同时提供给居民和游客更多便捷的旅游选择。通过这些新的交通服务，重庆的美景将被更多人发现和欣赏，同时也促进了地方文化和旅游业的发展。

（四）建设3000公里多样趣味绿道网络行动

充分利用地区的山脉、湖泊、农田和乡村等自然与文化资源，构建一套环境友好的区域绿道网络。这一网络以“通江达海、依山傍湖”为设计理念，旨在提供一条连接重要生态旅游资源的绿色通道。规划中的一级区域绿道长度约2000公里，将串联起各地独特的风貌和生态旅游点，展现地方的自然美和文化特色。此外，通过1000公里的二级区域绿道补充和完善整体的绿道网络，确保其连续性和覆盖面。依托这一绿道网络，可以开发一系列多功能的活动项目，如文化体验、观光旅游、亲近自然、教育科普、探险寻宝以及健康运动等。这些活动不仅让游客沉浸于丰富的自然风光和地方文化中，还促进了健康生活方式的普及。此外，进一步提升绿道的吸引力和国际影响力，规划如“文脉运河”“水乡古韵”“魅力都市”“名湖名景”及“山海风情”等精品游线，以展示地区的文化精髓和自然美景，为游客提供了难忘的旅行体验。同时，考虑引入各类运动赛事，如马拉松、山地自行车赛等，进一步丰富了绿道体验，吸引更多国内外游客和运动爱好者。通过这些举措，绿道网络不仅作为一个生态旅游的平台，更成为推动地区经济发展、文化传承与国际交流的重要载体，同时为居民和游客提供了一个接触自然、享受生活的美好空间。

七、重大开放合作平台建设计划

（一）自由贸易试验区（协同改革先行区）

在重庆两江片区，推动其迅速发展成为一个集高端产业和关键资源于一体的高端要素集聚区。注重该区域的高端装备制造、电子核心部件生产、云计算和生物医药等新兴产业的快速成长。同时，总部经济、服务贸易、电子商务、展示交易、物流分拨以及专业服务等现代服务业也需要在此区域获得重点扶持。通过这些行动，以推动两江片区加速实施创新驱动发展战略，增强物流、技术、资本和人才等关键资源的集聚和辐射能力。在重庆西永片区，政策倾向于将其建设成为加工贸易转型升级的示范区。该区域聚焦于电子信息和智能装备制造业的发展，并优化保税物流、中转分拨等生产性服务业的结构，从而推动加工贸易的发展模式向更高效、更创新的方向演进。在重庆果园港片区，则致力于成为一个多式联运物流转运中心，需要特别强调国际中转、集拼分拨等服务业的发展，同时探索先进制造业的创新道路。这些举措旨在提升片区的国际竞争力和区域物流效率。

在成都，中国（四川）自由贸易试验区的成都天府新区和青白江铁路港片区注重加速推进双向投资管理、贸易便利化和金融开放创新等制度创新，以引领更广泛的区域经济发展和国际交流。此外，德阳、眉山、资阳和温江自由贸易试验区重视加快协同改革的先行区建设，致力于创造一个更开放、更高效的贸易和投资环境，从而促进区域内外的经济一体化和增长动力。这些措施不仅强化了区域的核心竞争力，也为未来的经济发展铺平了道路。

（二）综合保税区及保税物流中心

江津综合保税区、西永综合保税区、两路寸滩保税区，涪陵综合保税区、万州综合保税区深入实施以大数据智能化为引领的创新驱动发展战略行动计划，充分发挥综合保税区贸易、投资和服务等政策优势，围绕新能源汽车、智能网联汽车、物联网、生物医药和医疗器械等战略性新兴产业，大力引进跨国公司地区总部和外资研发中心、设计中心，以及境内高新技术企业开展研发设计创新服务，延长产业链。创新管理模式，加快区内载体资源建设，积极融入全球研发设计、生产制造、营销服务等产业体系，推动综合保税区创新发展。成都做好综合保税区工作统筹，加强综合保税区发展现状的评估分析，引导成都高新、成都高新西园、成都国际铁路港等综合保税区优势互补、错位发展，积极申建天府国际空港综合保税区。提升成都空港、天府新区成都片区等保税物流中心（B 型）物流功能，统筹保税物流中心（B 型）布局发展，支持符合条件的地区申建保税物流中心（B 型）。

八、医疗卫生扩容延伸计划

（一）疫情防控救治能力提升行动

重庆市政府着力强化公共卫生基础设施和服务，特别关注在常态化疾病预防和控制方面的准备。加速国家医学中心和区域医疗中心的建设工作，同时优化市级医院的感染性疾病科室和传染病病房。此外，重点加强与重大疫情救治相关的学科建设，包括重症医学、呼吸科、麻醉和急救等领域。在市级层面，重庆市疾病预防控制中心重视推动疾病预防控制中心的迁建项目，以显著提高传染病检测的精确性及对突发传染病的快速反应能力。在区域层面，万州、黔江、涪陵、江津、合川和永川等地的疾控中心需要加强对传染病和不明原因疾病的检测、监测和溯源能力。在区县层面，特别强调需要进行标准化建设，尤其是那些业务用房不足或建设未达标的区县。成都建设省重大公共卫生事件防治临床护理人才培训基地、德阳市疾控中心、四川大学华西医院眉山医院重大疫情救治和紧急医疗救援中心、资阳市第一人民医院传染病医院改扩建等项目，共同构建疫情防控网，定期交换疾控信息，共享风险评估信息和疾病防治实验结果，共同提升疫情和灾（战）备协同处置能力。

（二）城市医疗集团及专科联盟行动

优化城市医疗资源配置并提升医疗服务质量，建立以三级公立医院为核心的城市医疗集团。该集团将汇集区域内的医疗机构，包括其他医院、社区卫生服务中心、护理院、康复设施及公共卫生机构，共同为居民提供全面的医疗服务。这些服务包括疾病预防、诊断、治疗、康复及护理，确保服务的一体化和连续性。此外，为进一步提升专业医疗服务的水平，重视推动顶尖医院之间建立专科联盟。作为首批实施的项目，建立呼吸内科和心血管内科联盟，这将促进这些领域内的资源共享和专业知识交流，提高治疗质量和效率。这种模式旨在通过协同合作，优化资源配置，提高整个医疗系统的效能和响应能力。

（三）医疗卫生机构高质量发展行动

互联网医疗协同发展工程推进“5G+医疗健康”远程应用体系建设，促进医联体开展远程会诊协作。加强医疗机构信息化建设，推进实现居民就医“一码（卡）通”。优质高效整合型的医疗卫生服务体系全面建立，医疗卫生服务均等化水平进一步提高，分级诊疗体系进一步完善，卫生健康领域数字化水平显著提升。创建国家医学中心1个，国家区域医疗中心5个，建成三级医院100个，市级医院全部建成三甲医院，共建国家中医临床研究基地（四川/重庆），创建国家中医药传承创新中心。建设10个区域妇幼保健中心，创建50个医养结合示范机构。创建国家综合、口腔、高原病等医学中心和相关专业区域医疗中心，加快建设成都东部新区华西医院集群、德阳市人民医院城北第五代医院、成都中医药大学附属医院（省中医院）德阳分院、四川大学华西医院眉山医院、资阳市第一人民医院等项目。

九、生态保护与修复计划

（一）城市绿心建设行动

重庆市重视持续扩展其城市绿化计划，包括建设一系列大型城市公园、生态公园、游园以及体育文化社区公园和口袋公园。特别地，两江新区重点推进两江山地运动公园的建设，此外，该区域还包括多个道路绿化项目以及坡坎崖的生态恢复工作，旨在提升城市的自然美感和居民的生活质量。同时，积极推进龙泉山的生态保护和修复工作。与此配套的是一项全面的龙泉山生态系统调查评估，以确保恢复措施的科学性和有效性。此外，重视打造龙泉山城市森林公园旅游环线，进一步完善该区域的游憩服务和基础设施，增强其作为城市绿肺和旅游目的地的吸引力。

成都地区同样需要积极实施多个生态恢复和绿化项目。包括天府绿道体系工程，旨在提供更多休闲绿色空间给居民；川西林盘保护修复工程，用于保护和恢复重要的林地生态系统；大地景观再造工程，通过人工和自然手段增强地形美学和生态功能；成德眉资生态宜居细胞工程，强调在成都、德阳、眉山和资阳区域的生态宜居环境建设，以及互联互通骨干道路景观绿化工程，改善主要交通道路的视觉和生态环境。这些举措将共同构筑一个更为绿色、健康且宜居的城市环境，为居民提供丰富的自然体验和改善的生活品质。

（二）实施生态保护修复行动

重庆市致力于以自然恢复手段为主，强化生态保护和修复工作。该城市积极推动环境的综合整治，并持续优化中心城区的“四山”区域，以保障和提升其生态价值。此外，重庆还着重保护长江主干及其重要支流、城市附近的独立山体以及平行山脉的自然环境。通过这些措施，市政府旨在完善生态廊道和生态网络，构建一个更为健康和可持续的城市生态系统。尊重城市的总体山水格局，顺应自然，保护城中山体、水体、地貌，延续山地自由式路网，不大填大挖、深挖高砌。成都加强岷山区域（绵竹、什邡、都江堰、彭州）、邛崃山区域和大邑、洪雅生物多样性保护，重点保护大熊猫、川金丝猴、牛羚、绿尾虹雉等珍稀野生动物及其赖以生存的栖息地。生态水网建设工程推进沱江、岷江流域和涪江支流山水林田湖草生态保护修复工程。实施兴隆湖水质综合提升工程。

（三）统筹饮用水源地跨界管控行动

保护和改善饮用水源的质量，以及优化沿江产业的布局。这包括推动小型、低效、散乱的企业进入工业园区，从而集中管理和减少污染。同时，沿江区域的重污染工业被逐步清退，以减轻对江河水质的影响。此外，加强对入江河道的水系整治工作，这不仅包括清理河流，还涉及恢复水生生态系统的自然状态。为了增强区域水源安全，探索实施沿江原水的互联互通及风险联防联控机制，共同构建水源应急响应平台，以提高对突发水质污染事件的快速反应能力。为进一步减少江河的污染负担，积极推行入江污染物的总量及浓度双控制度。这项制度旨在按年度有计划地减少上游地区工业、农业及生活来源的污染输出，特别是那些直接排入江河的污染源。通过加强源头排放控制和推进长江生态缓冲带的建设，我们旨在为长江及其支流创造一个更加健康和可持续的生态环境，从而保护这一宝贵的自然资源，确保水质安全，同时支持沿岸社区的生态福祉和经济繁荣。

（四）建设清水绿廊行动

为了进一步加强河流和水域周边的生态保护与管理，建议推行实施分段管控策略，对清水绿廊进行细致的区分。具体来说，绿廊被划分为城镇段和郊野段，每一段都有明确的管理和保护规范，以实现针对性的分段分层管控。在管理范围内，严格禁止任何形式的陆域污染排放，以保护水质不受污染。同时，在这些区域内，可以适当规划和布局一些低影响的设施和活动，如慢行交通系统、湿地公园、带状滨河公园、观光码头和亲水平台等。这些设施旨在提供休闲和观光机会，同时保持对环境的低干扰。在保护范围内，虽然允许有限的活动，但同样强调限制陆域污染排放，并且致力于滨河生态空间的优化。通过这种方式，促进区域功能的转换，从而增强生态恢复和可持续利用。此外，为了确保整个清水绿廊的一致性和高效管理，统一上下游各段的建设标准与要求。这一措施确保了整个绿廊在生态保护、功能布局和美观性方面的连贯性和统一性，从而有效地促进了区域的生态保护和可持续发展。通过这些集成措施，清水绿廊将成为城市和自然环境共生的典范，为市民提供宜人的生活和休闲空间，同时保障生态系统的健康与繁荣。

（五）保护区域大气环境行动

面对能源消耗与环境保护的挑战，需要积极实施区域内能源及煤炭消耗的总量与强度双重控制措施。这强调不仅要控制能源的总体使用量，同时也要降低单位经济产出的能耗强度，确保经济发展与能源消耗之间达到可持续的平衡。进一步推动能源使用效率的提升，特别是在高能耗行业如热力、钢铁和电力产业，持续推行节能减排的技术改造。这包括采用先进的能源管理系统、改进生产工艺和设备，以及优化能源使用结构，严格限制高能耗项目的发展，从而显著减少这些行业的能耗与排放。同时，优化产业结构和提升工艺水平，特别是相关行业如钢铁和水泥行业进行工艺升级和改造。目前，这些行业的燃煤锅炉已全面完成超低排放改造，实施了更严格的统一监管与控制措施，以大幅降低其环境影响。此外，重视挥发性有机物的治理也成为我们工作的重点。制定成渝地区挥发性有机物排放清单，并实施对这些物质的总量和分行业排放控制。这些措施旨在减少大气中挥发性有机物的排放，改善空气质量。

在环境保护的技术与策略发展方面，特别重视水、土、气协同治理，以及工业、农业和城市资源的协同循环。通过突破这些领域的核心技术，我们致力于形成一个综合的区域环境治理系统解决方案，从而实现环境质量的根本改善和长期可持续发展。通过这些综合性措施，我们希望构建一个更加绿色、高效的社会，为当前及未来世代创造一个更健康的生活环境。

十、污染联防联控联治计划

（一）大气环境保护与治理行动

煤炭消费总量控制与耗煤项目煤炭等量或减量替代，港口岸电设施建设和船舶燃料油硫含量控制、清洁能源替代，工业锅炉和窑炉整治，“散乱污”企业及集群整治，钢铁等行业超低排放改造，秋冬大气污染协同管控和重污染天气应急管理。建设国家环境保护机动车污染控制与模拟重点实验室（重庆、成都基地）、大气复合污染研究和防控院士（专家）工作站（含重点实验室）。建设移动源排放监管平台，推进大宗货物运输“公转铁”。推动淘汰国一及以下排放标准的非道路移动机械，严厉打击拆除尾气后处理装置、破坏篡改车载诊断系统等违法行为。以石化、化工、工业涂装、包装印刷、油品储运销等为重点推进全流程挥发性有机物（VOCs）排放管控，全面推广低挥发性有机物（VOCs）含量原辅材料和产品的生产和使用。

（二）土壤环境保护与治理行动

针对重度污染的耕地，推进种植结构和土地利用结构的调整，这包括转变传统耕作模式或改变土地用途，以减轻土壤污染对环境和人类健康的风险。同时，对于中度污染和轻度污染的耕地，致力于实施安全利用策略，确保农产品的安全性，并开展土壤与农产品的协同监测，以实时评估和管理污染风险。此外，对于那些拟收回或变更用途为建设用地的区域，进行土壤环境质量的详细评估。这一评估旨在确定土壤污染的程度和类型，从而指导后续的土地开发和利用，确保开发活动不会加剧土壤污染问题或对公众健康造成威胁。加强土壤环境保护和污染治理的科学研究与技术支持，推动成渝地区双城经济圈内建立城市建设土壤环境质量保护重点实验室和土壤污染防治工程中心。这些机构将专注于开发先进的土壤污染诊断、治理和修复技术，提升土壤环境管理的科技水平。同时，开发区域土壤污染预警预报信息系统，该系统将集成多源数据和先进的分析工具，为政府决策提供科学依据，实现土壤污染的早期识别、风险评估和快速响应。通过这些措施，我们旨在构建一个更加完善和有效的土壤环境保护体系，保障土地资源的健康和可持续利用，同时促进社会经济的和谐发展。

（三）固废危废处理行动

更高效的工业固废管理与资源化利用，需要我们采取一系列创新措施以强化固废的处理、处置和回收利用。特别地，致力于构建“无废城市”这是一个雄心勃勃的项目，旨在最小化城市废物的产生，通过高效的回收和资源化利用策略，减少环境负担。在水源地安全方面，加强过境危险化学品船舶的信息管理和数据共享。这包括船舶信息和货品信息的实时共享，从而确保对所有通过关键水域的危险化学品运输进行严格监控。同时，对于危化品运输船舶可能引发的污染事件，建立应急及联动处置机制，以迅速和有效地响应可能的环境威胁。此外，实施固废资源回收处理项目，包括建立一个全面的危险废物收集与运输体系，以及在各县（市）建设医疗废物收集转运处置体系。这些措施将极大地提升废物处理的效率和安全性，确保废物处理活动不对人类健康和环境安全构成威胁。为了进一步提升废物管理的科学性和系统性，重视建设成渝地区医疗废物和危险废物产生源数据库。该数据库将记录和分析废物产生的源头、性质、数量及其处理方式，为废物管理提供数据支持，促进废物减量化、资源化和无害化处理。

通过这些综合措施，我们旨在构建一个更加可持续和环保的城市环境，不断提高废物处理与资源利用的效率，同时确保公共安全和生态保护。这不仅表明了我们对环境保护的承诺，也是向绿色发展和循环经济过渡的关键步骤。

第八章　提升成渝地区双城经济圈中心城市辐射力和协同创新能力的政策建议

第一节　做强“双核”、联动“双圈”、融入“双循环”的基本思路

一、双核引领，区域联动

重庆和成都作为西南地区的双核心城市，扮演着至关重要的角色。加强这两个城市的联合与合作，不仅能够提升它们作为中心城市的综合能力和国际影响力，还能有效地带动周边地区的经济社会发展。在国内外层面，成都和重庆的深度合作将促进这两个城市更好地融入国际合作与竞争，同时也为成渝地区其他城市提供了发展的范例和机遇；此外，“双圈支撑”策略的实施，依托于重庆都市圈和成都都市圈的建设，不仅强化了两个都市圈内的协同和辐射能力，还促进了中心城市与周边小城市、乡村地区的互动与发展。通过这种从中心到边缘的辐射带动，我们可以看到一个以大城市带动小城市快速发展的局面，以及通过城市发展推动农村振兴和区域经济平衡发展的良性循环。这种模式不仅加速了中小城市的成长，还有效地推动了乡村地区的现代化和生态宜居建设。这种以双核城市为引擎，以都市圈为支点的发展策略，是对区域发展模式的一种创新，不仅提高了城市群内部的整体竞争力，也为成渝地区的长远发展奠定了坚实的基础。

二、深化改革，创新驱动

在当前全球化和科技快速发展的背景下，深化改革和创新驱动已成为

推动社会经济持续发展的关键策略。致力于坚持全面深化改革，不仅仅是在重点领域和关键环节寻求新的突破，而是在更广泛的层面上，释放改革带来的广泛红利。优化资源配置，使市场在决定资源流向和效率中发挥决定性作用，同时更好地发挥政府在指导和调节市场活动中的作用。通过这些措施，强化改革的引领作用，为经济社会发展开辟新的道路，积极构建更高层次的开放型经济新体制；此外，创新是推动发展的第一动力。为了构建一个创新驱动的发展模式，深入实施创新驱动发展战略，积极集聚国内外的创新资源。通过促进科技创新与产业发展的深度融合，可以更有效地推动高质量发展。重视人才的流动和科研资源的共享，力图通过优化创新制度和政策环境，整合各类创新资源，共同打造一个具有全球影响力的科技创新高地。在成渝地区，共同完善技术创新链，建立区域联动的技术创新体系，使该地区不仅成为全球科技创新的重要基地，且成为新兴产业发展的关键策源地。

三、协调发展，统筹兼顾

在迈向区域协调发展的旅程中，实施区域协调发展战略成为了重中之重。这一战略的核心是加强跨区域合作，尤其是在省际毗邻区域之间，致力于探索并实施协同发展的新机制。通过这种合作，可以更有效地应对地区间发展不平衡的挑战，并共同寻求更高效、更公平的资源分配方式。在成渝地区，区域协调发展战略的实施特别注重发挥双城经济圈内各地区的比较优势。不仅是在优化和整合区域资源，更是在加强各领域的协同对接。交通、产业、科技、环保以及民生政策的协同合作，不只是单一方面的优化，而是一种全面的、统一的谋划和部署。这种协作不仅增强了各地区的互补性和整体效能，而且也促进了资源的合理流动和优化配置。此外，确保所有相关活动和政策的一体化实施，确保各参与方在共同的框架下协作，共同推动区域内外的协调发展。这种统一的策略有助于打造一个更加均衡和谐的区域发展模式，使城乡之间的差距得以缩小，进而提高整个区域的生活质量和经济效益。

四、共享发展，改善民生

坚持以人民为中心的发展理念，是改革的根本出发点和落脚点。必须不断地优化改革发展的成果分配，力求实现更加公平的资源共享。通过提升公共服务质量和数量，例如教育、医疗和交通等基础设施，可以为全体公民提供更广泛、更优质的公共产品和服务。这不仅扩大了服务的覆盖范围，也加强了社会的公平性和正义感。此外，通过这种全面的发展策略，成渝地区双城经济圈的居民将体验到更深刻的获得感。人民的生活将变得更加充实，社会保障更有力，同时也更加可持续。

五、开放合作，互利共赢

为了进一步提升我国的开放型经济水平，要致力于打造一个更高水平的开放平台。以“一带一路”倡议为核心，旨在深化与共建“一带一路”国家的合作，同时充分利用区域全面经济伙伴关系协定（RCEP），这不仅加强了与成员国的经济联系，也为国内的企业和产品打开了新的国际市场。此外，加速推进西部陆海新通道的建设，这一重大项目不仅将提升我国西部地区的物流效率，还将加强与东南亚及更广泛亚洲邻国的贸易往来。这条新通道将促使中国更深入地融入全球经济体系，对接国际投资和贸易规则，从而在全球范围内提升我国的竞争力和影响力。努力放大改革与创新的叠加效应，通过持续的政策创新和体制改革，培育出新的国际合作与竞争优势。这包括营造一个市场统一开放的环境，其中规则和标准的互认以及生产要素的自由流动将成为常态，从而为国内外企业提供一个公平且高效的经营环境。最终，构建一个互惠互利、求同存异、合作共赢的新型开放经济体制。这种体制不仅将加强国与国之间的合作，还将在全球范围内推广多边主义和开放性经济政策，从而为全球经济的稳定与发展作出贡献。

六、合理规划、科学推进

在城市发展策略中，合理规划和科学推进是两大核心原则。坚持以整体的视角审视局部发展，同时又利用局部的优势服务于整体的发展需求。通过系统性、战略性和整体性的谋划，专注于推动“成渝地区双城经济圈”的协调与互补发展。这一策略旨在通过梯次培育，明确中小城市的发展定位，增强它们对周边地区的辐射和带动能力，最终形成一个互补优势明显、发展错位协调、相互联动的城市群发展新格局。在具体实施过程中，遵循现代城市发展的基本规律和市场运作原则，以期更好地发挥政府在引导城市发展中的作用。政府将在统筹协调、规划布局、制度建设、政策供应以及公共服务等方面提供强有力的支持和引导。此外，根据不同地区的具体情况和实际需求，采取因地制宜、因势利导的策略，科学规划和有序推动各项发展任务的实施。

第二节　做强“双核”、联动“双圈”、融入“双循环”的政策建议

一、提升重庆、成都发展能级和综合竞争力，构建“双核”发展新格局

（一）着力打造重庆都市圈

致力于推动中心城区的转型，加快其向高端现代功能集聚区的演变。此举不仅优化城市功能布局，也为高新技术产业和金融服务业等现代经济体提供了一个充满活力的环境。在此基础上，璧山、江津、长寿和南川等城市将成为实现与重庆中心城区同城化发展的先行者，这一战略将极大地促进区域内的资源共享和区域一体化。同时，涪陵等支点城市的发展也在加速中。这些城市通过提升自身的产业基础和城市服务功能，不仅增强了各自的发展动力，也为周边地区提供了更多的经济机会和就业岗位。通过这种有序的推进，支点城市将在区域经济发展中扮演更加重要的角色。此外，荣昌、铜梁、大足和潼南等桥头堡城市正着力于培育各自的特色产业，通过打造独具特色的发展模式，这些城市不仅增强了自身的竞争力，也为整个重庆都市圈的多样化和可持续发展作出了贡献。这种特色化发展

策略将使得每个城市都能在全国乃至全球经济中找到自己独特的定位。最后，全力推动广安的全面融入重庆都市圈，通过这一整合，广安将更好地接入重庆的经济、文化和社会资源，实现双向互利和共同繁荣。这不仅加强了城市间的合作，也为居民提供了更广阔的生活和发展空间，共同书写区域发展的新篇章。

（二）着力打造成都都市圈

为更加深入地推动区域协同发展，大力建设成德眉资同城化综合试验区，这一重大举措旨在通过高效的区域整合，创造出一个无缝的城市经济和社会发展网络。首先，在此框架下，成德临港经济产业带的建设正处于加速阶段。这些产业带通过各自独特的产业集聚和技术创新，将极大地推动地区经济的转型升级和高质量发展。其次，交界地带的融合发展也正在积极推进中。通过优化区域内的资源配置和政策环境，努力打造一个更加开放和融合的区域经济体系。这不仅促进了产业间的互补与交流，还加强了城市间的功能互补和协同效应。再次，成都都市圈与绵阳等城市的协同也在不断加强。通过这些努力，成都平原经济区的一体化发展正在逐步实现，这将进一步促进区域内部的经济整合，提升整个区域的竞争力和吸引力。最后，重庆都市圈与成都都市圈之间的互动也在不断加强。通过建立更加紧密的合作关系和交流机制，两大都市圈在资源共享、技术创新和市场开发等方面的协同效应逐渐显现，为双方带来了更多发展机遇和挑战。这种跨区域的合作模式不仅增强了两地的经济活力，也为区域和谐发展提供了强有力的支持。

（三）强化中心城市区域联动发展

为全面提升成渝两地中心城市的综合经济实力，积极围绕建设国际经济技创新等中心。这一战略的实施将显著增强城市的核心竞争力，推动成渝地区成为国内外重要的经济枢纽。首先，通过提升金融资源配置功能，优化资本流动和投资决策过程，使成渝地区能够更有效地吸引和利用国内外资金，从而支持更广泛的经济活动。其次，加强贸易枢纽功能的建设，将使该地区能够更好地连接国内外市场，提升贸易便利化水平，增强区域内的商贸活力。在航运服务方面，提升高端服务功能，将有助于成渝地区在全球航运网络中占据更为重要的位置，加强与国际航运中心的连接。最后，科技创新策略能力的提升是推动经济持续发展的关键因素，通过加强研发投入和创新平台建设，促进高新技术产业的快速发展，将进一步巩固其作为科技创新中心的地位。为了实现这些目标，成渝两地将强化分工合作与错位发展策略，通过优化资源分配和增强各自优势，提升区域发展的整体水平和效率。这种分工与合作不仅涉及产业布局，还包括政策制定和项目执行等多个层面，确保双方资源得到最有效利用。进一步加强成渝两地中心城市之间的合作联动，建立城市间重大项目的共商共建机制。这不仅将促进资源共享和经验交流，还将加强两地在关键项目和重大发展计划上的协调一致，推动双城经济圈的深度融合与高质量发展。

（四）加快城市圈一体化发展

成渝地区双城经济圈的发展不仅是推动经济增长的重要战略，也是改善区域基础设施和提升居民生活质量的关键步骤。为此，采取一系列综合措施，确保都市圈内的基础设施建设如路、水、电、气、邮政和信息通信等得到统一规划和高效实施。这种统一的基础设施网络将极大提升区域内的连通性和功能性，为经济活动和日常生活提供坚实的支撑。特别是在加强成渝地区双城经济圈中心城市与都市圈内其他城市之间的连接方面，重点推进市域和城际铁路、道路交通的建设与优化。此外，毗邻地区的公交线路对接也在同步进行，这些措施将极大便利居民的日常通勤，构建一个快速便捷的都市通勤圈，从而提高整个区域的经济效率和居民的生活质量。同时，都市圈间的合作和互动也被我们放在了突出位置。通过高水平的合作构建，成渝地区双城经济圈城市群将不断强化其作为国内外重要经济区域的地位。致力于打造一个协调一致的发展环境，其中各城市能够在保持自身特色和优势的同时，有效利用区域资源，实现互补和共赢。这种全面而深入的发展策略将推动成渝地区双城经济圈向一个更为繁荣、更具竞争力和更加和谐的未来迈进。

（五）辐射带动两省市其他区域发展

在成渝地区双城经济圈的发展策略中，加强对周边川渝地区的辐射和带动作用是我们的重点任务。致力于通过规划对接等措施，深化区域内的合作，推动资源的共享与优化配置。这不仅加强了区域间的经济联系，也为各地带来了新的发展机遇。特别是在推动具体区域发展方面，明确目标和策略。例如，渝东南的武陵山区推进文化产业与旅游产业的融合发展，打造一个示范区，以展示如何通过文化和旅游的结合增强地方经济的活力和吸引力。同时，在秦巴山区，建设一个绿色产品供给地和产业协作配套基地，通过推广绿色生产和消费，促进该区域的可持续发展。此外，攀西地区的战略定位是打造一个国家级战略资源创新开发试验区。这里将重点发展那些关键的战略资源，如稀有金属和新能源材料，促进科技创新和产业升级。而川西北地区，则被设定为建设国家生态文明建设示范区的目标，重点是保护生态环境，推广生态友好型的经济模式，确保环境的可持续性和地区生态安全。

（六）支持重庆、成都与长三角、京津冀、粤港澳智库加强合作

加强成渝地区的综合发展，构建全面的智力支持系统，以提升区域发展的策略和实施效果。建立行政咨询体系，通过邀请成渝地区的专业人士：包括经济学家、城市规划师、工程师和其他行业专家，提供关于区域发展的深入见解和建议。这一措施旨在汇集各领域的智慧和经验，确保决策的科学性和前瞻性。同时，为了进一步促进区域内的经济合作与资本流动，重庆和成都两地正在探索根据市场化原则，成立联合投资开发机构和发展基金。这些机构和基金将专注于资助成渝地区的关键项目和基础设施建设，推动区域内的产业升级和经济多元化。此外，积极支持成渝地区的工商企业界等不同社会群体建立联系机制。通过这种机制，各方能够更加有效地交流信息、分享资源和协调行动，从而加强合作，共同推动区域发展。为了确保成渝地区建设的广泛参与和透明度，扩大公众的参与范围，并畅通公众意见反馈渠道。这不仅让普通市民能够对区域发展发表意见和提出建议，还确保了市场主体，无论是大型企业还是中小企业都能在成渝地区的建设与发展中发挥作用。这种广泛的社会参与和多元的意见反馈机制，将进一步增强政策的适应性和有效性，为成渝地区的持续繁荣打下坚实的基础。

二、深入推动产业优化升级，协同建设现代产业体系

（一）充分发挥重庆两江新区、四川天府新区旗舰作用

在推动成渝地区经济发展的广泛战略中，致力于加速一系列关键开发区的建设与发展，包括重庆高新区和成都国际铁路港等经济开发区。这些开发区作为区域经济发展的先锋，不仅为高新技术产业提供了优质的土地和政策支持，也为两岸企业的交流与合作创造了有利环境。通过这些开发区的集中发展，推动技术创新和产业升级，为地区经济注入新的活力。此外，积极推动涪陵等地创建国家级经济技术开发区和国家高新技术产业开发区。这些新设立的开发区将专注于培育和发展高端制造业、信息技术和生物科技等领域，构建一批国家新型工业化产业示范基地和川渝产业合作示范园区。通过这些举措，不仅增强了地区产业的整体竞争力，也促进了经济结构的优化和升级。同时，关注老工业城市的转型升级。自贡等城市作为曾经的工业重镇，现在正面临新时代的挑战和机遇。为此，将这些城市建设成为新时代深化改革扩大开放的示范城市。通过推动这些老工业基地的经济结构调整和技术革新，使其能够在新的发展阶段中焕发出新的光彩，成为展示改革成果和开放包容性的窗口。

（二）推动产业链整体转移，集中力量培育壮大主导产业

积极推动平台区域有效承接东部地区以及境外的产业链整体转移，同时促进关联产业的协同转移。这一策略不仅旨在优化国内产业布局，也是响应国际市场变化和参与国际竞争的重要手段。特别是在汽车摩托车及天然气（页岩气）等关键产业领域，在集中力量培育和壮大主导产业。通过与产业链上下游的企业进行深度合作，不仅增强了各环节之间的协同效应，还促进了整个供应链的高效运作和创新升级。形成具有鲜明特色的区域产业链和供应链体系。这将不仅增强区域经济的自主可控能力，也提升其在全球产业链中的竞争力和影响力。通过优化资源配置和提高产业集聚度，我们能够更有效地利用本地特色资源，同时引进和融合先进技术和管理经验，推动产业的持续健康发展。在这个过程中，重视产业项目的选择

和合作伙伴的筛选。只有那些关联性强、契合度高的项目才能被纳入我们的发展计划，确保每一步合作都能为区域经济带来实质性的提升。此外，通过促进产业链各环节之间的紧密配合，不仅能提升产品和服务的质量，也能增强整个产业链的抗风险能力，为经济的长期稳定增长提供坚实的基础。

（三）共同推动制造业高质量发展

制定和实施一项全面的制造业协同发展规划，显著提升该地区的制造业发展水平，并依托集群化的发展策略，建设成为全国先进制造业的重要集聚区。带动区域内外的资源整合与优化，同时推动经济结构的优质转型。重点关注电子信息等关键领域。在这些领域中，强化区域内的优势产业，促进各领域之间的紧密协作，同时推动传统产业的升级改造，不断提高产品和服务的技术含量和市场竞争力。此外，关注集成电路等前沿新材料等十大战略性新兴产业。这些领域的迅猛发展将推动新一轮科技革命和产业变革。为此，加快新能源等产业的发展，拓展机器人和集成电路的产业链。同时，培育一批具备国际竞争力的龙头企业。这些企业将成为推动区域经济增长和国际合作的关键力量。

（四）加强农文旅等优势资源整合，擦亮农业金字招牌

在推动成渝地区产业发展的战略规划中，探索通过“一区多园”的模式共建产业园区，以实现资源的最优配置和区域协同发展。特别关注在成都和重庆中心布局总部经济、研发设计、销售等关键环节，同时在毗邻地区配置生产基地、转化研究和中间配套设施，形成一个高效、协调的区域发展模式。这一策略不仅利用了中心城市的研发和管理优势，也充分发挥了周边地区在生产和技术转化上的潜力。致力于推动重庆和成都中心区的重化工业等传统产业向具备更强承接能力的周边城市升级转移。这不仅有助于缓解中心城市的环境和资源压力，还能促进周边地区的经济发展和产业升级。为了支持这一转移，建立与产业转移承接地间的利益分享机制，并加大对产业转移重大项目的土地、融资等方面的政策支持力度。

（五）合力发展高端服务经济

推动服务业的持续发展和创新，积极探索服务内容业态和商业模式的新领域。共同培育涵盖新技术、新业态、新模式的创新实践，不仅能够提供更多样化的服务，还能构建和强化高端服务品牌，从而增强服务经济的发展动力。这一过程中，绿色金融、数字经济以及大数据云计算等新经济模式将被大力推广，以适应当前全球经济发展的趋势和需求。同时，对于新区内原有的劳动密集型产业，我们将进行必要的转型升级，以适应更高效、可持续的经济发展需求。这一策略的核心是推动互联网等与实体经济的深度融合。通过这种融合，不仅可以大幅提升制造业的智能化和自动化水平，还能优化整个产业结构。进一步地，加强各行业之间的产业分工和协作，特别是在促进产业链上下游的深度合作方面。这种合作将帮助形成更加紧密和高效的生产和服务网络，增强整体供应链的竞争力和响应速度。同时，发展平台经济、共享经济和体验经济将是成渝地区的另一重点，这些经济模式不仅能够提供新的商业机会和就业岗位，还能加速形成新的经济增长点。

（六）强化创新链产业链协同

提升产业链的水平，依托创新链，通过创新驱动产业升级。构建一个以产业链为基础、以创新链为引领的高级产业体系，两者之间实现精准的对接和互动，确保产业的持续发展和技术的前沿进步。在这个过程中，企业是创新的主体，市场则提供方向指引。通过促进产学研用的深度融合，建立健全的科技创新体系，从而把相关产业培育成为创新的高地。鼓励有潜力的企业成立研究院，专注于行业内的共性基础技术和前沿技术的研发。此外，支持那些创新型的领军企业与行业上下游伙伴共同组建创新联合体，这样的合作有助于资源共享和创新效率的提升。在成渝地区，提倡高校之间，以及高校与科研院所、高校与创新高地之间建立联盟。这样的联盟不仅能够强化理论与实践的互动，还能丰富和深化理论的应用，实现技术的实际落地。

三、加强基础设施网络建设、合力打造一体化综合交通体系

（一）共建轨道上的双城经济圈

为适应快速发展的城市需求和提升区域连通性，加速建设现代轨道交通运输体系。整合多种运输模式，形成一个高品质、快速的轨道交通网络，旨在实现城市间的安全、高效、便捷的连接。构建覆盖广泛的城际网络，完善连接市域与郊区的铁路线路，以及优化城市内的轨道交通网。具体计划中，积极推动轨道交通资阳线的加速建设，同时展开成都至德阳、成都至眉山等关键区域的市域铁路规划与建设工作。此外，重庆中心城区将通过新建的市域铁路更好地连接主城新区，以及扩展至广安等地，这将极大提升区域内的通行效率和经济互动。同时，推动城市轨道交通的成网化，特别是在中心城市及其周边城市之间。通过这些措施，预计基本建成的交通网络将使中心城市间及其与周边城市之间的通勤时间缩短至 1 小时内，极大地便利了居民的日常出行和经济交流。这一全面的轨道交通网络将为地区经济的增长提供强有力的支撑，同时也将为居民带来更加便捷和舒适的出行体验。

（二）提升省际公路通达能力

积极推进省际高速公路的快速建设，以促进区域交通的流畅和经济的互联互通。特别是在高峰时段经常拥堵的国省道干线，进行重点的改扩建工作，打造便捷、高效的公路网络。此外，针对成渝等高速公路上的拥堵繁忙路段，进行扩容改造，以提高通行能力和路网效率。同时，为了进一步加密地区间的高速路网，加快宜宾至泸州至永川等高速公路的建设。这些新的高速公路将极大地增强川渝地区的交通连通性，缩短城市间的旅行时间，促进地区内的经济和社会发展。

（三）合力打造世界级机场群

合力编制和实施一项民航协同发展的战略规划，构建分工明确、功能齐全且联通顺畅的机场体系。通过这种系统化的布局，显著提升该地区的航空国际竞争力。首先，重点工作之一是巩固并提升成都和重庆作为西部

国际航空枢纽的地位。通过这两大城市的航空枢纽，增强对西部乃至全国和全球的辐射能力，进一步扩展航线网络，增加国际直达航班，从而提供更为便捷的全球连接。其次，完善区域机场之间的协作机制，以优化资源共享和运营效率。通过这种机制，提升区域航空服务的整体品质，使旅客体验更为顺畅和愉悦。对于双流、江北和天府国际机场，进行了精准定位，确保每个机场都能根据其地理位置和现有设施发挥出最大的比较优势。这种策略不仅提升了各机场的运营效率，也优化了资源分配。为了进一步推动区域发展，重庆和成都正在共同完善其国家物流枢纽功能，共同建设国际货运中心。鼓励全货运航空公司在成渝地区设立基地，以支持该地区成为重要的国际物流节点。最后，致力于打造万州等城市为区域性物流中心。这些中心将成为支持区域经济发展的重要枢纽，提高地区物流的效率和响应速度，为成渝地区的进一步发展奠定坚实基础。

（四）启动长江上游航运枢纽建设

为充分发挥长江航道资源的优势，推动成渝地区双城经济圈的快速发展，积极整合这一珍贵资源，并构建完善的一体化发展机制。此举不仅提升了成渝地区为国家服务的综合实力，还促进了各港口之间的高效分工和紧密协作。作为成本效益极高的运输方式，水运对成渝地区具有重要意义。提升长江干线的通航能力，包括推动三峡水运新通道的建设，以及实施宜宾至重庆段、朝天门至涪陵段航道的整治工程。同时，推进嘉陵江等重要支流高等级航道建设，以及利泽等重要航电枢纽工程。这些工程的实施将构建一个干支直达、网络互联的航道体系，大幅提升长江及其支流的整体通航能力。在此基础上，依托果园港这一港口型国家物流枢纽，推动成立长江上游港口联盟。

（五）推动新型信息基础设施建设

全力推动信息基础设施的升级，使其达到世界先进水平，从而支持构建高速且普及的信息网络，共同打造数字化的成渝地区。旨在通过顶级的技术平台，将成渝打造成为数字经济的发展高地，实现经济结构的现代化。为了加速数字经济的核心产业发展，促进新一代信息技术与传统制造业的深度融合。通过跨界合作，不仅提升制造业的智能化水平，也为数字服务的深化提供了广阔的舞台。集中资源和力量，推动数字经济的快速发展，使之在全国乃至全球范围内占据领先地位。此外，加快5G网络的建设，并支持电信运营、制造、IT等行业的龙头企业在技术研发、设备创新、产品开发以及服务创新方面进行协同合作。旨在通过综合应用示范，推动5G技术的广泛应用和产业化。

（六）加快区域电网建设

确保区域电力系统的稳定性和可靠性，优化电网主干网架结构，提高互联互通水平，提升区域电力交换和供应保障能力，确保在任何情况下都能满足电力需求，特别是在极端天气条件下。在电网建设和智能化应用方面，推进皖电东送等重要项目，以提高整个电网的效率和响应能力。通过这些改造，实现更为高效和环保的电力传输体系。同时，积极探索和开发适合当地环境的水电和光伏发电项目。此外，鼓励企业跨省投资、建设风能等可再生能源项目，以促进能源结构的多样化和绿色低碳转型。尽管成渝地区正朝着更多可再生能源的方向努力，但为了确保电网在所有情况下的稳定供电，适度保留火电发电的必要性依然存在。这是为了保障在不可预测的极端天气或其他非常情况下的电力供应。此外，为了加速川渝电网的一体化进程，加快建设外电入渝的特高压输电通道。这将进一步加强成都和重庆都市圈的电网连接，特别是500千伏主网架及其配套工程的完善，将极大提升这两大都市圈的电力互联互通能力和整体电网的运行效率。

（七）协同推动能源设施建设

积极推进成渝地区的能源供给侧结构性改革，满足区域发展的持续需求，同时减少环境影响，确保能源供应的可持续性和稳定性。在天然气供应方面，完善天然气骨干管网的布局等国家重大工程的建设。此外，推进涪陵页岩气等稳产增能项目，以强化页岩气的安全生产和供应能力。加强煤炭供应保障，争取将成渝地区纳入国家煤炭重点保供区域。建设珞璜港等储煤基地，将储备能力提升到400万吨以上，以应对可能的供应波动。同时，加快氢能的推广应用，并探索建设成渝地区的“氢能走廊”。推动氢能作为一种清洁能源的广泛应用，促进能源结构的进一步绿色化。积极开展如区域大容量柔性输电和区域智慧能源网等关键技术的攻关。这些技术的成功研发和应用将极大提高能源利用效率和管理的智能化水平。

四、深入推动创新发展，加快打造具有全国影响力的科创中心

（一）建设成渝综合性科学中心

促进区域科技创新并提升整体创新能力，在四川天府新区汇聚优质创新资源。规划建设电磁驱动聚变大科学装置等重大科技基础设施项目。这些设施和平台的建设，将大幅提升地区的科技研发和创新转化能力，为区域经济提供强大的科技支撑。同时，在重庆，加速超瞬态实验装置等重大科技基础设施的建设，这些设施专注于物理学和工程学的前沿研究。此外，重庆还布局了分布式天体雷达和卫星互联网等国家重点实验室，这些实验室将开展天文观测和空间通信等领域的高端科研活动。将成渝地区建设成为一个引领全国乃至全球的科技创新高地，吸引国内外顶尖科研人才和创新团队，共同推动科技进步和经济增长。总之，这些重大科技基础设施和高能级创新平台的建设，不仅标志着成渝地区在科技领域的深耕细作，也预示着该地区将在未来科技竞争中占据更加重要的地位。

（二）打造高水平科技创新载体和平台

加快推动中心城市的重大科技基础设施建设，以及交叉研究平台和前沿学科的发展，显著提升基础研究的整体水平。努力不仅增强科研能力，也为地区的科技创新注入新的动力。为更有效地配置创新资源，构建并培育一系列产业技术创新平台及企业技术中心。这些平台和中心将作为技术创新的核心，引领区域内制造业和高技术行业的发展。协同推进科技成果的转移和转化。通过充分发挥市场机制与政府引导的双重作用，打通从原始创新到现实生产力转化的通道，并推动科技成果在更广泛区域的应用。构建开放、协同、高效的共性技术研发平台，促进各领域内的创新成果快速转化为实际应用。此外，实施科技成果应用示范和科技惠民工程，也是成渝工作的重要方面。通过这些项目，旨在让更多的科技创新成果转化为具体的社会和经济价值，同时确保这些成果能够更广泛地惠及民众，提升

人民的生活质量和区域的经济活力。

（三）分区域、分重点建设西部科学城

推进西部地区科技创新的战略布局中，采取“一城多园”模式高标准建设西部科学城，将其打造成为全国重要的科技创新和协同创新示范区。西部（成都）科学城将统筹整合成都高新区等资源，专注于电子信息、航空航天等关键领域的发展，以此推动地区科技创新的全面提升。在成都科学城内瞄准新兴产业，设立开放式、国际化的高端研发机构，这些机构将成为推动科技前沿发展的重要力量。通过这种模式，科学城不仅能够吸引全球研发资源和顶尖人才，还能加速科技成果的产业化进程，增强地区科技创新的全球影响力。此外，在重庆致力于打造西部（重庆）科学城，充分发挥重庆高新区的资源优势，协同当地高等学府及科研机构，巩固新一代信息技术、先进制造业等产业发展根基。整体而言，通过这些精心策划和高标准建设的科学城，成渝地区将极大地促进科技创新资源的集聚和优化配置。这不仅将加强区域内的科技研发能力和产业创新水平，也将为中国西部的科技进步和经济繁荣作出重要贡献。

（四）聚焦战略性产品开发

在四川天府新区与重庆高新区分别规划并搭建一系列重大科技、科教基础设施。主要聚焦于核能等关键领域的战略性产品开发，旨在引领和促进地区内的高技术研究与开发活动。通过引导地方政府、科研机构和企业共同投入资源，努力建设一系列交叉研究平台和科技创新基地，这些基地和平台不仅加强了学科之间的内在联系，还在空间上实现了资源的集聚，形成了一系列原始创新集群。使这些集群在推动科技前沿探索和应用开发上起到了核心作用、引领作用。促进开放共享的文化，从而加速了科技成果的转化过程。这种创新生态的构建，将有效支撑成渝地区在全域范围内开展高水平的创新活动，提升地区整体的科技竞争力和经济发展质量。

（五）强化协同创新政策支撑

加强成渝地区的创新能力，加大政府政策支持力度，形成了一个强有

力的协同创新推动体系。积极研究并制定全面的创新改革试验方案，涵盖整个成渝地区，激发区域内的创新潜力和协同发展。加强成渝地区知识产权的联合保护，以确保创新成果得到充分的法律支持和保护。支持地方探索建立区域创新收益共享机制，鼓励成立多种形式的投资基金，如产业投资基金、创业投资基金、股权投资基金以及科技创新和科技成果转化引导基金，这些都是为了加速创新成果的市场化和产业化过程。此外，为了支持高成长的创新企业，制定特定的帮扶计划，鼓励这些企业在科创板上市融资，从而为他们提供更广阔的发展平台。

（六）强化知识产权保护和运用

积极依托区域知识产权合作机制，全力加强区域内的知识产权保护等关键领域的合作。通过强化知识产权的行政执法力度和司法保护，更好地发挥重庆知识产权法院等相关机构的作用，尤其是在电子商务和进出口等关键领域和环节，确保知识产权执法的全面性和有效性。为了加强国际合作，努力在知识产权的创造、运用、保护及贸易方面与国际伙伴建立更紧密的合作关系。此外，建立和完善知识产权案件的跨境协作机制，以处理更广泛的国际知识产权问题，从而提升在全球知识产权保护中的地位和能力，促进市场环境的整体规范和诚信。在此基础上，知识产权服务业的集聚发展区正在逐步展现出其辐射作用，推动高端知识产权服务与区域产业的深度融合，促进产业的整体升级和高质量发展。此外，推动通过非诉讼争议解决方式，减少诉讼的成本和复杂性。最终，为确保知识产权信息的透明化和易获取，构建知识产权信息交换机制与共享平台，从而显著提升知识产权管理的效率和反应速度。

五、健全基本公共服务体系，加强政策协同，提升公共服务水平

（一）建立基本公共服务标准体系

在全面实施基本公共服务的标准化管理中，通过标准化推动基本公共服务的均等化、普惠化和便捷化。确保每个公民都能平等地享受到高质量的公共服务，不论其经济状况或居住地。实施区域协作联动策略，以促进

基本公共服务保障的全面覆盖，通过跨区域合作与资源共享，确保全体居民都能无阻碍地获得必要的公共服务。这种区域间的协作不仅提高了服务的效率，也保证了服务供应的均衡，使得无论居民身在何处，都能享受到均等的服务保障。此外，为了进一步深化服务的普及和便捷化，不断优化服务交付的方式，运用现代技术如互联网和移动平台，让服务更加贴近民众的日常生活，更加方便快捷地满足他们的需求。这种技术的整合不仅提升了服务的可达性，还增强了服务系统的透明度和公众的满意度。

（二）推动基本公共服务便利共享

优化公共服务的便捷性，勇于探索跨区域服务模式，促进基本公共服务便捷共享。通过优化服务流程和增强服务网络的互联互通，让所有居民无论身处何地都能方便地访问和享受到基本的公共服务。在公共卫生领域，强化基础公共卫生服务的区域协作，促进重大传染病的协同防控。这种区域间的协作模式不仅加快了疫情响应速度，也提升了防控效率，确保了公共健康安全。社会保险方面，推动异地办理服务，特别是在养老服务补贴的异地结算试点方面，提升异地养老的便利性。使得老年人在选择退休生活地点时更加灵活，同时保证了他们能够在全国范围内无缝接受养老金发放和医疗服务。推进民生档案跨区域查询服务项目，构建互通互认的档案专题数据标准体系。这一体系的建立，将显著提升数据透明度和访问效率，为广大公民带来更加高效便捷的政务服务。同时，构建了成渝地区区域基本公共服务平台，推动异地享受基本公共服务并实现便捷结算，促进资源均衡分布和合理配置。

（三）推动教育合作发展

致力于推动教育领域的均衡发展，促进区域教育现代化，并扩大优质教育资源的供给。构建并实施统一的教育现代化指标体系，用以监控与评估，引导学校持续向高质量发展转型。充分利用城市优质的学前及中小学教育资源，鼓励跨区域学校间的合作与支持，同时增进校长与教师间的交流与合作，提升教育资源运用效率，实现教育质量的均衡提升。在高等教育领域，推动大学与研究机构全面合作，共同创新，打造具有国际影响力的顶尖大学和学科。同时，倡导成都和重庆的一流大学及科研机构在其他地区设立分支机构，既扩大了教育资源覆盖，又增强了区域教育的整体协同。为加强国际合作，促进高校共同发展，与全球知名高等教育机构开展课程合作，引入国际前沿教育理念和资源，提升本地教育系统的国际竞争力。共同开发职业教育，构建一体化协同发展的职业教育平台，拓展并加固职业教育体系。

（四）打造健康成渝

优化医疗卫生资源配置的过程中，强化健康产业的发展，持续提高民众的健康标准。利用成渝地区高校教育资源，实施多种策略来扩大优质医疗服务的覆盖。此外，共同创建以居民健康档案为核心的全民健康信息平台，并通过数字化医院建设了医疗协作系统。显著提升医疗服务效率及患者便捷性。为增强应急响应，逐步建立统一的急救医疗网络，实现急救信息共享和网络连通，确保在紧急情况下能迅速有效地提供医疗援助。依托区域内优质医疗资源和养老产业，制定引导区域产业资本和品牌机构进入当地养老市场的政策，提高养老服务人员的专业性并支持民营养老机构的成长，从而提升养老服务质量和可及性。建设具有国际影响力的健康医疗服务和养老基地，提升地区的健康服务水平，吸引全球客户及促进健康旅游。

（五）共筑文化发展高地

提升区域文化创新力和影响力，实现文化资源的优化配置，加强文化政策的互惠共享。通过保护与利用革命文物，传承并发展优秀传统文化，塑造具有地域特色的文化品牌，增强文化吸引力与社区凝聚力。同时，构建现代文化产业体系，实施文化精品工程，培育有影响力的文化企业，以提高文化产品与服务质量，推动文化产业高质量发展。在公共文化服务领域，推动区域内美术馆等设施的联动共享，实施城市阅读一卡通和公共文化服务一网通等便利措施，大幅提升公共文化服务的便捷性。此外，加强对重要文物的保护与合作，联合开展考古研究和文化遗产保护，保存和传承珍贵的文化遗产，促进学术研究和文化交流的深入发展。

（六）推进社会治理共建共治共享

提升成渝地区的社会治理水平，建立更社会化、法制化的治理体系，创建平安和谐的社区。制定地方性法规和政府规章，建立了全民覆盖的公共法律服务体系，保障了法律的公正执行和居民的法律权益。同时，强化城市管理和社会治安的防控体系，并建立城市公共安全风险防控和规划体系，通过预防措施和风险管理减少公共安全事故。此外，健全应对重大灾害的联防联控机制和应急预案，通过业务协同和信息共享，推进城市防灾减灾救灾的一体化。推广网格化服务管理，提升了社会治理的精细化水平，确保了资源分配的合理性和社会服务的精准性。

六、推动城乡融合发展，形成区域协调发展新格局

（一）坚持以大带小、加快培育中小城市

为推动万州、南充、达州等城市的发展提升到新的能级，并促使广安等地区的一体化发展，采取一系列协调措施，增强这些区域的整体发展动力和竞争力。积极推动川渝省际毗邻区域的协同发展，通过加强跨区域合作，探索省际毗邻区域协同发展的新机制。这不仅涉及政策制定和资源共享，也包括推动共同的基础设施项目和环保行动。为了具体实施这一战略，加快建设万州与川渝统筹发展的示范区，以及南充临江新区的建设。这些示范区将作为发展新模式的试验场，展示如何有效地整合资源和政策，以驱动更广泛区域的增长和繁荣。强化规划、政策和项目的统筹，以引导人口和产业向城市化地区集聚。这一策略的核心是打造向北和向东的出渝出川综合交通枢纽，从而促进成渝地区双城经济圈北翼的发展。通过改善交通基础设施，我们不仅提升地区内部的连通性，也加强了与全国其他主要经济区的联系。这些综合措施将极大地促进万州、南充、达州以及周边城市的经济增长，提高其在全国乃至国际上的竞争力。

（二）以点带面、推动区域均衡发展

在推动成渝地区双城经济圈建设中，重点关注沿成渝北线、中线和南

线综合运输通道的发展。通过加强资阳、遂宁、内江、永川、铜梁、大足、荣昌、潼南、璧山等城市的融合发展，我们正在积极拓展这些成渝主轴节点城市的发展空间，并强化它们的功能协作。这些城市的战略位置使它们成为连接重庆中心城区和成都的重要枢纽，也使它们成为东部沿海发达地区产业转移的理想承接地。努力提升这些城市的服务配套能力，以更好地支持重庆中心城区和成都的经济社会发展需求。通过这些措施，不仅加强了成渝主轴的发展基础，也在积极打造一个能够支撑成渝地区双城经济圈建设的强大“脊梁”。这种融合发展策略不仅优化了区域内的资源配置和产业布局，也促进了区域内部的经济一体化，增强了城市间的互联互通和协同发展。

（三）以城带乡、有效促进乡村振兴

推动重庆和成都中心城区的发展从外延扩展式向内涵提升式转变，提高现有结构和服务的质量，实现城市的可持续发展。建立省际产业合作园区和强化跨省产业合作，有序推动产业跨区域转移和生产要素的流动，以平衡区域经济和优化资源配置。此外，加强包括绵阳等在内的区域中心城市的建设，通过增加空间资源供给，提升这些城市的产业承接能力，减轻重庆和成都的发展压力，优化区域城市布局。同时，强化节点城市间的功能协作和专业服务，形成协同的区域发展模式。

（四）加快城市圈一体化发展

为推动成渝地区的区域一体化和都市圈内部的协调发展，统一规划和建设基础设施，包括路、水、电、气、邮、信息等关键领域。这一综合基础设施网络的优化将极大提升区域内的互联互通能力。加强中心城市与都市圈内其他城市之间的市域和城际铁路、道路交通的对接，以及毗邻地区公交线路的整合。通过这些措施，旨在构建一个快速便捷的都市通勤圈，使居民和资源在都市圈内部可以更高效、更便捷地流动。此外，加强重庆和成都两个都市圈之间的合作互动，以高水平打造成渝地区城市群。这包括重大基础设施的统筹规划，加快大通道和大枢纽的建设，以及提高城际铁路和高速公路的路网密度。这些基础设施项目不仅提升了地区内部的连

接性，也增强了成渝地区与全国其他主要经济区的联动。为了确保这些措施的有效实施，加快建立都市圈间重大事项的协调推进机制，并探索协同治理的新模式。这种协同治理模式将允许更灵活、更高效的政策制定和资源分配，确保区域发展的各项决策能够迅速响应和适应不断变化的经济社会需求。同时，加强与上海、南京、杭州、深圳、广州等都市圈的紧密对接和分工合作。通过与这些发达都市圈的互动，成渝地区不仅可以借鉴先进的发展经验，还可以在多个领域内形成互补的合作关系，共同推动区域内外的经济增长和社会进步。

（五）推动公共服务信息互联、标准互认、资源共享

为加快公共服务的现代化和普及化，推动公共服务信息的互联、标准的互认以及资源的共享。这些措施的核心目的是实现公共服务的一体化，尤其是异地入学、就医和就业服务的无缝对接，确保所有居民无论其地理位置如何都能享受到均等、高效的服务。建立全面的社会保险协同互认机制，包括养老、医疗和工伤保险，以及社会保险基金风险防控的合作机制。这些机制支持跨区域门诊业务的医保直接结算，进一步推动养老、医疗和失业保险关系的无障碍转移接续，使得居民在不同地区之间的移动更加灵活，保障他们的权益不受影响。同时，统筹推进城乡公共服务一体化发展，努力消除城乡之间的服务差距，确保城乡居民都能享受到便利共享的公共服务。通过提升农村基本公共服务的水平，我们旨在平衡区域发展，提高农村居民的生活质量。在户籍制度上，深化改革，构建平等的城乡居民身份地位的户籍登记制度。教育方面，优化农村基础教育学校的布局，建立城乡教育联合体。

（六）提升乡村发展品质

全力推动乡村振兴战略，深化农业产业现代化并融合第一二三产业，提升农民素质，建设充满活力的美丽乡村。着重提高农产品品质和市场竞争力，确保农村可持续发展和提升农民福祉。加强农产品质量安全追溯体系，建立区域农产品展示平台，提升市场可见度，并促进品牌建设。此外，推动农产品加工与乡村旅游融合，发展特色乡村经济，增强乡村吸引

力。同时，致力于保护具有特色的自然生态和文化风貌的古镇和名村，保存乡村历史和文化遗产，促进文化传承。在乡村治理上，建立以党组织领导的治理体系，结合自治、法治和德治，提高管理效率和公正性，促进社会全面进步。

七、建立规则统一的制度体系，促进成渝地区双城经济圈一体化

（一）坚持“成渝地区双城经济圈一盘棋”思维

坚持“一盘棋”的思维模式，在规划和实施中将整个区域视为统一的整体。这种思维方式强调各城市间的协同和资源共享，确保地区内的发展既均衡又高效。通过发挥各自的区域优势，并实行错位发展战略，来优化和整合区域资源。这种策略不仅促进了各城市的特色发展，还避免了无谓的资源重复投资和竞争，从而提升了整个区域的资源使用效率。特别是在交通、产业、科技、环保和民生政策领域，加强协同对接。通过统一规划和一体部署，各地区在基础设施建设、产业升级、科技创新、环境保护和社会福利等方面实现了深度整合和协作。这种跨区域的合作模式不仅加强了内部联系，也提升了对外连接，使成渝地区能够更有效地响应国内外的发展挑战。同时，通过这种协作和实施，使成渝地区能辐射带动周边地区的发展。这不仅有助于缓解主要城市的发展压力，也促进了周边较少发展地区的经济提升，实现了区域内部的经济均衡和社会和谐。

（二）健全政策制定协同机制

提升区域发展的协调性和效率，积极建立针对重点领域的统一制度规则和政策协调机制。确保政策统一、规则一致并同步执行，形成高效的政策环境。特别是在市场准入方面，全面执行国家的市场准入负面清单，统一市场准入制度，规范市场环境，降低企业门槛，促进公平竞争并激发市场活力。同时，加强环保等关键领域的政策执行和执法联动，有效应对跨区域挑战，保护公共利益。此外，探索一体化的组织管理机制，统一管理建设用地指标和跨区域重点规划，提高行政效率，优化资源配置和项目实

施的一致性。

（三）建立标准统一管理制度

加强成渝地区双城经济圈的标准化合作并推动区域一体化，加速推进标准的互认与采信，构建符合全国统一市场的区域一体化标准体系。成立成渝地区双城经济圈区域标准化联合组织，负责统筹区域标准的立项、发布等工作，确保标准的严格执行和及时更新，增强了标准制定的专业性和系统性，提高透明度和公信力。在农产品冷链物流等关键领域，开展区域统一标准的试点，以测试标准的实际效果并为其全面推广提供经验。此外，推进成渝地区间标准的互认，特别是检验检测结果的互认，确保区域内产品和服务的无障碍流通。

（四）完善跨流域跨区域生态补偿机制

促进区域间的生态保护与可持续发展，建立综合的生态补偿机制，涵盖开发地区、保护地区之间的横向补偿。此外，基于长江流域试点的成功经验，研究跨流域的生态补偿标准，并与水质考核体系配合，为长江流域的环境管理提供科学的支持。同时，为了共担成本、共享利益，探索建立区域间产业转移和园区合作的成本分担与利益共享机制。通过优化区域协调机制，提升区域一体化发展水平，并建立税收利益分享及征管协调机制，促进公平竞争和资源的高效配置。

（五）健全区域环境治理联动机制

提高区域环境治理的科学性、精细化和一体化，加强源头防控和区域内环境污染的联动防治。强化排放等标准与执法规范的对接，并通过联合发布统一的区域环境治理政策和标准，确保环境治理的一致性。此外，积极开展联动执法，创新跨区域联合监管模式，以增强环境治理的协调和效率。为提升对环境突发事件的应急管理能力，建立重点区域环境风险应急统一管理平台，以快速响应和有效处理环境事件。同时，探索建立跨行政区的生态环境基础设施建设和运营管理的协调机制，确保水资源的合理分配和高效利用。

（六）建立要素自由流动制度

优化企业营商环境，实施统一的企业登记标准，并推行无差别办理策略，确保所有企业在登记过程中享受同等待遇。同时，提供全生命周期服务，并允许企业自由选择注册地，建立灵活的企业迁移机制，提高企业的灵活性并优化了区域内的企业资源配置。在企业诚信管理方面，建立公共信用联合奖惩机制，强化企业的诚信意识并提升了运营透明度。此外，打破户籍和身份限制，实施专业技术任职资格与继续教育证书的互认互准制度，促进人才流动及专业技能的提升。为加强市场主体间的协同联动，建立多种协同机制，充分发挥市场机制作用，释放市场活力。

（七）建立健全风险安全监管体系

为全面提升风险防范和安全监管水平，实施以风险防控为底线的综合监管策略。包括分类监管、协同监管和智能监管，确保各种风险得到有效控制和管理。这一现代化的监管体系能够通过高效的数据处理和信息流通，加强监管部门之间的协调和反应速度，从而提高监管的整体效率和准确性。此外，加强信用分级管理系统，将企业的信用等级作为享受区内优惠政策和制度便利的重要依据。奖励守法企业，通过信用激励机制促使企业提高自身管理和运营标准。在金融等重点领域，实施严格的监管政策。包括采用精准的监控技术和方法，确保这些敏感和关键领域的安全和稳定。通过这些措施，不仅有效预防和减轻潜在风险，也保障了公共安全和经济活动的正常运行。

八、推动重庆、成都携手唱好“双城记”，打造内陆改革开放新高地

（一）共建对外开放大通道

在推动西部陆海新通道的建设中，充分发挥重庆作为通道物流和运营组织中心的核心作用，提升成渝地区与东盟地区的互联互通水平，加强区域合作和经济整合。为了实现这一目标，加快开行四川的铁海联运班列。

这些班列不仅为地区内企业提供了更便捷、高效的物流选项，也标志着成渝在加快融入中国—中南半岛等南向国际经济走廊的努力中迈出了坚实的步伐。同时，畅通川渝长江黄金水道进一步增强了这一水道的运输效率和经济价值。这些举措不仅优化区域内的运输网络，也为沿线城市带来了更多的发展机会和经济活力。此外，建设通江达海、首尾联动的东向国际开放通道。这一全方位的开放策略将加强我们与全球市场的连接，尤其是加强与亚太地区的经济交流和合作，推动地区经济的进一步开放和发展。通过这些战略措施，不仅强化了区域内的基础设施和物流能力，也为地区内外企业提供了强大的支撑，促进了区域经济的全面发展和国际竞争力的提升。

（二）共建高层级对外开放平台

促进区域经济的开放与发展秉承执行更高水平的投资和贸易开放政策的原则。以重庆两江新区和四川天府新区为核心，打造成为内陆地区的开放门户。这些区域的发展不仅将推动地方经济的快速成长，还将促进国内外的经济交流与合作。增强区域内的贸易和投资活动，强化进口博览会参展商的对接服务创建更加开放和互利的商业环境。同时，加强进口商品通关的便利化协同等关键领域的强化保障，从而优化整个进出口流程，降低企业的运营成本，提高交易效率。

（三）加强国际合作园区建设

为实现国际产业合作的互利共赢和共同发展，加速推动“引进来”与“走出去”战略的并重执行，旨在加强国际产业双向合作。建立开放的经济体系，提升全球合作网络的效能和广度。依托重庆和成都打造高水平国际组织和总部经济聚集区。使这些区域成为吸引全球资源和高端人才的重要地区，也逐渐演变成为国际商务和经济决策的核心区域。此外，利用经济技术开发区等各类开发区的优势，加速中马（重庆）产业园等国际合作项目的建设。这些项目不仅加深与马来西亚等国家的产业合作，也为本地企业提供了宝贵的国际市场经验。同时，加快推进与中东欧国家的投资贸易合作。通过这些国际合作，不仅能够促进本地产品和服务的出口，还能引入国外的先进技术和管理经验，从而提升本地产业的竞争力和创新能力。基于重大国际产能合作项目及对外投资集聚区，支持企业遵循市场化等原则，在拉美等地区规划建设境外园区。

（四）深化国内区域合作

为进一步推动区域协作与经济整合，深化与京津冀等东部地区的交流与合作。包括共同开展创新合作、共建跨区域产业园区，并共设无水港，以有序承接东部地区的产业转移。通过这些合作，我们旨在实现资源优化配置，促进区域经济一体化，同时带动本地产业升级和经济结构调整。同时，加强与长江经济带沿线城市群的协作，共同推进长江黄金水道、沿江铁路和成品油输送管道等关键基础设施的建设。这些项目不仅增强了区域内的物流和交通连通性，而且有助于推动长江经济带的绿色发展，通过环保和可持续的方式促进经济增长。此外，加强与北部湾等城市群的协作，畅通出境出海通道，共同构建一个向南开放的内陆经济腹地。这一战略不仅为本地产品提供了更广阔的国际市场，也加强了与东南亚以及更广泛地区的经济联系。通过这些综合措施，构建更广泛的区域合作网络，加强创新合作和产业协同，共同提升参与城市群的经济实力和竞争力。这将有助于实现区域内经济的均衡发展，促进社会经济繁荣，并为未来的可持续发展奠定坚实的基础。

（五）推动经济区与行政区适度分离改革

为加强区域合作并推动经济一体化，积极在重庆、成都都市圈统筹发展示范区跨区域合作平台开展试点项目。旨在探索和实施互利共赢的利益联结机制，通过这种机制促进各区域之间的经济和社会协同发展。特别是，推动跨行政区财政协同投入，以集合更多资源支持共同的发展项目和基础设施建设。这种协同投入不仅加强了区域间的财政合作，还有助于平衡区域发展差异，增强整体经济实力。进一步地，建立跨区域合作项目地方留存部分财税利益分享机制。通过这一机制，参与区域能够根据投入或贡献的程度共享项目带来的经济利益，这不仅激励了地方政府积极参与区域合作，也确保了项目收益的公平分配。这些措施的实施，旨在深化区域间的经济链接，促进资源的优化配置和高效利用。

（六）推动重点领域开放合作

积极推动制造业等领域的对外开放，通过逐步放宽市场准入的策略，不断提升区域的协同开放和合作水平。这一过程中，降低汽车等关键行业的进入门槛，从而吸引全球500强企业和各行业的领军企业到本区域投资和发展。此外，共同开拓并建立全球创新链、产业链和供应链，以促进技术交流和产业升级，增强区域经济的全球竞争力。这种跨国的产业和创新链整合，不仅能带动本地企业的成长，还能为区域经济带来更广泛的国际市场机会。在金融市场的对外开放方面，加快步伐，特别是逐步放宽银行业对外资的市场准入，这将进一步加深金融市场的国际合作与竞争。

（七）共同打造国际一流市场环境

全面对接国际高标准市场规则体系，打造稳定且可预期的市场环境。全面实施外商投资准入前国民待遇加负面清单管理制度，放宽外资准入限制并健全监管体系，增强外商投资吸引力。同时，加强国际知识产权保护，加大对侵权行为的惩治力度，并协同进行执法监管，为创新提供强有力保护，并确保知识产权的国际合作与交流安全高效。建立外商投资企业投诉工作机制，保障外国投资者和外商投资企业的合法权益，提供明确的申诉途径，确保投诉得到公正及时处理。为加强国际人文交流，使成渝地区成为国际人文交流的汇聚地。

（八）完善国际人才引进政策

增强地区的全球竞争力并丰富知识经济的潜力，积极加大国际人才招引政策的支持力度，通过引进海外专业人才来提升国际高端资源的聚集能力。这一策略不仅加速了本地知识与技术的更新换代，也带动了创新活动的提升。推动国际人才认定过程中服务监管部门之间的信息交流与相互认可，确保所有政策在执行时的一致性和高效性。为国际人才提供一个可预见且友好的工作环境是我们的首要任务，这包括完善国际学校、国际医院以及其他公共服务设施的建设。这些措施旨在提高国际社区的生活与工作质量，使其成为吸引全球人才的优选地。保证引进人才的优厚待遇是我们政策的关键部分。确保相关人才政策的彻底实施，特别是对于高层次人才，提供“一人一策”的个性化待遇方案，以充分满足其专业与生活需求。此外，通过项目合作、人才借调、兼职等柔性流动方式，积极引入高等院校和科研院所的专家进行现场指导和交流，以提升本地人才的能力和视野。东部地区作为人才资源丰富的区域，推动人才合作机制的建立，加强成渝地区与东部地区人才的交流与合作。通过这种跨区域的合作，旨在为本地人才提供更多见识先进理念和实践的机会，进一步激发创新潜能，推动地区经济的持续发展与繁荣。

九、坚持以人民为中心，建设高质量发展、高品质生活的新范例城市

（一）合力推动文化发展，共筑文化高地

加强文化政策的互惠共享与配置，提升区域内文化的影响力。特别是对革命文物的保护与利用，继承并发展那些优秀的传统文化，共同努力塑造具有地域特色的文化品牌，如巴蜀文化等。此外，构建现代化的文化产业体系也是我们的重要任务，推出多个文化精品项目，并培育出一批具有领导地位的文化企业。在文物和非物质文化遗产的保护方面，加强关键文物、古建筑的保护。

（二）注重需求侧管理，增加高端需求供给，引导新消费有序发展

在新零售的兴起浪潮中，借鉴创新的商业模式，特别是对商业街区进行精心的规划与引领，积极推广“转换小店”的多业态交错新零售模式。此模式不仅丰富了消费者的选择，还激活了商业街区的发展潜力。重点发展如特色消费等新兴领域，以满足不同消费者的需求。打造一系列知名老字号及专业市场等，推动消费市场多元化、错位发展的关键。通过这样的策略，形成一系列富有活力的特色消费亮点，增强消费者体验，进一步激发市场活力。在重庆围绕其山城和江城的独特身份以及丰富的历史文化，深入挖掘和整合巴渝文化等地域文化精粹。这些文化元素将被广泛应用于

景观设计等方面，全方位展示重庆作为“山水之城、美丽之地”的独特魅力。成都则将侧重于熊猫文化、美食、休闲和绿道四大主题，全力展现“耍在成都”的城市魅力。同时，成都还将继续传承和弘扬本地餐饮老字号的传统，同时引进国际各地的风味美食和特色餐饮，进一步巩固其“美食之都”的地位，吸引更多国内外游客前来体验。

（三）推动教育合作发展。支持成渝高校合作办学，鼓励联合共建优势学科、实验室和研究中心

进一步发挥成渝高校联盟在教育合作中的关键作用，鼓励两地的高等院校深化合作，开拓在课程学分相互认可、学生交换安排以及科研成果的共享与转化等领域的新路径。通过这种方式，我国促进知识的自由流动和资源的优化配置，从而提升两地教育质量和创新能力。同时，成渝地区的职业教育也将迎来一系列创新合作，涵盖招生就业等多个方面。特别是在重庆与成都的教育合作模式上，支持各类职业教育实训基地的交流合作，共同打造一批具有地域特色的职业教育园区。在加强基础教育建设方面，扩大学位供给，改善教育资源配置，进一步完善跨区域就业人员随迁子女的就学政策。我们将推动这些学生平等接受学前教育、义务教育及高中阶段教育的权利，并确保他们有资格在流入地顺利参加高考。此外，支持在所有级别的教育体系中开展人才培训和交流活动，从而建设一个集聚高层次人才的教育高地。这样的措施将不仅提升教育人员的专业能力，也将促进整个社会的教育质量和效率，为地区的长远发展奠定坚实的基础。

（四）拓展就业创业空间

完善区域内的公共就业服务体系，建立综合性的公共就业服务平台，以此来拓宽成渝地区居民的就业和创业空间。这一平台将提供从职业咨询到就业培训、从创业支持到职位匹配等一系列服务，旨在为求职者和企业创造一个高效、便捷的就业创业环境。在重庆和成都，设立创业就业试验区，这些试验区将开放一系列新的政策，如允许拥有建筑及相关工程咨询资质的企业和专业人士直接为内地市场主体提供服务。这一政策将首先在试验区内实施，随后根据实施效果逐步推广至更多领域和更广范围的开放措施。此外，支持成渝地区的青年以及中小微企业在内地的发展。为了鼓励更多青年创业者和小企业家，将把符合条件的创业者纳入当地的创业补贴和扶持范围。积极推进青年创新创业基地的建设，这些基地将提供必要的资源、技术支持和业务指导，帮助青年创业者将创意转化为市场竞争力强的产品或服务。

（五）完善成渝地区间的食品原产地可追溯制度

加强成渝地区食品安全的监管与合作，完善食品原产地可追溯制度。这一制度的建立将极大提升食品从源头到餐桌的透明度，确保消费者能够获取食品的详细来源信息，从而增强公众对食品安全的信心。首先，提高成渝地区食品安全监管的信息化水平。通过采用先进的信息技术和大数据分析，实现食品安全监管的实时性和准确性，有效预防食品安全问题的发生。其次，加强成渝之间的食品安全合作也是我们的重点任务，通过共享监管资源和信息，更有效地应对跨区域的食品安全挑战，共同提升整个区域的食品安全保障水平。更系统地管理食品安全问题，建立健全的食品安全信息通报案件查处机制。再次，食品安全事故应急联动机制的建立将进一步加强各部门之间的协调与合作，确保在紧急情况下能够迅速有效地采取措施，最大限度减少食品安全事故的影响。最后，将建立食品安全风险交流与信息发布制度。通过定期发布食品安全风险评估报告和警报，公众和相关企业可以更加明确当前面临的主要食品安全风险，从而采取针对性的预防措施。

（六）推进社会保障合作

加强成渝地区在社会救助与福利领域的合作与协同发展，建立一个跨境社会救助信息系统。旨在实现成渝地区社会救助资源的实时共享和信息的高效流通，确保救助活动的及时性和准确性，以提升社会福利服务的整体效率和效果。同时，鼓励成渝地区的社会福利机构强化合作，共同探索和推进社会工作领域的职业资格互认。此外，加强社会工作者的专业培训和交流，通过定期的研讨会、培训课程和交流活动，提升社工人员的专业技能和服务质量。深化养老服务合作也是成渝地区的重点工作之一。支持国内外投资者在成渝地区按照相关规定，以独资、合资或合作等多种方式兴办养老及其他社会服务机构。这不仅将为成渝地区居民提供更多的养老选择，还将通过引入先进的管理模式和服务理念，推动本地养老服务业的质量和水平提升。

（七）推进医养结合，建设一批区域性健康养老示范基地

在推动社会治理的现代化进程中，深化成渝地区的社会治理合作。首先，继续深入推进依法行政，加强法治建设，确保政府行为的规范化和透明化。在此基础上，加强成渝地区廉政机制的协同，共同打造一个高效、廉洁的政府环境，从而显著提升政府服务的效率和群众的满意度。为了更好地服务于成渝地区的居民，在居民较为集中的城乡社区，有针对性地拓展社区综合服务功能。通过提供及时、高效、便捷的社会服务，确保每位居民都能享受到高质量的社区服务，这不仅增强了居民的获得感，还促进了社会的和谐稳定。其次，严格按照宪法和基本法办事，尊重各自的管辖权，同时加强成渝之间的司法协助，以确保法律的正确实施和法治的统一。为应对可能发生的各类突发事件，完善应急处置机制，建立成渝地区的应急协调平台。联合制定覆盖事故灾难、自然灾害、公共卫生事件、公共安全事件等重大突发事件的应急预案，不定期开展应急演练，旨在提高应急合作的能力和效率。

十、坚持生态优先绿色发展，加快建设山清水秀美丽之地

（一）探索生态友好型高质量发展模式

坚持绿色和集约节约发展的原则下，成渝地区携手共同制定和实施了一系列示范区饮用水水源保护法规。这些法规不仅加强了对重要河流如长江、嘉陵江、沱江、涪江和金沙江等区域的保护，还体现了我们对生态安全的重视和承诺。为了更有效地保护这些珍贵的自然资源，建立了严格的生态保护红线管控制度。在生态保护红线划定的基础上，对红线以外区域也制定了严格的产业准入标准，旨在从源头上控制和减少污染，确保生态环境不受未经严格审查的工业活动的影响。此外，成渝两地共同建立了一

个区域生态环境和污染源监控平台，实现了对环境保护的统一监管和执法。提升沿长江、嘉陵江、沱江、涪江和金沙江线的生态品质，共同打造以水为脉络、林田共生、城市与绿色空间相依的自然生态格局。

（二）推动改革创新示范

积极探索如何深入贯彻新的发展理念，并实现一体化制度的先行突破。通过这一过程，我们致力于实现改革措施的系统集成，从而充分发挥成渝地区在全国范围内的示范和引领作用。坚持将成渝地区的协同发展整合到创新、协调、绿色、开放、共享的新发展理念中，推动区域内的政策协同、资源共享和目标一致性。此外，打破传统的行政壁垒，专注于一体化制度的创新。通过建立有效而实用的一体化发展新机制，可以更好地解决跨区域发展中的问题和挑战，加快发展进程。在系统集成改革举措方面，加强改革的系统性、整体性和协同性，旨在放大改革的整体效应。通过这种集成，成渝地区能够更有效地应对各种复杂问题，同时也为区域提供了持续创新和改进的动力。

（三）合力保护重要生态空间

确保成渝地区生态环境的持续健康发展，采取一系列切实措施加强生态环境的分区管理与治理。通过强化生态红线区域的保护和修复，我们不仅致力于保持生态空间的现有面积，而且进一步增强其质量和功能，确保这些区域能够持续支撑区域的可持续发展。在此基础上，统筹山水林田湖草系统的治理，并通过空间协同保护措施，加快长江生态廊道的建设。这不仅有助于保护和恢复生态系统，还能增强生态服务功能，提升生物多样性。加强自然保护区、风景名胜区、重要水源地、森林公园和重要湿地等关键生态空间的保护力度。在跨省合作方面，强化省际统筹，加强森林、河湖、湿地等重要生态系统的保护工作，提升这些系统的生态功能。为了进一步恢复和增强生态系统的稳定性和生产力，建设高标准的农田林网，并在丘陵岗地区开展森林植被的恢复工作。此外，实施湿地修复治理工程，恢复和优化湿地景观及其生态功能。推动流域生态系统的综合治理，实施重要水源地保护工程和水土保持生态清洁型小流域治理工程。特别是在长江流域，进行露天矿山和尾矿库的复绿工程，这将有助于减少环境污染，恢复生态平衡，确保长江流域的生态安全和持续发展。

（四）推进环境协同防治

积极促进跨界水体的环境治理。在地下水领域，实施严格的保护政策，合理利用并加强地下水降落漏斗的治理，预防过度开采引发的生态和地质问题。同时，协同开展大气污染的综合防治，通过实施能源消费“双控”策略优化能源结构，依法淘汰落后产能。在煤炭消费方面，控制总量，推行减量替代，并促进煤炭的清洁高效利用。共同制定高耗能、高排放行业的控制标准，完成钢铁、水泥行业和燃煤锅炉的超低排放改造，构建绿色化、循环化产业体系。为加强固体废物和危险废物的污染防治，构建统一的防治标准和联防联治机制，提升无害化处置和综合利用水平。同时，推动固体废物区域转移合作，完善危险废物的申报、安全储存、转移处置的一体化标准和管理制度，严格防范工业企业在搬迁关停过程中的二次污染和次生环境风险。

（五）推动生态环境协同监管

提升区域环境治理成效，改进区域间环境管理的协同机制，确保防治污染的措施得到有效执行。通过增强区域间的合作，推动污染防控工作向科学化方向发展。首先，将区域内严重污染天气的应急响应标准统一，积极进行区域间的应急联系与协作。其次，加强排放、产品、环保及执法标准的整合对接。通过采纳一致的区域环境管理政策，确保政策执行的连贯性与统一性，探索创新跨区域的监管模式，增强联合执法的力度。在环境应急管理方面，建立面向关键区域的环境风险应急统一管理平台，极大地增强应急处理的能力。最后，还尝试设立了跨行政区域的生态环境基础设施协调机制。在水资源管理层面，充分利用流域管理机构的功能，加大水资源的管理力度，提升水资源管理的水平。

（六）实施重要生态系统保护和修复重大工程

保护生物多样性，增强生态系统的质量与稳健性。严格界定并遵循生态保护的红线，对自然生态区域的利用实行严密监管。强化成渝地区周边的山区等地保护措施，打造一条持续的山体森林生态防护带。全方位保障该地区国际及国家级重要湿地，同时推动滨海湿地的跨国共同保护工作。此外，系统实施山水林田湖草沙的生态保护和修复重大工程，按照地理和生态条件分区分阶段推进全域生态修复。这包括大力开展国土绿化，实施“两岸青山·千里林带”项目和森林质量精准提升工程，创建国家森林城市，通过全域土地综合整治，强化重要水源地和人口密集场所周边的地质灾害隐患点的综合治理。此外，稳妥推进生态敏感区的生态搬迁，以减少人类活动对脆弱生态的影响，确保生态系统的长期稳定和可持续发展。

参考文献

[1] 杜能．孤立国［M］．上海社会科学院出版社，2016.

[2] Launhardt W. Mathematische Begründung dcr Volkswirthschaftslehre［M］. W. Engelmann，1885.

[3] Weber，Alfred，and Friedrich C. J. Alfred Weber's Theory of the Location of Industries. University of Chicago Press，1929.

[4] Christaller，Walter. Central Places in Southern Germany. Translated by C. W. Baskin，Prentice - Hall，1966.（Originally published 1933）.

[5] Lösch，August. The Economics of Location. Yale University Press，1954.（Originally published 1940）.

[6] Kiuchi，Shigetoshi. Urban Regions in Japan：Regional Development and Urban Policy. Tokyo University Press，1980.

[7] Utterback，J. M. Mastering the Dynamics of Innovation［J］. Research - Technology Management. 1994，37（1）：1 - 16.

[8] 魏后凯，& 张春宇．"网络型开发模式及其理论基础．"城市规划学刊，no. 1，2003，pp. 10 - 14.

[9] Thünen，Johann Heinrich von. Der isolierte Staat in Beziehung auf Landwirtschaft und Nationalökonomie. Hamburg：Friedrich Perthes，1826.

[10] Weber，Alfred. Über den Standort der Industrien. Tübingen：J. C. B. Mohr（Paul Siebeck），1909.

[11] Palander，Tord. Beiträge zur Standortstheorie. Uppsala：Almqvist & Wiksells，1935.

[12] Lösch，August. Die räumliche Ordnung der Wirtschaft. Jena：Gustav Fischer，1940.

[13] Hoover，Edgar M. The Location of Economic Activity. New York：McGraw -

Hill, 1948.
[14] Lösch, August. Die räumliche Ordnung der Wirtschaft. Gustav Fischer, 1940.
[15] Hansen, Alvin H. “Economic Progress and Declining Population Growth.” American Economic Review, vol. 29, no. 1, 1939, pp. 1 – 15.
[16] Perroux, F. “Economic Geography: Theoretical Foundations of the Location of Industries.” Economic Geography, vol. 26, no. 2, 1950, pp. 105 – 126.
[17] Hirschman, Albert O. “Economic Development with Unlimited Supplies of Labour.” The Economic Journal, vol. 68, no. 270, 1958, pp. 531 – 548.
[18] Myrdal, Gunnar. Asian Drama: An Inquiry into the Poverty of Nations. Pantheon Books, 1957.
[19] Vernon, Raymond. “International Investment and International Trade in the Product Cycle.” The Quarterly Journal of Economics, vol. 80, no. 2, 1966, pp. 190 – 207.
[20] 高玲玲. 中国中心城市群辐射能力研究 [J]. 地理科学进展, 2015, 34 (2): 248 – 256.
[21] 张先锋, 吴伟东, 满强. 政治中心与经济中心的经济辐射能力比较 [J]. 中南财经政法大学学报, 2014, (03): 28 – 35.
[22] 马宝宝, 陈耀, 贾海波. 基于热传导模型的省域中心城市经济辐射效力分析——以甘肃省为例 [J]. 资源开发与市场, 2016, 32 (04): 405 – 409 + 463.
[23] 冯邦彦, 常伟伟. 大珠三角城市群空间层级关系实证研究 [J]. 经济前沿, 2008, (01): 45 – 48.
[24] 栾强, 罗守贵, 郭兵. 都市圈中心城市经济辐射力的分形测度及影响因素——基于北京、上海、广州的实证研究 [J]. 地域研究与开发, 2016, 35 (04): 58 – 62.
[25] 姜世国. 都市区范围界定方法探讨——以杭州市为例 [J]. 地理与地理信息科学, 2004, (01): 67 – 72.
[26] 张明举, 李敏, 王燕林, 等. 主成分分析在小城镇经济辐射区研究

中的应用——以重庆市大足县为例［J］. 经济地理，2003，(03)：384－387.

［27］刘华蓉. 以习近平新时代中国特色社会主义思想为指导进一步加强和推进创新人才培养［J］. 创新人才教育，2017，(04)：6－12.

［28］范强，张何欣，李永化，等. 基于空间相互作用模型的县域城镇体系结构定量化研究——以科尔沁左翼中旗为例［J］. 地理科学，2014，34（05）：601－607.

［29］刘佳宁. 新常态下制造业转型升级的金融支撑［J］. 广东社会科学，2016，(01)：46－54.

［30］孙久文，罗标强. 基于修正引力模型的京津冀城市经济联系研究［J］. 经济问题探索，2016，(08)：71－75.

［31］刘晓萌，胡叶星寒，刘妮雅. 京津冀城市群旅游经济联系分析——基于改进引力模型［J］. 中国流通经济，2020，34（02）：121－128.

［32］彭芳梅. 粤港澳大湾区及周边城市经济空间联系与空间结构——基于改进引力模型与社会网络分析的实证分析［J］. 经济地理，2017，37（12）：57－64.

［33］江璐璐，师谦友. 安徽省空间经济联系及省会经济辐射力分析［J］. 地域研究与开发，2013，32（06）：39－43.

［34］戴德颐. 基于引力模型的扬子江城市群中心城市选择与影响范围划分［J］. 科技视界，2018，(28)：290－292.

［35］郭倩倩，陈永红. 宁波都市圈中心城市经济辐射力的评价及影响因素分析［J］. 科技与管理，2017，19（05）：27－37.

［36］陈子真，雷振丹. 粤港澳大湾区城市间经济辐射力及影响因素分析［J］. 地域研究与开发，2019，38（05）：57－62.

［37］夏丹，蔡翔，万勇. 粤港澳大湾区中心城市经济辐射影响因素的异质性分析［J］. 特区经济，2022，(03)：5－9.

［38］柯善咨. 中国城市与区域经济增长的扩散回流与市场区效应［J］. 经济研究，2009，44（08）：85－98.

［39］余静文，王春超. 城市圈驱动区域经济增长的内在机制分析——以京津冀、长三角和珠三角城市圈为例［J］. 经济评论，2011，(01)：

69 - 78 + 126.

[40] 王贤彬，吴子谦．城市群中心城市驱动外围城市经济增长 [J]. 产业经济评论，2018，(03)：54 - 71.

[41] 崔耀平，刘玄，李东阳，等．长三角地区城市化空间关联特征及内在机制 [J]. 地理学报，2020，75 (06)：1301 - 1315.

[42] 吴福象，刘志彪．城市化群落驱动经济增长的机制研究——来自长三角 16 个城市的经验证据 [J]. 经济研究，2008，43 (11)：126 - 136.

[43] 许政，陈钊，陆铭．中国城市体系的“中心 - 外围模式” [J]. 世界经济，2010，33 (07)：144 - 160.

[44] 王雨飞，倪鹏飞．国家中心城市分功能评价与测度——基于多源采集数据 [J]. 社会科学研究，2020，(03)：31 - 42.

[45] 吴桂生．技术创新管理 [M]. 北京：清华大学出版社，2000.

[46] 朱沆，Eric Kushins，周影辉．社会情感财富抑制了中国家族企业的创新投入吗? [J]. 管理世界，2016 (03)：99 - 114.

[47] 李显君，王巍，刘文超，王京伦．中国上市汽车公司所有权属性、创新投入与企业绩效的关联研究 [J]. 管理评论，2018，30 (02)：71 - 82.

[48] 胡恒强，范从来，杜晴．融资结构、融资约束与企业创新投入 [J]. 中国经济问题，2020 (01)：27 - 41.

[49] 钟田丽，马娜，胡彦斌．企业创新投入要素与融资结构选择——基于创业板上市公司的实证检验 [J]. 会计研究，2014 (04)：66 - 73 + 96.

[50] 贾俊生，伦晓波，林树．金融发展、微观企业创新产出与经济增长——基于上市公司专利视角的实证分析 [J]. 金融研究，2017 (01)：99 - 113.

[51] Loukil, K. The Impact of Financial Development on Innovation Activities in Emerging and Developing Countries [J]. 2020, 10 (1): 112 - 119.

[52] 戴静，张建华．金融所有制歧视、所有制结构与创新产出——来自

中国地区工业部门的证据 [J]. 金融研究, 2013 (05): 86 - 98.
[53] 官建成, 陈凯华. 我国高技术产业技术创新效率的测度 [J]. 数量经济技术经济研究, 2009, 26 (10): 19 - 33.
[54] 董晓庆, 赵坚, 袁朋伟. 国有企业创新效率损失研究 [J]. 中国工业经济, 2014 (02): 97 - 108.
[55] 刘飒, 万寿义, 黄诗华, 赵聚辉. 中国中小型高新技术企业创新投入效率实证研究——基于三阶段 DEA 模型 [J]. 宏观经济研究, 2020 (03): 120 - 131.
[56] Koeller, T. Innovation, Market Structure and Firm Size: A Simultaneous Equations Model [J]. Managerial and Decision Economics, 1995, 16 (3): 259 - 269.
[57] 刘国新, 李勃. 论企业规模与 R&D 投入相关性 [J]. 管理科学学报, 2001 (04): 68 - 72.
[58] 苏昱霖, 李晓丹, 陈玉文. 中国高技术企业其规模与研发资金投入关系研究 [J]. 科技管理研究, 2017, 37 (16): 158 - 162.
[59] 张国峰, 陈方媛. 市场化改革、企业规模与研发投入 [J]. 大连理工大学学报 (社会科学版), 2018, 39 (04): 15 - 20.
[60] 李春涛, 宋敏. 中国制造业企业的创新活动: 所有制和 CEO 激励的作用 [J]. 经济研究, 2010, 45 (05): 55 - 67.
[61] 杨德伟. 股权结构影响企业技术创新的实证研究——基于我国中小板上市公司的分析 [J]. 财政研究, 2011 (08): 56 - 60.
[62] 罗宏, 秦际栋. 国有股权参股对家族企业创新投入的影响 [J]. 中国工业经济, 2019 (07): 174 - 192.
[63] 刘运国, 刘雯. 我国上市公司的高管任期与 R&D 支出 [J]. 管理世界, 2007 (1): 128 - 136.
[64] 刘鑫, 薛有志. CEO 接班人如何决定企业的 R&D 投入? ——基于前景理论的分析 [J]. 财经研究, 2014, 40 (10): 108 - 118 + 130.
[65] 国子建, 钟睿, 朱凯. 协同创新视角下的区域创新走廊—构建逻辑与要配置 [J]. 城市发展研究, 2020, (2): 8 - 15.
[66] 孙铁山, 刘禹圻. 京津冀城市网络特征、成因及对区域协同发展的

启示——基于三大城市群的比较［J］. 河北学刊，2023，43（3）：153－161.
［67］谢卫群. 一条路，探索区域协同发展路径［N］. 人民日报，2023－09－07（001）.
［68］陈劲，阳银娟. 协同创新的理论基础与内涵［J］. 科学学研究，2012，30（02）：161－164.
［69］张磊. 多主体参与下的京津冀校园足球协同发展创新策略——基于三螺旋模型的分析［J］. 北京体育大学学报，2020，43（09）：18－28.
［70］Peter A. Swarm Creativity：Competitive Advantage Through Collaborative Innovation Networks［M］. New York：Oxford University Press，2006.
［71］洪银兴. 关于创新驱动和协同创新的若干重要概念［J］. 经济理论与经济管理，2013，（5）：5－12.
［72］余晓芳，刘耀东. 创新驱动发展战略背景下高校产学研协同创新机制研究［J］. 理论月刊，2019，（12）：155－160.
［73］董恒敏，李柏洲. 产学研协同创新驱动模式［J］. 科技进步与对策，2015，（5）：20－25.
［74］储节旺，吴川徽. 创新驱动发展的协同主体与动力机制研究［J］. 安徽大学学报（哲学社会科学版），2018，（3）：148－156.
［75］钟书华，王林. 国内“区域创新驱动发展”研究述评［J］. 科学管理研究，2018，（2）：51－53＋57.
［76］王文亮，李雪梅，肖美丹等. 校企协同创新驱动要素分析［J］. 技术经济与管理研究，2015，（1）：26－31.
［77］王海花，谢富纪，周嵩安. 创新生态系统视角下我国实施创新驱动发展战略的“四维”协同框架［J］. 科技进步与对策，2014，（17）：7－11.
［78］程海龙，张永庆. 网络视角下粤港澳区域协同创新演化研究［J］. 技术与创新管理，2023，44（04）：
［79］刘娟，马学礼. 雄安新区创新驱动发展实现路径研究［J］. 科技进步与对策，2018，（8）：32－37.

[80] Riddel M, Schwer R K. Regional innovative capacity with endogenous employment: empirical evidence from the U. S [J]. The Review of Regional Studies, 2003, 33 (1): 73 – 84.
[81] 钟书华，王林．国内"区域创新驱动发展"研究述评［J]．科学管理研究，2018，36（02）：51 – 53 + 57.
[82] Philip R T. Co – operative ties and innovation: some new evidence for UK manufacturing [J]. Research Policy, 2010, 39 (6): 762 – 775.
[83] Fawcettf S E, Waller M A. Mitigating the myopia of dominant logics: on differential performance and strategic supply chain research [J]. Journal of Business Logistics, 2012, 33 (3): 173 – 180.
[84] Zeng S X, Xie X M, Tam C M. Relationship between cooperation networks and innovation performance of SMEs [J]. Technovation, 2009, 30 (3): 181 – 194.
[85] Thorgren S, Wincent J, Oertqvist D. Designing interorganizational networks for innovation: an empirical examination of network configuration, formation and governance [J]. Journal of engineering & technology management, 2009, 26 (3): 148 – 166.
[86] Serrano V, Fischer T. Collaborative innovation in ubiquitous systems [J]. Journal of intelligent manufacturing, 2007, 18 (5): 599 – 615.
[87] Okamuro H, Kato M, Honjo Y. Determinants of R&D cooperation in Japanese start – ups [J]. Research policy, 2011, 40 (5): 728 – 738.
[88] 周正，尹玲娜，蔡兵．我国产学研协同创新动力机制研究［J]．软科学，2013，27（7）：52 – 56.
[89] Ye Y, Gu X, Li H, et al. A study on running mechanism of regional innovation system based on knowledge flow [J]. Springer berlin heidelberg, 2015: 283 – 292.
[90] Bjerregaard T. Industry and academia in convergence: micro – institutional dimensions of R&D collaboration [J]. Technovation, 2009, 30 (2): 100 – 108.
[91] 杨忠泰．地方高校开展协同创新基本模式探析［J]．科技管理研究，

2013，33（21）：83－86，90.
［92］方炜，王莉丽．协同创新网络的研究现状与展望［J］．科研管理，2018，39（9）：30－41.
［93］田青．协同创新视角下企业技术创新主体地位的实现［J］．中国科技论坛，2015，（10）：
［94］李梅，张敏．科技冬奥协同创新网络构建及其对我国科技创新治理体系的启示［J］．科技管理研究，2022，42（23）：30－38.
［95］张琰飞．新兴技术研发主体间协同创新效应实现机制研究［D］．中南大学，2015.
［96］袁晓玲，李勇．城市群能否提高城市全要素能源效率——以中国十大城市群为例［J］．科技进步与对策，2015，32（20）.
［97］Ferrão J L F，Jensen－Butler C. The Centerperiphery Model and Regional Development in Portugal［J］．Environment & Planning D Society & Space，1984，2（4）.
［98］汪桥红．区域金融中心的极化与扩散效应：京津冀和长三角的比较分析［J］．统计与决策，2013，（21）.
［99］马茹，王宏伟．中国城市群创新非均衡性［J］．技术经济，2017，36（3）.
［100］Cowan R，Jonard N，Zimmermann J B. Bilateral collaboration and the emergence of innovation networks［J］．Management Science，2007，53（7）.
［101］Hagerstrand T. Innovation diffusion as a spatial process［J］．Geographical Analysis，1969，1（3）.
［102］蔡永龙，陈忠暖，刘松．近10年珠三角城市群经济承载力及空间分异［J］．华南师范大学学报（自然科学版），2017，（5）.
［103］Ketchen，Ian，Land，Charles. Snow，strategic entrepreneurship，collaborative innovation，and wealth creation：Journal of Strategic Entrepreneurship. 2007，1（34）：371－385.
［104］解学梅．协同创新效应运行机理研究：一个都市圈视角［J］．科学学研究，2013，31（12）：1907－1920.

［105］陈劲，阳银娟．协同创新的理论基础与内涵［J］．科学学研究，2012，30（02）：

［106］刘丹，闫长乐．协同创新网络结构与机理研究［J］．管理世界，2013（12）：1－4.

［107］汪良兵．区域创新网络结构与协同演化研究［D］．中国科学技术大学，2014.

［108］Lisa M，Michelle C. A Nurse－Led Innovation in Education：Implementing a Collaborative Multidisciplinary Grand Rounds.［J］．Journal of continuing education in nursing，2017，48（8）：

［109］曹清峰．协同创新推动区域协调发展的新机制研究——网络外部性视角［J］．学习与实践，2019（10）：32－41.

［110］叶一军，顾新，李晖等．跨行政区域创新体系下创新主体间协同创新模式研究［J］．科技进步与对策，2014，31（16）：29－33.

［111］李琳，刘瑞．创新要素流动对城市群协同创新的影响——基于长三角城市群与长江中游城市群的实证［J］．科技进步与对策，2020，37（16）：56－63.

［112］张钦朋．产学研协同创新政府引导机制研究——基于“2011 计划”实施背景［J］．科技进步与对策，2014，31（05）.

［113］Deyu L，Gaston H，Floor A. Knowledge flows in global renewable energy innovation systems：the role of technological and geographical distance［J］．Technology Analysis Strategic Management，2022，34（4）.

［114］孔令丞，王悦，谢家平．长三角区域一体化扩容、协调集聚与区域创新［J］．财经研究，2022，48（12）：20220914.401.

［115］连俊华，李富强．城市群高质量发展的路径探究：基于区域协同创新的分析［J］．价格理论与实践，2021（05）：20－23.

［116］秦静．要素流动视角下都市圈内合作区治理框架和模式研究［J］．规划师，2022，38（06）：12－19＋26.

［117］田学斌，柳天恩．京津冀协同创新的重要进展、现实困境与突破路径［J］．区域经济评论，2020（04）：2095－5766.2020.0078.

［118］余文涛，杜博涵，王雅云．数字经济政策对产学研协同创新的影响

研究 [J/OL]. 软科学：1－15 [2023－10－16].

[119] 毛艳华. 科创走廊建设的国际经验及借鉴 [J]. 人民论坛，2022 (10)：92－95.

[120] 汤临佳，李翱，池仁勇. 创新走廊：空间集聚下协同创新的新范式 [J]. 自然辩证法研究，2017，33 (01)：31－37.

[121] Lin，C.，Liu，S.，& Manso，G. Shareholder Litigation and Corporate Innovation [J]. Management Science，2020，67 (6)：1－22.

[122] Arrow，K. J. Economic Welfare and the Allocation of Resources for Invention [A]. NBER Chapter，in：Nelson，R. The Rate and Direction of Inventive Activity：Economic and Social Factors [C]. Princeton：Princeton University Press，1962：609－626.

[123] Williamson，O. E. Innovation and Market Structure [J]. Journal of Political Economy，1965，73 (1)：67－73.

[124] Mukhopadhyay，A. K. Technological Progress and Change in Market Concentration in the U. S.，1963－77 [J]. Southern Economic Journal，1985，52 (1)：141－149.

[125] Nickell，S. Competition and Corporate Performance [J]. Journal of Political Economy，1996，104 (4)：724－746.

[126] Mansfield，E. Entry，Gibrat's Law，Innovation，and the Growth of Firms [J]. American Economic Review，1962，52 (5)：1023－1051.

[127] Scherer，F. M. Market Structure and the Employment of Scientists and Engineers [J]. America Economic Review，1967，57 (3)：524－531.

[128] Levin，R. C.，Cohen，W. M.，& Mowery，D. C. R&D Appropriability，Opportunity，and Market Structure：New Evidence on Some Schumpeterian Hypotheses [J]. American Economic Review，1985，75 (2)：20－24.

[129] Scherer，F. M. Firm Size，Market Structure，Opportunity，and the Output of Patented Inventions [J]. American Economic Review，1965，55 (5，Part1)：1097－1125.

[130] Hamberg, D. Size of Firm, Oligopoly, and Research: The Evidence [J]. The Canadian Journal of Economics and Political Science, 1964, 30 (1): 62-75.

[131] Tzelepis, D., & Skuras, D. The Effects of Regional Capital Subsidies on Firm Performance: An Empirical Study [J]. Journal of Small Business & Enterprise Development, 2004, 11 (1): 121-129.

[132] Gomez, M. A., & Sequeira, T. N. Should the US Increase Subsidies to R&D? Lessons from an Endogenous Growth Theory [J]. Oxford Economic Papers - New Series, 2014, 66 (1): 254-282.

[133] 王刚刚，谢富纪，贾友. R&D 补贴政策激励机制的重新审视——基于外部融资激励机制的考察 [J]. 中国工业经济，2017 (02): 62-80.

[134] 苗文龙，何德旭，周潮. 企业创新行为差异与政府技术创新支出效应 [J]. 经济研究，2019，54 (01): 85-99.

[135] 张杰，陈志远，杨连星，新夫. 中国创新补贴政策的绩效评估：理论与证据 [J]. 经济研究，2015，50 (10): 4-17+33.

[136] 吴锦明. 不同财政政策对创业板企业 R&D 投入影响实证分析——来自创业板 2005-2013 年面板数据的证据 [J]. 财会通讯，2015 (33): 63-66.

[137] 周霞，高诚. 基于可持续发展视角的财税补贴绩效研究 [J]. 当代财经，2012 (9): 35-44.

[138] McKenzie, J., & Walls, W. D. Australian Films at the Australian Box Office: Performance, Distribution, and Subsidies [J]. Journal of Cultural Economics, 2013, 37 (2): 247-269.

[139] Zuniga - Vicente, J. A., Alonso - Borrego, C., & Forcadell, F. J. Assessing the Effect of Public Subsidies on Firm R&D Investment: a survey [J]. Journal of Economic Surveys, 2014, 28 (1): 36-67.

[140] Ackerman, B. A., & Stewart, R. B. Reforming Environmental Law: The Democratic Case for Market Incentives [J]. Columbia Journal of Environmental Law, 1988, 13: 171.

[141] Fiorino, D. J. Rethinking environmental regulation [J]. The Harvard Environmental Law Review, 1999, 23 (2): 441 -469.

[142] Barbera, A. J. , & Mcconnell, V. D. The Impact of Environmental Regulations on Industry Productivity: Direct and Indirect Effects [J]. Journal of Environmental Economics and Management, 1990, 18 (1): 50 -65.

[143] Jaffe, A. B. , Peterson, S. R. , Portney, P. R. , & Stavins, R. N. Environmental Regulation and the Competitiveness of U. S. Manufacturing: What Does the Evidence Tell Us? [J] Journal of Economic Literature, 1995, 33 (1): 132 -163.

[144] Walley, N. , & Whitehead, B. It's Not Easy Being Green [J]. Harvard Business Review, 1994, 72 (3): 46 -51.

[145] Gray, W. B. , & Shadbegian, R. J. Environmental Regulation, Investment Timing, and Technology Choice [J]. Journal of Industrial Economics, 1998, 46 (2): 235 -256.

[146] Porter, M. E. America's Green Strategy [J]. Scientific American, 1991, 264 (4): 168.

[147] Porter, M. E. , & Linde C. Toward a New Conception of the Environment - Competitiveness Relationship [J]. Journal of Economic Perspectives, 1995, 9 (4): 97 -118.

[148] Kneller, R. , & Manderson, E. Environmental Regulations and Innovation Activity in UK Manufacturing Industries [J]. Resource and Energy Economics, 2012, 34 (2): 211 -235.

[149] Ford, J. A. , Steen, J. , & Verreynne, M. L. How Environmental Regulations Affect Innovation in the Australian Oil and Gas Industry: Going beyond the Porter Hypothesis [J]. Journal of Cleaner Production, 2014, 84 (1).

[150] Rubashkina, Y. , Galeotti, M,, & Verdolini, E. Environmental Regulation and Competitiveness: Empirical Evidence on the Porter Hypothesis from European Manufacturing Sectors [J]. Energy Policy, 2015, 83:

288 -300.

[151] 张国勇. 环境规制对技术创新的影响研究——基于辽宁省的实证分析 [J]. 生态经济, 2018, 34 (06): 68 -72.

[152] O'Rourke, D. Mandatory Planning for Environmental Innovation: Evaluating Regulatory Mechanisms for Toxics Use Reduction [J]. Journal of Environmental Planning and Management, 2004, 47 (2), 181 -200.

[153] Wang, Y., Sun, X., & Guo, X. Environmental Regulation and Green Productivity Growth: Empirical Evidence on the Porter Hypothesis from OECD Industrial Sectors [J]. Energy Policy, 2019, 132: 611 -619.

[154] Baumol, W. J., & Oates, W. E. The Theory of Environmental Policy [R]. Cambridge: CambridgeUniversity Press, 2004: 286 -287.

[155] 马富萍, 郭晓川, 茶娜. 环境规制对技术创新绩效影响的研究——基于资源型企业的实证检验 [J]. 科学学与科学技术管理, 2011, 32 (08): 87 -92.

[156] Bu, M., Qiao, Z., & Liu, B. Voluntary Environmental Regulation and Firm Innovation in China [J]. Econ Model, 2020, 89: 10 -18.

[157] Jiang, Z. Y., Wang, Z. J. & Zeng, Y. Q. Can Voluntary Environmental Regulation Promote Corporate Technological Innovation? [J]. Business Strategy and the Environment, 2020, 29: 390 -406.

[158] Sun, Z. Y., Wang, X. P., Liang, C., Cao, F., & Wang, L. The Impact of Heterogeneous Environmental Regulation on Innovation of High -Tech Enterprises in China: Mediating and Interaction Effect [J]. Environmental Science and Pollution Research, 2021, 28: 8323 -8336.

[159] Blind, K. The Influence of Regulations on Innovation: A Quantitative Assessment for OECD Countries [J]. Research Policy, 2012, 41 (2): 391 -400.

[160] Ahmed, K. Environmental Policy Stringency, Related Technological Change and Emissions Inventory in 20 OECD Countries [J]. Journal of Environmental Management, 2020, 274: 111209.

[161] Czarnitzki D., & Hussinger, K. The Link Between R&D Subsidies,

R&D Spending and Technological Performance [R]. ZEW Discussion Papers, 2004.

[162] 李虹，邹庆. 环境规制、资源禀赋与城市产业转型研究——基于资源型城市与非资源型城市的对比分析 [J]. 经济研究，2018，53 (11)：182-198.